ナツメ社
保育シリーズ

決定版 かわいい、すぐできる！

おたより文例＆イラストカット集

CD-ROM付き

太田 富美枝 監修

ナツメ社

こんなおたよりが作りたい！

園での子どもの姿が
手にとるように伝わる！

理想の
おたより

レイアウトもバッチリで
読みやすい！

保護者に
喜ばれるような
おたよりにしたい！

伝えたいことが
ひと目でわかる！

なるべく時間を
かけずに作りたい！

本書を使うと…

● テンプレートが活用できる！

テンプレートのデータをもとに、文章やイラストを入れ替えて作ると、より短時間でスムーズにおたよりが作れます。B4、A4などサイズ違いのデータも収録しているので使いやすいです。

● 豊富な文例でいきいき伝わる！

各月のおたよりには、0〜5歳児の年齢別文例がのっています。文例を参考にして、様々な子どもの様子を伝えましょう。文例は見出し付きなので探しやすくなっています。

● カードやハガキ、プログラムも簡単！

暑中見舞いや年賀状、入園式や運動会のプログラムなど、おたより以外にも使えるデータを豊富に掲載しています。

● ぴったりのイラストが見つかる！

3135点（カラー685点、モノクロ2450点）のイラストを収録しているので、使いたいイラストが必ず見つかります。形もいろいろ揃っていて、レイアウトしやすいのも魅力のひとつ。

● 参考になるレイアウト例がたくさん！

内容の入れ方やイラストの組み合わせ方など、バリエーション豊かなレイアウトを紹介。保護者が読みやすく、大事なことが目に入りやすいようなレイアウトを目指しましょう。

● ポスターや案内など幅広く使える！

豊富なイラストを使って、生活ポスターや行事の案内、献立表の作成などにアレンジしてみましょう。もっと使えるシーンが広がります。

できた！

おたより作りの流れ

のせたい項目を決めよう

おたよりにのせたい項目をあげてみましょう。今月の予定や行事の持ち物、最近、子どもの間で流行っていること、保護者へのお願いなど、項目ごとにのせたい内容を書きだします。

② おおまかなレイアウトを考えよう

おたよりのタイトルや項目ごとのボリューム、目立たせたい順番などを考えて、大体の紙面のレイアウトを考えます。

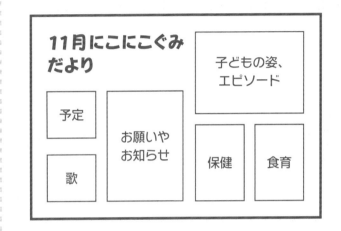

③ 使いたい素材（データ）を用意し、おたよりを作ろう

掲載されているテンプレートや文例、イラストの中から項目に合ったものを選んで、CD−ROM内に入っている「おたよりの作り方」を参考に、レイアウトしていきます。

④ 印刷して確認しよう →完成

おたよりができたら、必ず印刷して、内容の確認をしてからコピーをします。日付や曜日、名前などは特に大切。ていねいに確認する習慣をつけると安心です。

完成！

園だより

テンプレート・作成のコツ

アドバイス

季節のモチーフがかわいい飾りで目を引くと、おたよりの冒頭から一気に読み進めやすくなります。

ポイント

飾り枠の下に縦の飾り罫を左右に入れるなど、組み合わせて使うのもアイデア。

4月のえんだより

〇年〇月〇日　〇〇〇〇園　4月の園だより

～ご入園、ご進級おめでとうございます～

ご入園、ご進級おめでとうございます。在園児は3月の終わりに、部屋の引越しを一生懸命していました。次に部屋を使う後輩達や、新しい友達への思いを込めて掃除をし、力を合わせて引越しを済ませ、一つ大きくなることを全身で受けとめた子ども達。今日の日をワクワクしながら待っていたことでしょうね。新しい担任の先生と一緒に、楽しく毎日を過ごしましょう。

4月の予定

◆4月〇日（△）入園式
◆4月〇日（△）避難訓練
◆4月〇日（△）内科検診
◆4月〇日（△）お誕生日会

※5月〇日（△）に遠足があります。お弁当のご準備をお願いします。詳細はクラスだよりをご覧ください。

登園後の流れ

登園したら、まず手洗い、うがい、排泄を済ませましょう。お子様と一緒に持ち物を片付け、身支度を整えたら各部屋に来てください。受け入れのときには、お子様の健康状態を含めた様子を保育者に伝えてください。「いつもとちょっと違う」そんな小さなことでも結構です。よろしくお願いします。

クラス担任紹介
どうぞろしくお願いします！

★つくし組 佐藤、久保田、鈴木、長谷川	★たんぽぽ組 堀田、金子、五十嵐、飯田
★うめ組 草野、松原、宮田	★ゆり組 竹内、佐野、安村
★さくら組 浅田、井原	★ひまわり組 高橋、山之内
★栄養士、調理師	上田、佐々木、大久保

記名をお願いします！

すべての物に必ず名前を付けてください。その際、お子様と一緒に「ピンクのウサギさんは〇〇ちゃんのタオルね」などと確認をしていただけると、自分の物への意識が付きますよ。

連絡ノートでお知らせください

お子様のおうちでの様子を連絡ノートでお知らせください。休日の過ごし方や、楽しいエピソードなど。クラスだよりで紹介することもあるかと思いますが、よろしくお願いします。

お願い

■登園は9時15分までにお願いします。防犯のため、9時15分以降は門の鍵を施錠します。お休みや遅刻の場合は、9時10分までに園へご連絡をお願いします。
■玄関ロックの暗証番号と園児カードの操作は、必ず保護者の方が行ってください。

P004-01
B4サイズ

"園だより"作成のコツ

◆**明るい雰囲気で読むのがワクワクする紙面に**
カラーならではの明るく、カラフルなイラストを使って、華やかなおたよりを作りましょう。

◆**子どもの育ちを喜び合うような内容に**
書き出しは、園内での子どもの様子を具体的なエピソードと一緒に伝え、子どもの成長を保護者と共に喜び合うような内容を心がけます。

◆**罫線で表を作って見やすい工夫を**
各クラスの担任紹介など、情報量が多いお知らせは、罫線で区切って表にすると見やすくなります。

◆**準備が必要な行事は早めにお知らせ**
その月の予定はもちろん、来月の遠足など、保護者へ準備をお願いしたい行事がある場合は、余裕をもって早めにお知らせすると親切です。

4

イラスト

P005-01A　P005-01B

P005-02A　P005-02B

P005-03A　P005-03B

P005-04A　P005-04B

P005-05

P005-06A　P005-06B

P005-07

P005-08

P005-09

P005-10

P005-11

P005-12

P005-13

P005-14A　P005-14B

P005-15

P005-16

P005-17

5

ほけんだより

8月号

○年○月○日　○○○○園8月の保健だより

うだるような暑さで、寝苦しい夜が続きますね。暑い夏を乗り切るためには、しっかりと睡眠をとることが大事です。深く寝入ったときに、部屋の温度が低過ぎたり、おなかが出たりすると寝冷えになり不調が起こります。体が小さな子どもは体の冷えも早いです。気を付けてあげましょう。

ご注意！

とびひが流行っています

とびひは夏に増える感染症です。虫さされや湿疹が炎症を起こし、水ぶくれのような症状になると、とびひになります。シャワーなどできれいに洗い流し、清潔なガーゼでおおい、触らないようにしましょう。

歯みがきワンポイントアドバイス

保健師さん直伝

ポイント①

歯ブラシは一か月に一本のペースで替えるのが理想的。開いたり毛が抜けていたりする歯ブラシでは、汚れを落とせません。交換しましょう。

ポイント②

歯ブラシは二本交換使いがおすすめ。きれいに洗って、乾燥している物を持たせましょう。

健康ミニ知識

8月7日は"鼻の日"

8月7日は鼻の日です。鼻水が長く続くと心配になりますよね。すっきりしたいからと思いきり鼻をかむと、耳に強い圧力がかかるのだそうです。これだけで子どもは中耳炎になる場合も。自分で鼻をかむ年齢になったら、片方ずつかむこと、力を入れ過ぎず、少しずつ何回かに分けてかむように伝えていきましょう。

こまめに着替えを！

汗をかくことで、体温を調節したり新陳代謝を行ったりしています。健康を維持するための大事な機能です。しかし、汗を放っておくと、不衛生になり皮膚トラブルにつながったり、汗が冷えて風邪をひいたりします。こまめにふくこと、着替えることを心がけましょう。

熱中症を防ぐために

熱中症は気温、湿度が高いときや、激しい運動をした後などに起こりやすいといわれています。涼しい場所での休息や適度な水分補給を心がけましょう。体の不調を口に出して言えない小さな子どもは、特に気を付けましょう。

紫外線にも注意！

紫外線が強い時間帯の外出は控え、朝夕の外気浴がおすすめです。帽子や長袖シャツ、日焼け止めクリームなどを効果的に使い、対策をしていきましょう。

8月の保健行事

★8月○日（△）　内科検診

P006-01
B4サイズ

アドバイス

ポイントなどの見出しは、文字ボックスを色付きにし、文字色を白にするとアクセントになります。

ポイント

健康に関する記念日は、意外と知られていないことも。見出しを入れて、ちょっとしたコラムのように紹介するのもおすすめ。

アドバイス

園で流行っている感染症などのお知らせは、目が行くように目立つ色を使います。色付きの図形の上に白い文字を重ねると、インパクトが出ます。

ポイント

ネイルの禁止など、子どもの体調に関わる可能性がある事項は、その理由を添えて保護者に理解を促します。

1月 保健だより

○年○月○日　○○○○園1月の保健だより

新年あけましておめでとうございます。園生活のなかで最も長いお休みになりました。家族みんなで除夜の鐘を聞いたり、少し早起きをして初詣に行ったり、初日の出を見たり、お正月ならではの経験をたっぷりしたのではないでしょうか。何より、健康な新年を迎えられたことに感謝ですね。ちょっぴり崩れた生活リズムは、これからゆっくり整えていきましょう。

流行っています！

インフルエンザ

12月下旬から急に流行り始めたインフルエンザA型。5歳児クラスから4歳児クラス、3歳児クラスへとすごい勢いで広がりを見せていきました。早めのお迎えや受診をお願いし、ご協力をいただきましたこと、感謝しております。近隣の小学校では、インフルエンザB型が発症したという情報も聞こえてきています。今しばらく注意が必要です。

長引く咳に気を付けましょう

「咳が続いて夜、眠りが浅い。でも熱がないので病院には行っていません」。気を付けてください。咳が悪化すると、気管支炎や肺炎など症状が進んでいることがあります。長引く鼻汁、咳は、かかりつけ医に相談しましょう。

園でのけがについて

手当てをし、お迎えのときにけがの状況についてお話をさせていただきます。病院受診の必要があると判断した場合には、必ずご連絡をした上で受診します。

朝のチェックは忘れずに

朝の検温、健康チェックありがとうございます。一日のなかで何度かお子様の検温を行い、健康管理に努めています。発熱がありましたらご連絡を差し上げますので、ご対応をお願いします。

お願い　お子様のネイルはご遠慮ください

子どもの爪は薄いのでアレルギーを引き起こす可能性も。緊急時に爪の状態を確認できなくなります。休日にシールをするなどにして、当日中に落とすようにしましょう。

P006-02
A4サイズ

イラスト

P007-01

P007-02

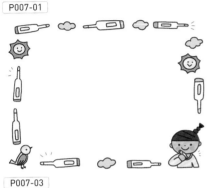

P007-03

P007-04

P007-05

P007-06

P007-07

P007-08

P007-09

P007-10

P007-11

P007-12

P007-13

P007-14

P007-15

P007-16

P007-17

P007-18

7

イラスト

保健だより

イラスト

P008-01

P008-02

P008-03

P008-04

P008-05

P008-06

P008-07

P008-08

P008-09

熱がある

P008-10

P008-11

P008-12

P008-13

P008-14

P008-15

P008-16

P008-17

P008-18

食育だより テンプレート

01_color ▶ 03_syokuiku ▶ P009

食育だより 12月

〇年〇月〇日　〇〇〇〇園　12月の食育だより

今年もあと残りわずかとなりました。年末年始の休みがもうすぐ。いつもお仕事で忙しい保護者の方も、たまには寝坊もよいですね。ぜひ有意義にお過ごしください。12月はクリスマス会やもちつきなど、園でも"おいしい"行事が盛りだくさんです。行事を思いきり楽しむためにも、普段の食生活を充実させ、体調を崩さないように過ごしたいですね。そして、新しい年を気持ちよくスタートさせましょう。

食育活動レポート

〇〇〇組

「タマネギをむくと涙が出るの?」

『ちいさな　たまねぎさん』の絵本を読み終えた〇〇〇組の子ども達。すると、「タマネギって強いんだね」「ぼくも涙が出るかな?」。早速タマネギむきに挑戦。まずはタマネギを観察して「大きいね」「変な顔〜」「何でこんなところにヒゲがはえてるんだ?」。次に皮をむくごとに色が変わることに気付き、「茶色だったのに黄色になった」「次は白だー」と、大盛り上がり。肝心の涙は…保育者だけが涙ポロポロ…。一方の子ども達は「ぼくは泣いてないよ」「強いから涙出ない」、とのことでした。

来月は〇〇〇〇〇組さんの食育活動をご紹介します。お楽しみに!

12月〇日(△)

もちつきを行います

園では伝統行事に触れる機会を大事にしたいという思いから、12月〇日(△)に、子ども達と一緒にもちつきをします。杵や臼を使ったもちつきは、園ならでは。鏡もちの意味などにも触れ、楽しんでいきたいと思います。

クリスマス
お楽しみ給食

12月〇日(△)のクリスマスにはお楽しみ給食が出ます。デザートのフルーツポンチは5歳児クラスが手作りする予定です。「小さい組の子ども達が食べられるように」と、大きさを考えながらカットしていきます。4歳児クラスは、クリスマススティックを作り、給食に添えます。とても豪華なクリスマス給食になることでしょう。

今月の旬の食材

コマツナ、ホウレンソウ、ダイコン、ハクサイ、ゴボウ、レンコン、ミカン、カブ、タラ　など…

休み中はお手伝いを

年末年始は、親子で過ごす時間が増えます。ぜひお手伝いを呼びかけてみてはいかがでしょうか?　食器を並べてもらったり、料理の簡単な下準備を手伝ってもらったりなど、まずはできることから始めてみましょう。

食育歳時記

年越しそばの由来

そばは、長くのばして細く切って作ります。細く長いそばの様子から「健康長寿」の縁起を担ぎ、大晦日に食べるようになったのが年越しそばといわれます。薬味のネギには一年の労を「ねぎらう」という意味があるそうです。

P009-01
B4サイズ

アドバイス

食育活動でのエピソードを取り上げて、コーナーのように紹介すると興味深く読んでもらえます。次回予告を入れて、楽しみに待ってもらえるような工夫も。

ポイント

意外と知らない行事食の由来について紹介すると、家庭での食に関する会話のきっかけに。

ポイント

家庭でも気軽に実践できそうなレシピや食べ方の工夫は、保護者に喜ばれます。積極的に紹介しましょう。

アドバイス

行事にちなんだスペシャル給食がある月は、献立表以外でも改めてお知らせすると、家庭での会話につながり、その日を楽しみに迎えられます。

7月号 食育だより

〇年〇月〇日　〇〇〇〇園　7月の食育だより

春に植えた野菜が実をつけ始めました。毎日お当番さんが「早く大きくなって(?)、食べたいな」「何の料理にする?」と、おしゃべりしながらの水やりを楽しんでいます。食への意欲もスクスク目に見えて育っているようです。バランスのよい食事を心がけ、暑い夏を元気に過ごしましょう。

食事で夏バテ対策を!

温かい食べ物で免疫力アップ

夏バテによる食欲の低下。冷たい物やさっぱりした物をとり過ぎると、胃腸の働きを悪化させ栄養不足で逆効果になることもあるので要注意です。ときには温かい食べ物を食べて免疫力や代謝アップをはかりましょう。ウナギや、子どもならカレーライスがおすすめです。

野菜嫌いな子におすすめのメニュー

夏は野菜のうまみや味が濃くなり、とてもおいしい時期です。冷たく冷やした野菜スティックはどうでしょう。ディップをアレンジして色とりどりの野菜をおやつ代わりに。すり下ろしたり、つぶしたりしてゼリーにすると、色もきれいで食べやすいですよ。

七夕スペシャル給食

七夕ハンバーグ、お星様スープが出ます。午後のおやつは、天の川ゼリーです。どうぞお楽しみに!

乳児さん向けプチアドバイス　大切な手づかみ食べ

手づかみ食べは食べることへの意欲のあらわれの一つ。おなかがすいてご飯食べたいという気持ちを認めてあげましょう。手のひらや指先で感触や温度を確かめ、口に入れてこぼしたりしながら自分と物との距離を確認し、多くのことを学んでいくのです。指先の力加減の学習からスプーン移行にもつながります。温かく見守りましょう。

P009-02
A4サイズ

イラスト

P010-01A P010-01B

P010-02A P010-02B

P010-03

P010-04

P010-05

P010-06

P010-07

P010-08

P010-09

P010-10

P010-11

P010-12

P010-13

P010-14

P010-15

P010-16

P010-17

P010-18

イラスト

P011-01

P011-02

P011-03

P011-04

P011-05

P011-06

P011-07

P011-08

P011-09

P011-10

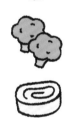

P011-13

P011-14

P011-11　P011-12

P011-15

P011-16

P011-17

11

6月 さくらんぼぐみ通信

○年○月○日 ○○○○園 6月のクラスだより

先日の雨の日に傘をさして長靴をはいて出かけました。園庭には大きな水たまりがあり、長靴の中に水が入らないようにそーっとそーっと足を進めていきました。初めは濡れないように慎重に動いていましたが、誰からともなく傘をさかさまにして雨を集めだすと、次々にさかさま傘が広がりました。そこから水たまりの水をすくいとる遊びを始めるまで、時間はかかりませんでした。これからも雨の日ならではの遊びを楽しんでいきたいと思います。

6月の予定

◆6月○日（△）歯の集会＆歯科検診
◆6月○日（△）身体測定
◆6月○日（△）お誕生日会

※歯の集会では、歯みがきに関する絵本の読み聞かせや、人形を使ったみがき方の指導を行います。

お願い

◆虫刺されをかいてしまい、「とびひ」になることがあります。こまめに爪を短く切ってください。
◆汗をかいたり、泥水で汚れたりして着替えることが多くなります。ロッカー内の着替えの確認や補充をお願いします。
◆ホワイトボードにお知らせがはってありますので、送迎時にご確認をお願いします。

6月10日は
時の記念日

時計にまつわるエピソード

紙皿で時計作り

時の記念日にちなみ、紙皿を使って時計作りをしました。製作のなかで文字盤の数字に触れたり、時計の読み方に触れたりしています。興味のもち方は個人差がありますが、今後も時計を見ながら、見通しのある生活につなげていきたいと思っています。

いつもありがとう 父の日のプレゼント

「お父さん、いつも一生懸命お仕事してくれて、ありがとう」「たくさん遊んでくれてありがとう」と感謝の気持ちを込めて、似顔絵を描きました。「おうちに帰ったら、肩たたきをしてあげる」「優しくしてあげる」「ティッシュとってって言われたらとってあげる」などなど、子どもなりに考えたプレゼントがあるようです。お楽しみに。

正しいのはどっちの時計？

遊戯室で運動遊びをしていたら、Ａちゃんが「おなかすいたー」。Ｂちゃんも「いい匂いがしてるよ」と。時計を見ると、給食にはまだ時間がありそう…。もうひと遊びと思っていたら、遊戯室の時計が止まっていました。子ども達の腹時計のほうが正確だったことに「ごめんなさい」と伝えました。

収穫できるかな？ バケツ田んぼに挑戦！

種まきから始めた稲作り。稲の苗があっという間に大きくなり、先日バケツ田植えを行いました。まずはバケツの中で土作りをすることから。砂場や園庭の泥んことはちょっと違う、「優しい泥」の感触にしばらく浸り、その後、バケツの中に田植えをしました。"八十八の手間"を少しでも体験しながら秋の収穫を待ちたいと思います。お迎えのときなど、覗いてみてください。

P012-01
B4サイズ

2月 ぺんぎんぐみだより

○年○月○日 ○○○○園 2月のクラスだより

お正月遊びに浸った1月。手がかじかむような寒さのなかで、子ども達は風と一緒に元気に走り回っていました。気が付けばもう2月。「大きくなったね」「じょうずになったね」「頑張ったね」「力がついたね」という言葉を自在にかえて、子ども達は少しずつ次年度へ向かっていくことでしょう。もうすぐやってくる新年度に備えつつ、子ども達の成長をじっくり感じ、そして楽しんでいきたいと思います。

2月の予定

◆2月○日（△）節分の会
◆2月○日（△）防災訓練
◆2月○日（△）身体測定
◆2月○日（△）お誕生日会

2月○日（△）節分の会に向けて… 鬼をやっつけるぞ！

この時期になると、会話のなかに自然と豆まきの話題が出てきます。「先生、今日鬼来る？」「鬼が来たら誰か守って！」「全部まとめてやっつけてやる」と、昨年にも増してみんな気合十分です。鬼の話題ばかりではありません。年の数だけ豆を食べること、ヒイラギやイワシの頭を飾ることも知っていました。これまでの経験が子ども達のなかにしっかり根付いていることを感じ、嬉しく思いました。さあ、今年の節分の会では、どんな子ども達の姿が見られるのでしょうか？

親子で♪ お手軽♪ バレンタインクッキング

子どもにも大人にもおなじみのバレンタインに、親子クッキングはいかがでしょうか。チョコレートならぬクッキー作り。小麦粉と溶かしバター、卵、砂糖をボウルに入れて混ぜ合わせ、好きな形にして焼くだけの簡単な物ですが、親子コミュニケーションにもってこいです。

氷ができた朝

寒い朝、隣の空き地には大きな氷が張っていました。登園後、長靴をはいて空き地に出ると「うわー、すごーい！」と大きな歓声が上がりました。足で氷を割ったり、大きな氷を持ち上げようとしたり…。寒い朝の出来事でした。

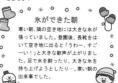

P012-02
A4サイズ

テンプレート・イラスト

ふたばぐみ 9月

〇年〇月〇日　〇〇〇〇園　9月のクラスだより

時折吹く涼しい風に、秋の訪れを感じるようになりました。暑い夏を乗り越え、体力がつき、たくましくなった子ども達。生活リズムや生活習慣を見直しつつ、食欲の秋、スポーツの秋、芸術の秋と、いろいろな秋を楽しく過ごしていきたいと思います。ご協力をお願いします。

9月のおすすめ絵本

『ぴんぽーん』

「ぴんぽーん」とインターホンを押すと、中から動物達が出てくるかわいいお話。子ども達が順番にインターホンを押します。「誰が出てくるかなー？」と、みんなでワクワク待ちます。何度やっても、ドキドキワクワクが楽しめる絵本です。

9月生まれのお友達

あおき　ふうたくん
えとう　しおりちゃん
なかじま　あらしくん

9月の歌

♪とんぼのめがね
♪どんぐりころころ
♪もみじ

 **9月の予定**

■9月〇日（△）お月見会
■9月〇日（△）防災訓練
■9月〇日（△）お誕生日会

お月見会があります

お月見の日に、園ではお月見会を行います。だんごやイモ、ススキを飾って「お月見」にちなんだ話を聞き、保育者達が企画した楽しいイベントに参加します。古くから伝わる季節ごとの風習を大切にしたいですね。

お願い

■夏の疲れから、体調を崩しやすくなる時期です。ご家庭でもお子様の様子を見ながら、生活リズムを整えましょう。

■少しずつ、衣服の着脱を練習しています。サイズが小さ過ぎると着脱しにくくなりますのでご確認をお願いします。

まだまだ蚊がいます 虫刺されはかかないで！

気温が落ち着いてくると、やぶ蚊の動きが活発になってきます。かゆくてついかいてしまいますが、かきこわすととびひになることがありますので、注意しましょう。ひどくなる前に皮膚科の受診をおすすめします。

交通ルールを守りましょう

9月〇日（△）から〇日（△）まで、秋の交通安全週間です。交通安全や交通ルールについて再確認し、事故に遭わないよう気を付けましょう。

※電動アシスト自転車による事故が急増しています。人通りが多い道では速度を落とし、お子様は必ずヘルメットを着用しましょう。

P013-01
B4サイズ

アドバイス

家庭でも「読んでみたい！」と思えるように、園で人気の絵本を紹介しましょう。読んだときの子ども達の反応や姿を書き加えると、人気の秘密が伝わりやすくなります。

ポイント

交通ルールなどの呼びかけは、飾り文字を使って目立たせると効果的。特に注意を促したいお知らせは、太字にしたり下線部を引いたりして必ず目に留まる工夫をしましょう。

P013-02A　P013-02B

P013-03

P013-04

P013-05

P013-06A　P013-06B

イラスト〈春〉

P014-01

P014-02

P014-03

P014-04

P014-05

P014-06

P014-07

P014-08

P014-09

P014-10

P014-13

P014-14

P014-11

P014-12

P014-15

P014-16

P014-17

14

イラスト〈夏〉

P015-01

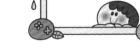

P015-02

P015-03

P015-04

P015-05

P015-06

P015-07

P015-08

P015-09

P015-10

P015-13

P015-14

P015-11

P015-12

P015-15

P015-16

P015-17

P015-18

クラスだより イラスト〈夏〉

イラスト〈秋〉

クラスだより

イラスト〈秋〉

P016-01

P016-02

P016-03

P016-04

P016-05

P016-06

P016-07

P016-08

P016-09

P016-10

P016-13

P016-14

P016-11

P016-12

P016-15

P016-16

P016-17

P016-18

16

イラスト〈冬〉

01_color ▶ 04_class ▶ P017

P017-01

P017-02

P017-03

クラスだより イラスト〈冬〉

P017-04

P017-05

P017-06

P017-07

P017-08

P017-09

P017-10

P017-13

P017-14

P017-11

P017-12

P017-15

P017-16

P017-17

P017-18

17

P018-01A P018-01B

P018-02A P018-02B

P018-03A P018-03B

P018-04A P018-04B

P018-05

P018-06

P018-07

P018-08A P018-08B

P018-09A P018-09B

P018-10A P018-10B

P018-11

P018-12

P018-13

P018-14

P018-15

P018-16

P019-01A P019-01B

P019-02A P019-02B

5月

イラスト

P019-03　　　P019-04　　　P019-05　　　P019-06　　　P019-07

P019-08A P019-08B

P019-09

P019-10A P019-10B

P019-11

P019-12

P019-13

P019-14

P019-15

P019-16

6月

イラスト

P020-01A P020-01B

P020-02A P020-02B

P020-03A P020-03B

P020-04A P020-04B

P020-05

P020-06

P020-07

P020-08A P020-08B

P020-09A P020-09B

P020-10A P020-10B

P020-11

P020-12

P020-13

P020-14

P020-15

P020-16

P021-01A P021-01B

P021-02A P021-02B

P021-03A P021-03B

P021-04A P021-04B

P021-05

P021-06

P021-07

P021-08A P021-08B

P021-09A P021-09B

P021-10A P021-10B

P021-11

P021-12

P021-13

P021-14

P021-15

P021-16

8月
イラスト

P022-01A P022-01B

P022-02A P022-02B

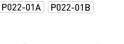

P022-03A P022-03B   P022-04A P022-04B

P022-05

P022-06

P022-07

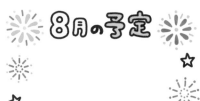

P022-08A P022-08B

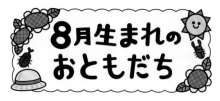

P022-09A P022-09B

P022-10A P022-10B

P022-11

P022-12

P022-13

P022-14

P022-15

P022-16

P023-01A　P023-01B

P023-02A　P023-02B

P023-03A　P023-03B

P023-04A　P023-04B

P023-05

P023-06

P023-07

P023-08A　P023-08B

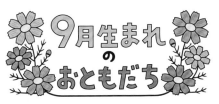

P023-09A　P023-09B

P023-10A　P023-10B

P023-11

P023-12

P023-13

P023-14

P023-15

P023-16

P023-17

23

10月

イラスト

P024-01A P024-01B

P024-02A P024-02B

P024-03A P024-03B

P024-04A P024-04B

P024-05

P024-06

P024-07

P024-08A P024-08B

P024-09A P024-09B

P024-10A P024-10B

P024-11

P024-12

P024-13

P024-14

P024-15

P024-16

P025-01A P025-01B

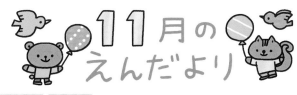

P025-02A P025-02B

P025-03 P025-04A P025-04B P025-05 P025-06 P025-07

P025-08A P025-08B

P025-09A P025-09B

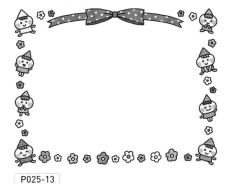

P025-10A P025-10B

P025-11 P025-12 P025-13

P025-14 P025-15

P025-16

25

12月

イラスト

P026-01A　P026-01B

P026-02A　P026-02B

P026-03A　P026-03B

P026-04

P026-05

P026-06

P026-07

P026-08A　P026-08B

P026-09A　P026-09B

P026-10A　P026-10B

P026-11

P026-12

P026-13

P026-14

P026-15

P026-16

1月
イラスト

P027-01A P027-01B

P027-02A P027-02B

P027-03A P027-03B

P027-04A P027-04B

P027-05

P027-06

P027-07

P027-08A P027-08B

P027-09A P027-09B

P027-10A P027-10B

P027-11

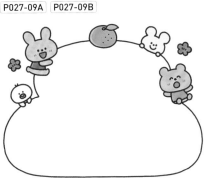

P027-12

P027-13

P027-14

P027-15

P027-16

P028-01A P028-01B　　P028-02A P028-02B

P028-03A P028-03B　　P028-04A P028-04B　　P028-05　　P028-06　　P028-07

P028-08A P028-08B　　P028-09A P028-09B　　P028-10A P028-10B

P028-11　　P028-12　　P028-13

P028-14　　P028-15

P028-16

P029-01A P029-01B

P029-02A P029-02B

P029-03A P029-03B

P029-04A P029-04B

P029-05

P029-06

P029-07

P029-08A P029-08B

P029-09A P029-09B

P029-10A P029-10B

P029-11

P029-12

P029-13

P029-14

P029-15

P029-16

29

入園式

テンプレート・使用例

お願い

◆ 当日はお子様の上履きとスリッパ、外履きを入れるビニール袋をお持ちください。
◆ 写真撮影やビデオ撮影は、保護者席から立たずに座ってお願いします。
◆ 式終了後、クラスごとに記念撮影をします。担任がお声がけしますので、保護者席でお待ちください。

P030-01
A4サイズ（外側）

○年度　第○回

入園式 のご案内

日時：○年○月○日（△）○時〜
場所：○○○○園 ホール

○○○○園

アドバイス
Wordの「挿入」→「図形」で、リボン型や巻き物風の形を作ることも可能。華やかさがアップします。

ポイント
「入園式」の文字を丸い図形の上に重ねると、優しい雰囲気ながらタイトルらしく目立ちます。

ご入園おめでとうございます。子ども達の入園を待っていたかのように、桜が咲き誇っています。園には、「外で元気に遊ぶのが大好き」「楽しいことが大好き」「食べることが大好き」そして「困っていたら助けてくれる」そんな子ども達、先生達がたくさんいます。困ったことがあったら何でも相談してくださいね。これから、友達や先生とたくさん遊び、いろいろなことを一緒に経験していきましょう。よろしくお願いします。

　○○○○園 園長
　○○○○○

式次第

1. 新入園児入場
2. 開式の言葉
3. 園長あいさつ
4. 来賓あいさつ
5. 歓迎の言葉
6. 歓迎の出し物
7. 職員紹介
8. 閉式の言葉

P030-02
A4サイズ（内側）

アドバイス
ピンク系でまとめると、入園式の雰囲気たっぷり！　サクラの花の飾り罫やイラストを活用して、セレモニー感を出しましょう。

プログラム使用例

入園式にぴったりのかわいらしいチューリップ型。花の色を赤・黄・ピンクなど用意すると、受付に置いても華やか！

開くと…

P031-01A　P031-01B

P031-02A　P031-02B

P031-03

P031-04

P031-05

P031-06

P031-07

P031-08

P031-09

P031-10

P031-11

P031-12

P031-13

P031-14A　P031-14B

P031-15

P031-16

P031-17

イラスト

01_color ▶ 06_nyuen ▶ P032

入園式

イラスト

P032-01

P032-02

P032-03

P032-04

P032-05

P032-06

P032-07

P032-08A P032-08B

P032-09A P032-09B

P032-10

P032-11

P032-12

P032-13

P032-14

P032-15

P032-16

P032-17

当日のお願い

◆車でのご来場はご遠慮ください。
◆園内は禁煙です。喫煙はご遠慮ください。
◆ゴミは、お持ち帰りをお願いします。
◆当日、遊具で遊んではいけません。特に小さなお子様は、けがのないようご注意ください。

雨天時の対応について

◆雨天で開催できない場合は、〇月〇日（△）に延期します。
◆延期となる場合は、当日朝〇時までに、園連絡メールにてお知らせします。ご確認をお願いします。

○年度　第〇回

日時 〇年〇月〇日（△）〇時～〇時

場所 〇〇〇〇〇小学校　グラウンド

○○○○園

P033-01
A4サイズ（外側）

ポイント

かわいい飾り文字のタイトルを使って、運動会のワクワクドキドキ感が伝わるプログラムを作りましょう。

アドバイス

当日の会場案内図があると、保護者の混乱も少なくなります。図形とラインを組み合わせて作りましょう。

アドバイス

お願いや雨天時などの大切な連絡は、必ず読んでもらえるよう背景に色を入れてアクセントを出します。

プログラム

1　開会式
2　親子競技（〇〇〇組）
3　かけっこ＆親子ダンス（〇〇〇組）
4　かけっこ（〇〇〇組）
5　かけっこ＆ダンス（〇〇〇組）
6　保護者競技
7　かけっこ＆障害物競走（〇〇〇組）
8　かけっこ＆玉入れ（〇〇〇組）
9　ワクワク冒険隊（〇〇〇組、〇〇〇組）
10　バラバルーン（〇〇〇組、〇〇〇組）
11　紅白リレー（〇〇〇組）
12　閉会式

会場案内図

※写真撮影やビデオ撮影は、必ず保護者席からお願いします。競技、進行の妨げにならないようにご協力をお願いします

P033-02
A4サイズ（内側）

プログラム使用例

カメラを構える保護者達も思わずにっこりするカメラ型。リボン付きだから子ども達も首から下げたがること間違いなし！

表　　　　　ひっくり返すと…　　　　　裏

運動会

イラスト

P034-01A P034-01B

P034-02A P034-02B

P034-03

P034-04

P034-05

P034-06

P034-07A P034-07B

P034-08

P034-09

P034-10

P034-11

P034-12

P034-13

P034-14

P034-15

P034-16

応援よろしくお願いします

P034-17

イラスト

運動会

イラスト

P035-01

P035-02

P035-03

P035-04

P035-05

P035-06

P035-07

P035-08A P035-08B

P035-09A P035-09B

P035-10

P035-11

P035-12

P035-13

P035-14

P035-15

P035-16

P035-17

○○○○園

○年度　第○回

発表会の
ご案内

当日のお願い

◆スリッパか上履きをお持ちください。
◆スペースに限りがございますので、譲り合ってお座りください。
◆写真撮影やビデオ撮影は、必ず保護者席で座って行ってください。
◆路上駐車は禁止です。自転車の駐輪は、園庭にお願いします。

◆日時　○年○月○日（△）
　　　　○時〜○時
◆場所　○○○○園　ホール

P036-01
A4サイズ（外側）

ポイント

発表会にぴったりな飾り枠の中にタイトルを入れて、かわいいプログラムを作りましょう。

アドバイス

当日のお願いなど、必ず読んでほしい部分は、見出しに二重線を入れて目立たせます。

アドバイス

保護者に楽しみに待ってもらえるよう、見どころや練習の様子を紹介すると、より子ども達の姿が伝わります。

今年の発表会は…
ココに注目！

乳児クラス　○○○組、○○組、○○○○組

『おかいものごっこ』の歌遊びを行います。日常の園生活のなかで、子ども達がとても気に入っている歌です。毎日買い物の中身が変わるのですが、「今日は何かな」と、いつも新鮮でワクワクして待つ表情がかわいいです。発表会当日は、どんなお買い物が見られるでしょう。

幼児クラス　○○○組、○○○組、○○○○組

3クラスで四季折々の情景を描いた童謡を、メドレー形式で演奏することになりました。途中、楽器を交代する場面もあり、子ども達の無言のコミュニケーションも見どころの一つです。楽器を準備したり、片付けたりする姿からも、物を大事にする気持ちが育ってきていることが伝わります。

プログラム

1 オープニング『はじまりのうた』
2 歌遊び『おかいものごっこ』（○○○組）
3 歌遊び『おかいものごっこ』（○○組）
4 歌遊び『おかいものごっこ』（○○○○組）
5 保育者による劇
6 合奏『春がやってきた』（○○○組）
7 合奏『夏の足音』（○○○組）
8 合奏『秋から冬へ』（○○○○組）
9 エンディング『みんなでダンシング』

P036-02
A4サイズ（内側）

プログラム使用例

赤と青のかわいいカスタネットは子どもの写真付き。開けると上下のボタンが、今にも「タタタターン」と鳴り出しそう♪

|開くと…

イラスト

P037-01

P037-02

P037-03

P037-04

P037-05

P037-06

P037-07

P037-08

P037-09

P037-10

P037-11

P037-12

P037-13

P037-14

P037-15

P037-16

P037-17

発表会

イラスト

P038-01

P038-02

P038-03

P038-04

P038-05

P038-06

P038-07

P038-08A P038-08B

P038-09

P038-10

P038-11

P038-12

P038-13

P038-14

P038-15

P038-16

P038-17

生活発表会

お願い

■スリッパか上履きをお持ちください。
■路上駐車は禁止です。自転車の駐輪は、園庭にお願いします。
■写真撮影はしていただけますが、個人情報保護の観点から、SNSなどにアップロードするのはご遠慮ください。

P039-01
A4サイズ（外側）

○年度 第○回

日時：○年○月○日（△）〜○日（△）
　　　○時〜○時
場所：○○○○園 ホール、各クラス

アドバイス

文字ボックスの背景は、「図形の書式設定」→「塗りつぶし」→「塗りつぶし（パターン）（A）」を選択すると、単色だけでなく、ストライプやドットなど、かわいい模様を入れることができます。

ポイント

行事を迎えるまでの子ども達の様子を紹介すると、興味深く読んでもらえます。

ポイント

保護者が園内を回りやすいよう案内図を載せ、作品を展示している部屋にマークを入れると、当日の動線もよりスムーズに。

園内案内図

※ネズミのマークが付いている部屋に、作品を展示しています。

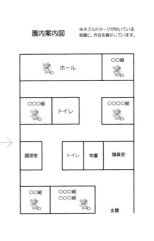

作品展を迎えるにあたって…

4月からの絵画や製作物を展示します。年度初めは個人の作品製作が中心でしたが、少しずつグループやチームで作品を作るようになり、その成長が作品の中に詰め込まれています。今は、最後の作品としてクラス製作に取り組んでいます。最後にどんな作品が完成するのか、みんながワクワクしています。ぜひお子様に感想を伝えてあげてください。

P039-02
A4サイズ（内側）

プログラム使用例

3色のえんぴつ型プログラムを開くと、左右ににぎやかな色えんぴつが登場。裏面に子どもからのメッセージを入れても◎。

開くと…

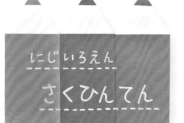

表

裏

作品展

イラスト

P040-01A P040-01B

P040-02

P040-03

P040-04

P040-05

P040-06

P040-07A P040-07B

P040-08

P040-09

P040-10

P040-11

P040-12

P040-13

P040-14

P040-15

P040-16

P040-17

イラスト

作品展

イラスト

P041-01

P041-02

P041-03

P041-04

P041-05

P041-06

P041-07

P041-08A P041-08B

P041-09

P041-10

P041-11

P041-12

P041-13

P041-14

P041-15

P041-16

P041-17

〇年度　第〇回

そつえんしき

日時：〇年〇月〇日（△）〇時〜
場所：〇〇〇〇園 ホール

〇〇〇〇園

お願い・お知らせ

■ スリッパか上履きをお持ちください。
■ 写真撮影やビデオ撮影は、保護者席から座ってお願いします。
■ 路上駐車は禁止です。駐輪は、園庭にお願いします。
■ 式終了後、記念写真を撮ります。保護者席でお待ちください

P042-01
A4サイズ（外側）

ポイント

花やコサージュ、リボンなどのイラストを使い、フォーマルな雰囲気にまとめます。

アドバイス

進学に向けて、子どもだけでなく、期待と不安が入り交じる保護者の気持ちを和らげるようなお祝いのメッセージを伝えましょう。

式次第

1. 開式の言葉
2. 卒園児入場
3. 来賓からの言葉
4. 卒園証書授与
5. 卒園児　歌
6. 在園児　お祝いの歌
7. 卒園児からの言葉
8. 園長からの言葉
9. 記念品贈呈
10. 閉式の言葉

ご卒園おめでとうございます

〇〇〇組のみなさん、ご卒園おめでとうございます。体験入学の後くらいから、顔つきがとても凛々しく、穏やかになったように感じました。小学校へ行くという自覚と自信が生まれているようです。園で経験したすべてのことが、これから心の支えになってくれると信じています。小学校へ行っても、一人ひとりが自分らしく活躍してくれることでしょう。桜の花が咲くころ、〇名の小学一年生が誕生しますね。心からおめでとうございます。

〇〇〇〇園 園長
〇〇〇〇〇

ポイント

大人っぽいブルー系の色合いをポイント使いすると、セレモニーらしさのあるプログラムができます。

P042-02
A4サイズ（内側）

プログラム使用例

セレモニーにぴったりのレースペーパーを使った表紙。キラキラ光るシールや光沢のあるリボンで飾ってより華やかに。

開くと…

イラスト

P043-01A P043-01B

P043-02

P043-03

P043-04

P043-05

P043-06

P043-07

P043-08

P043-09

P043-10

P043-11

P043-12

P043-13

P043-14

P043-15

P043-16

P043-17

43

卒園式

イラスト

P044-01

P044-02

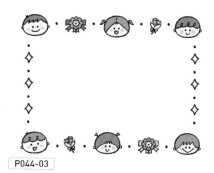

P044-03

P044-04

P044-05

P044-06

P044-07

P044-08A P044-08B

P044-09A P044-09B

P044-10

P044-11

P044-12

P044-13

P044-14

P044-15

P044-16

P044-17

P044-18

必ずお読みください

◆自転車は園庭にお願いします。尚、駐車場はございませんので、車でのご来場はご遠慮ください。
◆お誕生日会後に、お子様と一緒に記念撮影を行います。
◆写真撮影やビデオ撮影は、必ず保護者席で座って行ってください。

お願い

バースデーカード用に、用紙をお渡しします。記入をして〇月〇日（△）までに担任へお渡しください。ご協力をお願いします。

P045-01
A4サイズ（外側）

〇〇〇組 〇月生まれ

HAPPY BIRTHDAY

お誕生日会の ご案内

◆日時　〇年〇月〇日（△）〇時～〇時
◆場所　〇〇〇〇園 小ホール

〇〇〇〇園

アドバイス

「〇月生まれ」の部分を誕生児の名前にし、子どもの写真を入れてもよいでしょう。

ポイント

にぎやかなお祝い感たっぷりのイラストや飾り文字を使って、かわいいプログラムにしましょう。

アドバイス

保護者へ協力をお願いしたいことがあるときは、囲みのラインなどに入れ、目が行きやすい場所に配置します。

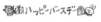

プログラム

①始めの言葉
②誕生児紹介　マイクでインタビュー
③誕生児へインタビュー
④保護者へインタビュー
⑤プレゼント贈呈
⑥ペープサート　友達からのプレゼント♪
⑦手遊び＆歌　みんなで盛り上がろう♪
⑧終わりの言葉

※保護者へのインタビューでは、お子様に関する簡単な質問をさせていただく予定です。ご協力をお願いします。

ハッピーバースデー

お誕生日会では、お誕生月の子ども達が主役になります。ステージの上で司会の保育者にインタビューをされて、好きな友達や好きな遊び、将来の夢などを発表します。マイクを向けられると、ちょっぴり恥ずかしく、でも誇らしい表情を見せます。誰もが年に一度主役になれる日を、楽しみに待っているのです。身長、体重などからも自分が大きくなったことを実感し、おうちの方への感謝の気持ちが育つ一日であってほしいと思います。

P045-02
A4サイズ（内側）

プログラム使用例

思わずかじりつきたくなっちゃうキュートなケーキ型。中面は子どもの写真とメッセージをのせるとにぎやかな印象に。

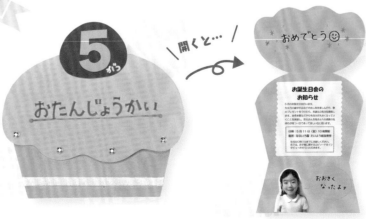

P046-01A P046-01B

P046-02A P046-02B

P046-03

P046-04

P046-05

P046-06

P046-07

P046-08

P046-09

P046-10

P046-11

P046-12

P046-13

P046-14

P046-15A P046-15B

P046-16

P046-17A P046-17B

P046-18A P046-18B

46

P047-02

P047-03

アドバイス

干支に関するクイズなど遊べる要素を入れると、届いたときの喜びアップ！ 休み明けの答え合わせも楽しみに。

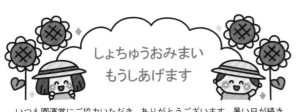

しょちゅうおみまい
もうしあげます

いつも園運営にご協力いただき、ありがとうございます。暑い日が続きますが、体調にはくれぐれも気を付けてお過ごしください。

〇〇〇〇園　職員一同

げんきにあえるのを、たのしみにしています。〇〇ぐみのかぶとむしとくわがたむしも、まっているよ！
〇〇〇せんせいより

はやくみんなに
あいたいな！

P047-01

ハガキサイズ

アドバイス

保護者向けと子ども向けのメッセージをそれぞれ載せて、家庭での会話のきっかけに。

P047-05

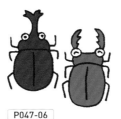

P047-06

P047-04　P047-08

P047-09

P047-07

2〇〇〇年

◀ あけまして
おめでとう ▶

ことしはうまどし　**くいず**
うまのなきごえ、
わかるかな？

ことしも、せんせいやともだちと、いっぱいあそぼうね。おやすみがおわったら、〇〇〇ちゃんにあえるのを、たのしみにしています。

〇〇〇〇えん
〇〇〇せんせいより

P047-10

ハガキ
サイズ

P047-11　　P047-12　　P047-13　　P047-14　　P047-15　　P047-16

P047-17　　P047-18　　P047-19　　P047-20　　P047-21　　P047-22

47

ド
キ
ュ
メ
ン
テ
ー
シ
ョ
ン

テ
ン
プ
レ
ー
ト
・
イ
ラ
ス
ト

ポイント

子ども達の姿を伝える写真に、その場面で子どもが発したつぶやきや発言をプラス。フキダシで入れるとより活動の様子が伝わります。

アドバイス

送迎時の保護者が読みやすいよう、活動や写真への解説文はできるだけ簡潔にまとめましょう。

※P048-01のテンプレートは、著作権上、個人写真を抜いたデータを、CD-ROM内に収録しています。

P048-01
A4サイズ

P048-02　　P048-03

P048-04

P048-05

P048-06

P048-07

P048-08

P048-09

P048-10

P048-11

P048-12

CD-ROMをご使用の前に

CD-ROMには、おたよりのテンプレート（Word）、文例のみ（テキスト）、イラストのみ（jpg）、イラストの飾り枠内に入った文例（Word）が入っています。

◆CD-ROMの収録内容

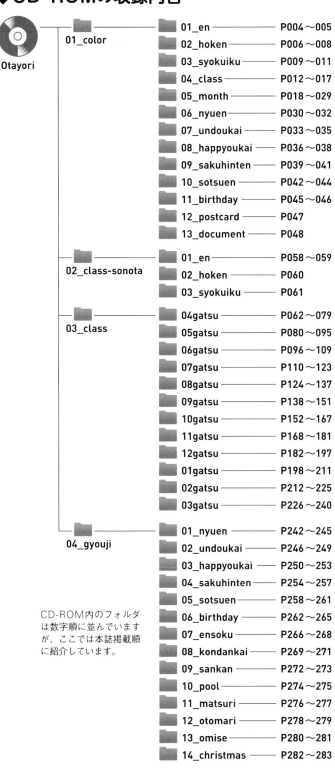

Otayori

01_color
- 01_en ——— P004〜005
- 02_hoken ——— P006〜008
- 03_syokuiku ——— P009〜011
- 04_class ——— P012〜017
- 05_month ——— P018〜029
- 06_nyuen ——— P030〜032
- 07_undoukai ——— P033〜035
- 08_happyoukai ——— P036〜038
- 09_sakuhinten ——— P039〜041
- 10_sotsuen ——— P042〜044
- 11_birthday ——— P045〜046
- 12_postcard ——— P047
- 13_document ——— P048

02_class-sonota
- 01_en ——— P058〜059
- 02_hoken ——— P060
- 03_syokuiku ——— P061

03_class
- 04gatsu ——— P062〜079
- 05gatsu ——— P080〜095
- 06gatsu ——— P096〜109
- 07gatsu ——— P110〜123
- 08gatsu ——— P124〜137
- 09gatsu ——— P138〜151
- 10gatsu ——— P152〜167
- 11gatsu ——— P168〜181
- 12gatsu ——— P182〜197
- 01gatsu ——— P198〜211
- 02gatsu ——— P212〜225
- 03gatsu ——— P226〜240

04_gyouji
- 01_nyuen ——— P242〜245
- 02_undoukai ——— P246〜249
- 03_happyoukai ——— P250〜253
- 04_sakuhinten ——— P254〜257
- 05_sotsuen ——— P258〜261
- 06_birthday ——— P262〜265
- 07_ensoku ——— P266〜268
- 08_kondankai ——— P269〜271
- 09_sankan ——— P272〜273
- 10_pool ——— P274〜275
- 11_matsuri ——— P276〜277
- 12_otomari ——— P278〜279
- 13_omise ——— P280〜281
- 14_christmas ——— P282〜283

CD-ROM内のフォルダは数字順に並んでいますが、ここでは本誌掲載順に紹介しています。

◆使用許諾について

本書掲載およびCD-ROM収録の文例、イラストの著作権・使用許諾権・商標権は、弊社および著作権者に所属します。そのため、営利目的では使用できません。ご購入された個人または法人が、営利を目的としない園だより、クラスだよりなどの場合にのみ、使用することができます。ただし、以下のことを順守してください。

● 園児募集などのPRを目的としたポスターや園バスのデザインへの使用、物品に印刷しての販促への利用や販売、私的利用を含めたホームページ（※）への使用はできません。また、他の出版物、企業のPR広告、企業や店のマークなどへの使用もできません。

※ただし、作成したおたよりを園のホームページ上にPDFの形式などで閲覧できるようにする場合のみ、使用することができます。

● 本書掲載およびCD-ROM収録の文例、イラストを複製し、第三者に譲渡・販売・頒布（放送やインターネットを通じたものも含む）することは禁じられています。

◆CD-ROMの取り扱いについて

● 付属のCD-ROMをご使用いただくには、お使いのパソコンにCD-ROMドライブ、またはCD-ROMを読み込めるDVD-ROMドライブが装備されている必要があります。

● CD-ROMの裏面に傷をつけると、データが読み取れなくなる可能性がありますので、取り扱いには十分ご注意ください。

◆注意事項について

● 付属のCD-ROMに収録されているデータの使用方法についてのサポートは行っておりません。

● 付属のCD-ROMを使用したことにより生じた損害、障害、その他いかなる事態にも、弊社は一切責任を負いません。

※Windows、Microsoft、OfficeWordなどは、米国Microsoft Corporationの登録商標です。本書では、商標登録マークなどの表記は省略しています。

※Wordのデータは、Word2010以前のバージョンで開くと、レイアウトが崩れる場合があります。

「CD-ROMの使い方」は、CD-ROM内のPDFを開いてご確認ください。

CONTENTS

2 こんなおたよりが作りたい!
3 おたより作りの流れ

カラー　おたより テンプレート&イラスト

4 **園だより**
テンプレート (B4…1本)園だより作成のコツ
5 イラスト

6 **保健だより**
テンプレート (B4…1本、A4…1本)
7 イラスト

9 **食育だより**
テンプレート (B4…1本、A4…1本)
10 イラスト

12 **クラスだより**
テンプレート (B4…2本、A4…1本)
13 イラスト

季節のイラスト・各月のイラスト

14 春
15 夏
16 秋
17 冬
18 4月
19 5月
20 6月
21 7月
22 8月
23 9月
24 10月
25 11月
26 12月

27 1月
28 2月
29 3月

カラー　行事プログラム テンプレート&イラスト

30 **入園式**
テンプレート (A4外側・内側 プログラム使用例)
31 イラスト

33 **運動会**
テンプレート (A4外側・内側 プログラム使用例)
34 イラスト

36 **発表会**
テンプレート (A4外側・内側 プログラム使用例)
37 イラスト

39 **作品展**
テンプレート (A4外側・内側 プログラム使用例)
40 イラスト

42 **卒園式**
テンプレート (A4外側・内側 プログラム使用例)
43 イラスト

45 **お誕生日会**
テンプレート (A4外側・内側 プログラム使用例)
46 イラスト

47 **暑中見舞い・年賀状**
テンプレート (ハガキ…2本)
イラスト

48 **ドキュメンテーション**
テンプレート (A4…1本)
イラスト

49 CD-ROMをご使用の前に
57 本書の使い方

モノクロ 各月のおたより テンプレート＆イラスト

58 園だより
テンプレート（B4…1本）

59 イラスト

60 保健だより
テンプレート（B4…1本）保健だより作成のコツ

61 食育だより
テンプレート（B4…1本）食育だより作成のコツ

62 4月 クラスだより
テンプレート（B4…2本・A4…1本）
4月のクラスだより作成のコツ

64 文例 あいさつ文例
イラスト 4月の園だより・4月

65 イラスト 4月の予定・お誕生日・歌 など

66 文例 子どもの姿（3・4・5歳児）など
イラスト 4月のイメージ など

67 イラスト 4月のイメージ など

70 文例 保護者の方へ など
イラスト 絵本・製作 など

71 文例 保護者の方へ
イラスト 新しいクラスになって

72 文例 イラスト 持ち物・記名 など

73 文例 イラスト 子どもの姿・連休の前に など

74 乳児
文例 子どもの姿・保健・食育 など
イラスト 保健・食育 など

75 イラスト 4月のイメージ など

76 保健
文例 イラスト 身体検査・ツメ など

78 食育
文例 イラスト 朝ご飯・給食 など

80 5月 クラスだより
テンプレート（B4…2本・A4…1本）
5月のクラスだより作成のコツ

82 文例 あいさつ文例
イラスト 5月の園だより・5月
イラスト 5月の予定・お誕生日・歌 など

84 文例 子どもの姿（3・4・5歳児）など
イラスト 5月のイメージ など

86 文例 子どもの紹介・絵本・製作 など
イラスト 絵本・製作 など

87 文例 園からのお願い・5月のエピソード
イラスト HOTエピソード など

88 文例 イラスト 大型連休・八十八夜 など

89 文例 イラスト こどもの日・愛鳥週間・母の日 など

90 文例 イラスト 春の遠足・懇談会・保育参加 など

91 乳児
文例 子どもの姿 など
イラスト 5月のイメージ など

92 文例 イラスト 保健・食育・遠足 など

93 保健
文例 イラスト 着替え・朝のチェック など

94 保健・食育
文例 緊急連絡先 など
イラスト 5月の献立・春野菜 など
文例 旬の食べ物・給食の展示について など
イラスト 春野菜・肉・魚 など

51

96 **6月** クラスだより テンプレート (B4…2本・A4…1本)
6月のクラスだより作成のコツ

98 文例 あいさつ文例
イラスト 6月の園だより・6月

99 イラスト 6月の予定・お誕生日・歌 など

100 文例 子どもの姿 (3・4・5歳児) など
イラスト 6月のイメージ など

102 文例 子どもの紹介・絵本・製作 など
イラスト 絵本・製作 など

103 文例 イラスト 衣替え・梅雨 など

104 文例 イラスト 歯と口の健康週間・時の記念日 など

105 文例 イラスト 父の日・プール開き など

106 乳児
文例 子どもの姿 など
イラスト 6月のイメージ など

107 文例 イラスト 保健・食育 など

108 保健
文例 イラスト 虫歯予防デー など

109 食育
文例 イラスト 食中毒予防 など

100 **7月** クラスだより テンプレート (B4…2本・A4…1本)
7月のクラスだより作成のコツ

112 文例 あいさつ文例
イラスト 7月の園だより・7月

113 イラスト 7月の予定・お誕生日・歌 など

114 文例 子どもの姿 (3・4・5歳児) など
イラスト 7月のイメージ など

116 文例 子どもの紹介・絵本・製作 など
イラスト 絵本・製作 など

117 文例 イラスト 七夕・夏祭り など

118 文例 イラスト プール・水遊び・海の日 など

119 文例 イラスト 夏のエピソード など

120 乳児
文例 子どもの姿 など
イラスト 7月のイメージ など

121 文例 イラスト 保健・食育 など

保健
122 文例 イラスト 熱中症・虫さされ など

123 食育
文例 イラスト 夏野菜・冷たいおやつ など

124 **8月** クラスだより テンプレート (B4…2本・A4…1本)
8月のクラスだより作成のコツ

126 文例 あいさつ文例
イラスト 8月の園だより・8月

127 イラスト 8月の予定・お誕生日・歌 など

128 文例 子どもの姿 (3・4・5歳児) など
イラスト 8月のイメージ など

130 文例 子どもの紹介・製作 など
イラスト 絵本・製作 など

131 文例 イラスト お泊まり保育・山の日 など

132 文例 イラスト 鼻の日・夏休み など

133 文例 イラスト お盆・夏の自然 など

134 乳児
文例 子どもの姿 など
イラスト 8月のイメージ など

135 文例 イラスト 保健・食育 など

136 保健
文例 イラスト 三大夏風邪 など

137 **食育**
　　文例 イラスト 食事のマナー・クッキング保育 など

138 **9月** **クラスだより** テンプレート (B4…2本・A4…1本)
　　9月のクラスだより作成のコツ
140 文例 あいさつ文例
　　イラスト 9月の園だより・9月
141 イラスト 9月の予定・お誕生日・歌 など
142 文例 子どもの姿 (3・4・5歳児) など
　　イラスト 9月のイメージ など
143 文例 子どもの紹介・絵本・製作 など
　　イラスト 絵本・製作 など
144 文例 イラスト 秋の遠足・防災の日 など
145 イラスト 9月のイメージ など
146 文例 イラスト 十五夜・交通安全週間 など
147 文例 イラスト 敬老の日・秋分の日 など
148 **乳児**
　　文例 子どもの姿 など
　　イラスト 9月のイメージ など
149 文例 イラスト 保健・食育 など
150 **保健**
　　文例 イラスト 気温の差・救急の日 など
151 **食育**
　　文例 イラスト 稲刈りシーズン・防災食 など

152 **10月** **クラスだより** テンプレート (B4…2本・A4…1本)
　　10月のクラスだより作成のコツ
154 文例 あいさつ文例
　　イラスト 10月の園だより・10月

155 イラスト 10月の予定・お誕生日・歌 など
156 文例 子どもの姿 (3・4・5歳児) など
　　イラスト 10月のイメージ など
157 文例 子どもの紹介・絵本・製作 など
　　イラスト 絵本・製作 など
158 文例 イラスト 運動会
160 文例 イラスト 衣替え・イモ掘り など
161 イラスト 衣替え・イモ掘り・ハロウィン など
162 文例 イラスト 目の愛護デー・読書週間 など
163 文例 イラスト ハロウィン・10月の遊び など
164 **乳児**
　　文例 子どもの姿 など
　　イラスト 10月のイメージ など
165 文例 イラスト 保健・食育 など
166 **保健**
　　文例 イラスト 秋バテ・予防接種 など
167 **食育**
　　文例 イラスト クッキング保育・収穫したお米 など

168 **11月** **クラスだより** テンプレート (B4…2本・A4…1本)
　　11月のクラスだより作成のコツ
170 文例 あいさつ文例
　　イラスト 11月の園だより・11月
171 イラスト 11月の予定・お誕生日・歌 など
172 文例 子どもの姿 (3・4・5歳児) など
　　イラスト 11月のイメージ など
173 文例 子どもの紹介・絵本・製作 など
　　イラスト 絵本・製作 など
174 文例 イラスト 発表会・お店やさんごっこ など
175 イラスト 発表会・11月の遊び など

176 文例 イラスト 七五三・勤労感謝の日 など

177 文例 イラスト 保育参観・11月の子どもの姿 など

178 乳児

文例 子どもの姿 など

イラスト 11月のイメージ など

179 文例 イラスト 保健・食育 など

180 保健

文例 イラスト 厚着に注意・保湿 など

181 食育

文例 イラスト スーパーへ見学に・おやつ など

182 **12月** **クラスだより** テンプレート (B4…2本・A4…1本)
12月のクラスだより作成のコツ

184 文例 あいさつ文例

イラスト 12月の園だより・12月

185 イラスト 12月の予定・お誕生日・歌 など

186 文例 子どもの姿(3・4・5歳児) など

イラスト 12月のイメージ など

187 文例 子どもの紹介・絵本・製作 など

イラスト 絵本・製作 など

188 文例 イラスト クリスマス など

189 文例 イラスト 大掃除・もちつき など

190 イラスト 12月のイメージ など

191 文例 イラスト 冬至・年末年始 など

192 文例 イラスト 年賀状・新年 など

193 乳児

文例 子どもの姿 など

イラスト 12月のイメージ など

195 文例 イラスト 保健・食育 など

196 保健

文例 イラスト 嘔吐・インフルエンザ など

197 食育

文例 イラスト 冬至・年越しそば など

198 **1月** **クラスだより** テンプレート (B4…2本・A4…1本)
1月のクラスだより作成のコツ

200 文例 あいさつ文例

イラスト 1月の園だより・1月

201 イラスト 1月の予定・お誕生日・歌 など

202 文例 子どもの姿(3・4・5歳児) など

イラスト 1月のイメージ など

203 文例 子どもの紹介・絵本・製作 など

イラスト 絵本・1月のイメージ など

204 文例 イラスト 年始のエピソード など

205 イラスト 1月のイメージ など

206 文例 イラスト 冬の自然・遊び など

207 文例 イラスト 作品展・年度末に向けて など

208 乳児

文例 子どもの姿 など

イラスト 1月のイメージ など

209 文例 イラスト 保健・食育 など

210 保健

文例 イラスト 風邪・早起き など

211 食育

文例 イラスト 春の七草・園長室での会食 など

212 **2月** クラスだより
テンプレート (B4…2本・A4…1本)
2月のクラスだより作成のコツ

214 文例 あいさつ文例
イラスト 2月の園だより・2月

215 イラスト 2月の予定・お誕生日・歌 など

216 文例 子どもの姿(3・4・5歳児) など
イラスト 2月のイメージ など

217 文例 子どもの紹介・製作 など
イラスト 絵本・製作 など

218 文例 イラスト 作品展・子どもの姿 など

219 イラスト 2月のイメージ など

220 文例 イラスト 節分・バレンタイン など

221 文例 イラスト 人気の遊び・冬の自然 など

222 乳児
文例 子どもの姿 など
イラスト 2月のイメージ など

223 文例 イラスト 保健・食育 など

224 保健
文例 イラスト
長引く咳・インフルエンザ など

225 食育
文例 イラスト 鬼除け・恵方巻 など

226 **3月** クラスだより
テンプレート (B4…2本・A4…1本)
3月のクラスだより作成のコツ

228 文例 あいさつ文例
イラスト 3月の園だより・3月

229 イラスト 3月の予定・お誕生日・歌 など

230 文例 子どもの姿(3・4・5歳児) など
イラスト 3月のイメージ など

231 文例 子どもの紹介・絵本・製作 など
イラスト 絵本・製作 など

232 文例 イラスト 卒園式・登降園の様子 など

233 文例 イラスト お別れ遠足・お別れ会 など

234 イラスト 3月のイメージ など

235 文例 イラスト ひな祭り・耳の日 など

236 文例 イラスト 春分の日・春休み など

237 乳児
文例 子どもの姿 など
イラスト 3月のイメージ など

238 文例 イラスト 保健・食育 など

239 保健
文例 イラスト 子どもの変化・花粉症 など

240 食育
文例 イラスト リクエストメニュー など

241 園行事のプログラム＆お知らせ作成のポイント

モノクロ　行事プログラム・お知らせテンプレート＆イラスト

242 **入園式**
テンプレート
(プログラムＡ４外側・内側、おたよりＡ４)

243 文例 イラスト

246 **運動会**
テンプレート
(プログラムＡ４外側・内側、おたよりＡ４)

247 文例 イラスト

250 **発表会**
テンプレート
（プログラムＡ４外側・内側、おたよりＡ４）
251 文例 イラスト

254 **作品展**
テンプレート
（プログラムＡ４外側・内側、おたよりＡ４）
255 文例 イラスト

258 **卒園式**
テンプレート
（プログラムＡ４外側・内側、おたよりＡ４）
259 文例 イラスト

262 **お誕生日会**
テンプレート（おたよりＡ４）
文例 イラスト

266 **遠足・園外保育**
テンプレート（おたよりＡ４）
文例 イラスト

269 **懇談会・個人面談**
テンプレート（おたよりＡ４）
文例 イラスト

272 **保育参観・保育参加**
テンプレート（おたよりＡ４）
文例 イラスト

274 **プール開き**
テンプレート（おたよりＡ４）
文例 イラスト

276 **夏祭り**
テンプレート（おたよりＡ４）
文例 イラスト

278 **お泊まり保育**
テンプレート（おたよりＡ４）
文例 イラスト

280 **お店やさんごっこ**
テンプレート（おたよりＡ４）
文例 イラスト

282 **クリスマス会**
テンプレート（おたよりＡ４）
文例 イラスト

284 文例さくいん

本書の使い方

◆ページの見方

収録フォルダ

付属のCD-ROM内のどこにファイルがあるかを示します。

イラスト・文例・テンプレート

付属のCD-ROMに収録。カラーの場合は、パソコンの環境によって掲載のものと色調が異なる場合があります。

◆テンプレートの内容

飾り枠①

おたよりの中でも特に目立たせたい見出しや項目などを入れて使えるイラストです。

飾り罫

項目と項目の間を区切りたいときにぴったり。縦長のものと横長のものがあります。

文例

おたよりの書き出しや子どもの姿を伝えたいときにヒントになる文例です。アレンジして園での様子を保護者に伝えるおたよりにしましょう。

イラスト

おたよりの内容や季節、行事に合わせて使えます。バランスよく入れて、楽しく読みやすくしましょう。

飾り文字

行事名や〇月の予定、〇月の歌など、毎月のおたよりに入れたい文字がかわいく入っています。

飾り枠②

イラストによっては、文字あり（ファイル名の末尾にA）、文字なし（末尾にB）があります。文字なしを使用して、違うタイトルをつけてもOK。

園だより テンプレート

園だより テンプレート

7月の園だより

○年○月○日 ○○○○園 7月の園だより

梅雨の晴れ間には、真夏を思わせる太陽が輝いています。気温の上昇とともに、子ども達の水遊びも活発になってきました。夏は、楽しいイベントがたくさんあり、心も体も開放的になります。特に子どもは体力以上に体を動かしてしまいがち。大人の方の見守りが必要ですね。元気に遊ぶためには、しっかり体を休めることの大切さを話し合ってみましょう。

今月の予定

■7月○日（△）七夕会
■7月○日（△）プール開き
■7月○日（△）4、5歳児体操教室
■7月○日（△）0歳児内科検診
■7月○日（△）お誕生日会
■7月○日（△）避難訓練

★★★プール遊び、スタート★★★

いよいよ7月○日（△）より、プール遊びが始まります。プールカードをお渡ししますので、忘れずに記入をお願いします。幼児、乳児クラスで持ち物が異なります。詳細はクラスだよりをご覧ください。

七夕の製作をしました。紙皿の上に折り紙で作ったおりひめとひこぼしが並んでいます。一年に一度しか会えない二人が子ども達の手によって「ずっと一緒にいられますように」と、子ども達の願いが込められた作品です。各部屋の笹に飾っていますので、ぜひご覧ください。

お知らせとお願い

■泥遊びや水遊びで汚れた衣類は、水洗いしてビニール袋に入れ、お返しします。
■汗をかいたり、水遊びで濡れたりして、着替えることが多くなります。着替えは多めにご用意ください。
■お勤め先や連絡先、送迎者の変更がある場合は、速やかにお知らせください。
■7月下旬から、社会福祉協議会からの派遣で高校生のボランティアが二名入る予定です。掲示板でお知らせします。

今月のねらい

【めろん組（5歳児クラス）】	【ぶどう組（2歳児クラス）】
生活に見通しをもち、自分で考えて行動する。	夏期の開放的な遊びを活発に楽しみ、友達とのつながりを深める。
【ばなな組（4歳児クラス）】	【さくらんぼ組（1歳児クラス）】
いろいろな活動に興味をもち、進んで遊びに参加する。	水の感触に親しみながら、保育者や友達と一緒に楽しむ。
【みかん組（3歳児クラス）】	【いちご組（0歳児クラス）】
自分で水分補給をし、汗をふきとって、肌を清潔に保つ。	体調に配慮しながら、暑い夏を元気に過ごせるようにする。

ご注意

降園時に園庭で、子ども達だけで遊んでいる様子をよく見かけます。大人の目が届いていないときに危険な状況になる可能性もあります。子どもから目を離さないようにしてください。また、門の前は比較的、車の往来が少ないですが、飛び出しは危険ですのでご注意ください。また、自転車の方は降りて、押して出てください。

P058-01
B4サイズ

P059-01

P059-02A P059-02B

P059-03A P059-03B

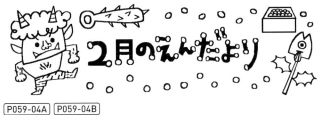

P059-04A P059-04B

P059-05 P059-06 P059-07 P059-08 P059-09

P059-10A P059-10B P059-11 P059-12 P059-13

P059-14 P059-15

P059-16 P059-17

P059-18

保健だより

テンプレート・作成のコツ

 12月 保健だより

〇年〇月〇日 〇〇〇〇園12月の保健だより

11月の感染症、体調不良情報

■インフルエンザ…四名
■胃腸炎…一名
■気管支炎…三名

すっかり気温も下がり、冬本番です。インフルエンザでお休みしますとの連絡が増えてきました。急な高熱や頭痛や嘔吐など、風邪に似た症状で早退するお子さんも多くなり、インフルエンザの流行とみてよいでしょう。お子さんの健康状態をしっかり観察し、心配な場合は早めの受診をお願いします。また、インフルエンザの診断が出ましたら園にも必ずご連絡をお願いします。

インフルエンザ流行中

感染症の対応についてのお願い

お子さんが感染症にかかったら、必ずご連絡をお願いします（登園許可書の提出が必要です）。早めにご連絡をいただくことで注意喚起につなげていくことができます。保護者の方のり患についてもご連絡をお願いします。お子さんの受け入れ方法をご相談できればと思います。園で流行っている感染症は、ホワイトボード（掲示板）でもお知らせしています。また、"しおり"にも記載がありますので必ずお読みください。

内科検診のお知らせ

12月〇日（△）〇時〜

お子さんの健康について気になることがあれば、当日連絡帳に記入をお願いいたします。

※当日、欠席の場合は、直接園医の方で受診をお願いします。

室温管理と換気について

部屋の中を暖め過ぎると、空気が乾燥してしまいます。設定温度は18〜20度を目安にしましょう。また、一時間に一回は窓を開けて空気の入れ替えをし、加湿器などで部屋の湿度を保ちましょう。加湿器がなくても、部屋の中に洗濯物を干しても、乾燥しにくくなります。

爪を切りましょう

子どもの爪は切りにくい上、すぐ伸びるため、「切ったばかりなのに…」と思うこともありますよね。思わぬけがにつながらないように、こまめにケアをする必要があります。切りにくいときはやすりを使うのも効果的ですよ。

冬の服装について

寒くなるとつい着込ませがちですが、子どもは大人より体温が高く、汗をかきやすいので、大人より一枚少ない服装にし、薄着を心がけましょう。下着は保湿性、吸水性の高い綿100%の素材が最適。サイズの合った物を選ぶと、体を動かしやすいのでおすすめです。

元気に過ごすために

早寝早起きを心がけ生活リズムを整えましょう

もうすぐ年末年始で少し長い休みに入ります。休みの間は生活のリズムが乱れやすくなりますので、起きる時間、寝る時間、食事の時間はできる限り同じにしましょう。整った生活リズムは健康を維持するための基礎となります。ちょっとした寝不足から体調を崩してしまうこともあります。ご家族皆さんで!!

P060-01
B4サイズ

アドバイス

感染者の人数などを具体的に載せると、園で今流行っている状況がわかりやすくなります。

アドバイス

インフルエンザなどが流行る時期は、感染症にかかってしまった時の対応や、家庭へお願いすることなど、改めて伝えるようにします。

ポイント

タイトルを囲みのラインで区切ると、見やすさがアップします。ラインは破線や点線などにしてアクセントをつけても。

"保健だより"作成のコツ

◆イラストや飾り罫で"読みたくなる"紙面に

文字だけでなく、うがいや手洗いなど、かわいいイラスト入れて、読みたくなるビジュアルにしましょう。また、タイトルを囲みのラインで区切ると、読みやすくなります。ラインは破線や点線などにしてアクセントをつけても。

◆重要な連絡は目立つように

感染症が流行する時期は特に、園での流行など保護者も気になる情報です。わかりやすく、目に留まるようにしましょう。

◆病気に負けない体づくりのアドバイスを

感染症や病気に関する情報だけでなく、換気や服装、早寝早起きなど、健康に過ごすための生活習慣についてのアドバイスや読み物が入ると、バランスのよい保健だよりに。

もぐもぐ通信

〇年〇月〇日 〇〇〇〇園
10月の食育だより

ようやく暑さも落ち着き、過ごしやすい季節になりました。秋は一年の中で一番食べ物がおいしい時期です。子ども達も戸外から帰ると、「今日のご飯は何？」という声が聞こえ、給食を楽しみにしてくれている様子が伝わってきます。季節の変わり目ですが、体調管理に気を付け、旬の食材をたくさん食べて元気に過ごしましょう。

10月の旬の食材

新米、サンマ、イワシ、サケ、サツマイモ、カキ、ブドウ、クリ、ナシ、シイタケ、マイタケ など…

赤、黄、緑、バランスよく

毎日の食事に赤、黄、緑色の食品が入っていると、目にも鮮やかで食欲をそそりますね。また、食べ物が体の中に入るとどんな働きをするのかを、赤、黄、緑の色別で表しています。三色の食品がバランスよく入っていることで、栄養のバランスもとれていると言えます。夕飯やお弁当作りの参考にしてみてください。

〇〇〇〇組が…
スイートポテトを作ります

5歳児クラスが畑で収穫したサツマイモを使って、スイートポテトを作ります。イモをつぶして小麦粉や牛乳、砂糖を混ぜて、形を作って卵を塗って…。小さいクラスの友達を招待して、スイートポテトやさんを開く予定です。園内が、あまーいにおいで包まれますよ！

収穫した米を使って

春から始めたバケツ稲を収穫しました。台風があったり、虫がついたりしましたが、米作りの大変さを子ども達と一緒に実体験しました。収穫した米は一粒一粒脱殻し、殻をむいて、玄米のまま白米に混ぜていただきました。

食べ物の事故を
防ぐために

子どもが食事中に食べ物をのどに詰まらせてしまう悲しいニュースを耳にすることがあります。ウズラの卵やプチトマトは四等分に切ったり、子どもが一人で食べられるようになっても、必ず大人がそばについて見守るようにしましょう。

スーパーへ見学に行きました

近くのスーパーさんにご協力をいただき、〇〇〇〇組と〇〇〇組が合同で、店の見学をさせていただきました。スペースごとに野菜、果物、肉、魚、雑貨、お菓子など見て回りました。子ども達の多くはおうちの方々と買い物をした経験があるようで、「こっちにね〇〇があるんだよ」「この〇〇おいしいんだよ」「お菓子はね一個までだよ」と、話していました。やはりお菓子のコーナーでは、目を輝かせていました。

かむ練習をしよう

食事のとき、かむことで得られる「よいこと、たくさん」！

★唾液が多く分泌され、食物を細分化し、消化吸収を助けます。
★唾液が口の中を洗い流すため、虫歯の予防につながります。
★口を動かすことで脳が活性化し、頭がよくなります。
★満腹中枢を刺激し、食べ過ぎを抑え肥満を防ぎます。

お子さんの健やかな成長、ご家族の健康維持の支えとして「よくかむ」。みなさんで取り組んでみましょう。

P061-01
B4サイズ（外側）

ポイント

園の給食で取り入れているように、旬の食材を紹介して、家庭でも興味をもってもらうきっかけにしましょう。

アドバイス

季節の食材を使ったクッキングは、子どもも保護者も楽しみにしている体験です。活動後の報告も楽しく伝えて。

アドバイス

食の安全をめぐる情報は、積極的に取り上げて注意を促します。

"食育だより"作成のコツ

◆見出しの大きさを揃える

各項目の見出しのフォントや大きさを統一すると、ごちゃごちゃした印象にならず、まとまりが出て、読みやすいおたよりになります。

◆具体的なエピソードを盛り込む

スーパーへの見学など、食にまつわる行事は、子ども同士の会話などを具体的に紹介すると、読み手の興味を引きます。

◆家庭で実践できる食育のコツを伝授

バランスの良い食事のポイントや、かむ練習などのアドバイスは家庭でも実践できる、役立つ情報として喜ばれます。

◆食事にまつわる質問コーナー

乳幼児期の子どもの食に対する心配はつきないもの。少食や食べ歩きといった、よく聞かれる悩みなどに対して取り上げるのもアイデアです。

めばえぐみだより 4月

〇年〇月〇日 〇〇〇〇園 4月のクラスだより

ご入園、ご進級おめでとうございます。園生活が始まり、お仕事への復帰も近づいて、ご家族の生活も一変したのではないでしょうか。心配なことがありましたらいつでもご相談ください。一緒に考えていきましょう。また、子どもの一年は、心も体も大きく成長する大事な一年になります。一年後には見ちがえるような姿を見せてくれることでしょう。お子様の成長を一緒に喜び、見守っていきましょう。

4月生まれのおともだち

・〇日
　きだ れんくん

自然との触れ合い「テントウムシ見－つけた」

近くの公園に行くと、たくさんのテントウムシがいました。保育者が手のひらにのせてみると「ぼくも」「わたしも」と興味津々集まってきました。保育者の手のひらから子ども達の手へとゆっくり移動するテントウムシ。そーっとそーっと手を添える子ども達。小さな命と触れ合えた豊かな時間でした。

ピックアップエピソード

0歳のときから園にいるR君は、保育者と同じことをなんでもやりたがります。おやつの後にお友達の口をふいてあげたり、ティッシュを持って鼻水をふいてあげたり。もちろん靴下や靴も自分ではこうとします。ですが、なかなかうまくいかないこともあります。そんなときは…靴下や靴を投げて大泣きしちゃいます。そしてすっきりしてまた「やりたがり」を発揮しています。1～2歳のころによく見られる姿です。「やりたい」気持ちを否定せずにさりげなく手助けして、満足感につなげていきましょう。

4がつの予定

■4月〇日（△）入園式
■4月〇日（△）新入園児歓迎会
■4月〇日（△）お誕生日会
■4月〇日（△）身体測定
■4月〇日（△）避難訓練

こんな様子で過ごしています！ ～1日の流れ～

＊ 9：00…出欠確認、自由遊び
＊ 9：30…午前おやつ
＊ 9：45…外遊び（散歩、園庭）
＊11：00…昼食
＊11：30…昼寝
＊14：30…目覚め、検温
＊15：00…午後おやつ、自由遊び
＊18：30…延長保育スタート

人気の手作りおもちゃ

■ジュースセット
乳酸菌飲料の空き容器に、食紅で色付けした水を入れて作りました。保育者に「はい、どうぞ」と渡してくれたり、お人形の口に当てて飲ませるまねをしたりして遊んでいます。

離乳食について

園の離乳食に使用する食材は、まずご家庭で試していただくことをお願いしています。アレルギーなどの問題がなければ園でも提供していきます。安全な給食提供のためにご協力をお願いします。

P062-01
B4サイズ

ポイント

子ども達が園でどのように過ごしているか、一日の流れをタイムスケジュールのようにして伝えると、保護者の安心感につながります。

アドバイス

成長がめまぐるしい乳児期は、日ごろの子ども達のエピソードを具体的に伝えると喜ばれます。

アドバイス

新年度ならではのかわいいエピソードを入れて、子ども達の姿を伝えましょう。

ポイント

春らしい飾り罫で区切ると、華やかで読みやすくなります。

そらぐみ通信 4月

〇年〇月〇日 〇〇〇〇園 4月のクラスだより

進級園児（そら組）のみなさん、進級おめでとうございます。今日からそら組さんですね。3月の終わりに、部屋の引っ越しを一生懸命していました。次に部屋を使う後輩達への思いを込めて掃除をし、力を合わせて引っ越しを済ませ、一つ大きくなることを全身で受けとめた子ども達。（4月1日）今日の日をワクワクしながら待っていたことでしょうね。新しい担任の先生と一緒に、楽しく毎日を過ごしましょう。

間違えちゃった！

4月になって下駄箱の位置が変わりました。園庭から戻ってきたとき、脱いだ靴を自信満々で下駄箱に片付けていたAちゃん。しかしそこは〇〇組さん（前年度の学年）の下駄箱。保育者が「こっちかな？」と声をかけると、照れくさそうに戻していました。

4月の予定

■4月〇日（△）入園式
■4月〇日（△）身体測定
■4月〇日（△）お誕生日会

元気にあいさつ！

新しいクラス、新しい担任で、ドキドキが続くかもしれません。「ほら、あいさつは？」と、せかさなくても大丈夫。まずは、大人同士が元気に明るくあいさつする様子を見せましょう。やがて、元気なあいさつが聞こえてくるようになるでしょう。

◆◆◆お願い◆◆◆

◆すべての持ち物に記名をお願いします。また、洗濯の後、名前が消えていないかどうか、確認もお願いします。
◆汚れた物を持ち帰るビニール袋にも記名をし、枚数は多めにご用意をお願いします。
◆エプロンと歯ブラシは必要になりましたらお知らせします。

P062-02
A4サイズ

4月 いちごぐみ

○年○月○日 ○○○○園
4月のクラスだより

ご入園、ご進級おめでとうございます！

今日からいちご組での生活が始まります。お友達も保護者の方々もきっとドキドキしていることでしょう。園には、「外で元気に遊ぶのが大好き」「楽しいことが大好き」「食べることが好き」そして「困っていたら助けてくれる」そんな子ども達、保育者達がたくさんいます。困ったことがあったら何でも相談してくださいね。一緒に考えていきましょう。

優しい声かけをお願いします

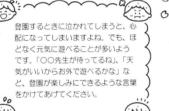

登園するときに泣かれてしまうと、心配になってしまいますよね。でも、ほどなく元気に遊べることが多いようです。「○○先生が待ってるね」、「天気がいいからお外で遊べるかな」など、登園が楽しみにできるような言葉をかけてあげてください。

新しいお友達

 いっぱい遊ぼうね！

■あおき たけとくん
■かきもと ゆうくん
■しみず まなかちゃん

1年間よろしくお願いします！

ながさわ めいです！

いちご組の担任になりました。子ども達と遊ぶのが大好きです。子ども達と楽しい思い出をたくさん作りたいです。どうぞよろしくお願いします！

まつだ ゆうこです！

好きなことは、食べること、歌うことです。元気な子ども達と過ごす毎日をとても楽しみにしていました。早くみんなで散歩に出かけたいな～！

4月の予定

*4月○日（△）入園式
*4月○日（△）新入園児歓迎会
*4月○日（△）遠足
*4月○日（△）お誕生日会
*4月○日（△）身体測定

ハッピー 4月 バースデー！

■○日
こんの ゆうきくん
■○日
たなか げんじくん

お知らせ＆お願い

■4月○日（△）に遠足があります。リュックサック、お弁当、水筒（お茶か水）のご用意をお願いします。詳細は別途プリントをお渡しします。
■防犯のため、朝10時から門を施錠します。9時までに登園をお願いします。

P063-01
B4サイズ

ポイント

Wordの「挿入」→「図形」の機能を使って、見出しの左右にラインを入れると、紙面のアクセントになります。

ポイント

新年度の担任あいさつにぴったりな飾り文字を使うと、明るい雰囲気や、やる気が伝わります。

アドバイス

保護者へ持ち物や用意をお願いするときは、イラストを添えて目が留まりやすいように。

4月の"クラスだより"作成のコツ

◆子どもも保護者も安心できるような文章に

新年度は新しい環境への不安を和らげるような文例を使って、子どもだけでなく、保護者の心にも寄り添いましょう。

◆4月らしいイラストを使って

サクラやチョウチョウ、イチゴなど、春らしさたっぷりのイラストで、華やかな雰囲気を出します。

◆日常のエピソードを紹介

保護者が園での子どもの姿を想像できるようなエピソード紹介します。具体的に子どもが発した言葉やセリフなどを取り上げるのもおすすめ。

◆読み手の視線の流れを意識

横長のおたよりは、読みやすいように半分に分けて、左から右へ読み進められるように意識します。

P064-01A P064-01B

P064-02A P064-02B

P064-03A P064-03B

P064-04A P064-04B

P064-05A P064-05B

P064-06A P064-06B

P064-07

P064-08A P064-08B

P064-09

あいさつ文例

P064-10　新学期スタート

暖かな春の陽気とともに、○○組での新しい一年がスタートしました。初日の今日、ちょっぴり緊張した様子の子どもたちでしたが、昼近くには緊張もほぐれ、いつもの賑やかさと、笑い声が戻ってきました。昨年度までの子ども達一人ひとりの育ちを大事に今年度につなげること。いつもご家庭とのつながりを感じながら保育を進めること。そんな「つながり」を大切にしていきたいと思います。一年間、どうぞよろしくお願いいたします。

P064-11　入園おめでとう

入園おめでとうございます。
今日から○○園（○○組）での生活が始まります。子ども達も保護者の方々もきっとドキドキしていることでしょう。○○園には、「外で元気に遊ぶのが大好き」、「楽しいことが大好き」、「食べることが大好き」、そして「困っていたら助けてくれる」、そんな子ども達、先生達がたくさんいます。心配なことがあったら何でも相談してくださいね。一緒に考えていきましょう。

P064-12　進級おめでとう

進級園児（○○組）のみなさん、進級おめでとうございます。今日から○○組さんですね。3月の終わりに、次に部屋を使う後輩達への思いを込めて掃除と引越しを済ませ、一つ大きくなることを全身で受けとめた子ども達。（4月1日）今日の日をワクワクしながら待っていたことでしょうね。新しい担任の先生と一緒に、楽しく毎日を過ごしましょう。

P064-13　きっと大丈夫

入園したばかりのお子様にとっては、初めてのことばかり。毎日がドキドキで、泣いちゃうこともあるでしょう。でも安心してください、必ず笑顔で過ごせるようになります。ゆったりとした気持ちで見守ってあげてください。

P064-14　新しいお部屋で

今日から○○組さん、○名でスタートしました。保育室が2階になって、子どもたちから見える景色も大きく変わったことでしょう。毎朝、お父さん・お母さんとどんなお話をしながら階段を上るのかな？

P064-15　年長として

いよいよこの園の中で、最高学年の○○組としての一年が始まりました。進級を心待ちにしていた子ども達が多く、とても頼もしく感じています。みんなで過ごす一日一日を大切にしながら、たくさんの経験を共にし、楽しく過ごしていきたいと思います。

P065-01A　P065-01B

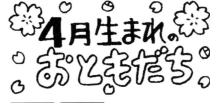

P065-02A　P065-02B

P065-03A　P065-03B

P065-04A　P065-04B

P065-05A　P065-05B

P065-06A　P065-06B

P065-07A　P065-07B

P065-08A　P065-08B

P065-09A　P065-09B

P065-10

P065-11A　P065-11B

P065-13

P065-14

P065-15

P065-12

イラスト〈4月の予定・お誕生日・歌　など〉

4月

65

4月 文例〈子どもの姿（3・4・5歳児）など〉／イラスト〈4月のイメージ　など〉

子どもの姿

P066-01 3歳児

昨年度（2歳児クラス）の生活の流れがしっかり身についている子ども達、外遊びの後は手を洗ってうがいをして着替えをして…と大きな戸惑いも見せずに過ごしています。タオルが見付からずに困っている子どももいましたが、自分の「困り」を担任に伝えることができているので、安心して見守っています。自発的に動けるよう、好きなときにおえかきができるように環境を整えました。すると、自分のクレヨンを赤ちゃんのように大切に持ち歩いていました。その姿がとてもかわいらしかったです。物を大事にする気持ちを育みながら、絵を描く楽しさを伝えていきたいと思います。

P066-02 4歳児

「間違えて3歳児クラスに入っちゃったよ〜」と笑いながら部屋に戻ってきたS君。すると、その話を聞いていたM君が「ぼくもさっきトイレから戻るとき、間違えちゃった！」と告白していました。その後のトイレの時間には、友達が間違えないように3歳児クラスの前で見守るAちゃん・Kちゃんの姿がありました。

P066-03 5歳児

昨年度末に当時の年長組さんから引き継いだ当番活動、新学期早々自主的に行おうとする姿がみられました。遊び中も時計を意識し、「お当番の時間だ」と自ら切りかえています。周りから「ありがとう」と言ってもらうことで、さらに自信を深めているようです。

P066-04 チューリップの前で

チューリップの花壇の前でいざこざが。よく聞くと「これ（赤いチューリップ）あたしの」と言い張るAちゃん。「違う、これぼくの！」とY君。何にでも所有の意識をもちたがる年齢です。そこへCちゃんが「みんなのだよねー」と通り過ぎていきましたが、その姿に貫ろくを感じました。

P066-05 先生、大好き

新入園児と進級園児が一つのクラスで生活する○○組。新入園児さんが登園したのに気付くと、進級園児のB君はすかさず保育者に甘えて抱っこを求めます。大好きな先生が行かないように…。「大丈夫、みんなのことをたくさん抱っこするからね」と伝えています。

P066-06 慣らし保育の様子

初めての集団生活となる○○組（0歳児）の子ども達。「パパやママはどこ？」「ここはどこ？」と泣き、不安をぶつけていましたが、少しずつ安心できる先生の存在に気付き、笑顔が見られるようになりました。今後も一人ひとりに合わせた慣らし保育を進めていきます。

P066-07

P066-08

P066-09

P066-10

P066-11

P066-12

P066-13

P066-14

P066-15A P066-15B

P066-16

イラスト〈4月のイメージ　など〉

P067-01

P067-02

P067-03

P067-04

P067-05

P067-06

P067-07

P067-08

P067-09

P067-10

P067-11

P067-12

P067-13

P067-14

P067-15

4月

イラスト　〈4月のイメージ　など〉

67

P068-01

P068-02

P068-03

P068-04

P068-05

P068-06

P068-07

P068-08

P068-09

P068-10

P068-11

P068-12A P068-12B

P068-13

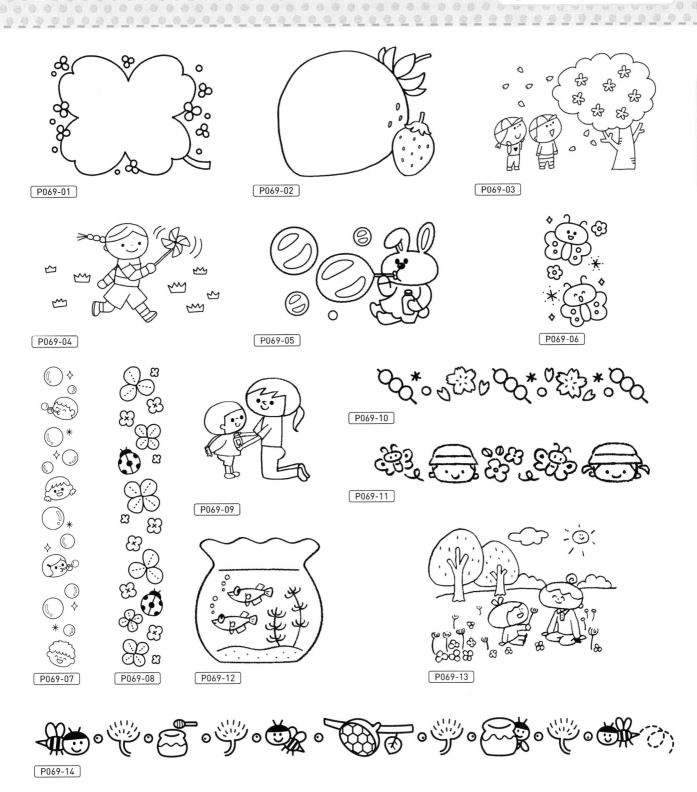

P069-01

P069-02

P069-03

P069-04

P069-05

P069-06

P069-07

P069-08

P069-09

P069-10

P069-11

P069-12

P069-13

P069-14

P069-15

保護者の方へ

P070-01 今後のクラスだより

月に一度のクラスだよりでクラスの様子をお伝えしたり、行事のお知らせをしたりしていきます。おうちでのエピソードをのせることも考えていますので、原稿依頼をすることもあります。楽しいクラスだよりにしていきたいと思いますので、よろしくお願いいたします。

P070-02 おうちでの様子を教えてください

休日の過ごし方や、家族の楽しいエピソードなど、お子さんのおうちでの様子を連絡ノートでお知らせください。クラスだよりで紹介する企画も考えていますので、よろしくお願いいたします。

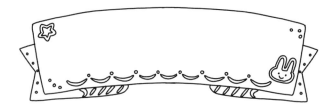

P070-03

P070-04

園長先生のお話聞かせて

年長組になると、週に1度園長がお話を聞かせてくれます。その話に引き込まれびっくりしたり、悲しんだり、怒ったりする様子を見ていると、それぞれの頭に自分だけのお話の世界が広がっていることを感じます。イメージする力、想像する力を育む大事な時間です。

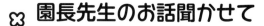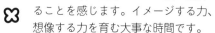

P070-05

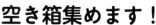

空き箱集めます！

空き箱などを利用して製作遊びをしていく予定です。ご家庭で不要になった空き箱などがありましたら、お持ちください。今回は、ティッシュケースくらいまでの大きさを目安とします。また、はさみが使える程度の硬さの物をお願いします。

P070-06

進級おめでとうございます

3月から進級クラスへ遊びに行く機会を作ってきたので、戸惑いなくスタートできたようで安心しました。少しの緊張と大きいクラスになった喜びを感じているようです。これから子ども達一人ひとりをよく知り、しっかりとした信頼関係作りから始めていこうと思います。

P070-07

P070-08

P070-09

P070-10

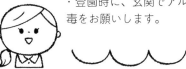

登降園についてのお願い

・朝9時には、安全確保のために門を閉めます。9時以降は、インターフォンを鳴らし、お子様のクラスと名前を言ってください。なお、遅刻や欠席のご連絡は、朝9時までにお願いします。

・登園時に、玄関でアルコール消毒をお願いします。

P071-01

担任紹介

△△組からもち上がることになりました○○○○です。よろしくお願いいたします。入園したころの子ども達の姿を思い浮かべ、目を細めている毎日です。保護者の皆様と一緒に、○○組での一年を楽しく笑顔でいっぱいになるように努めたいと思います。どうぞよろしくお願いいたします。

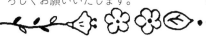
P071-02

こんなクラスにしていきたい

「やりたい」「やってみたい」そんな意欲があふれるクラスにしたいと思っています。遊びはもちろん製作や活動、ときには手伝いまでも。みんなが臆することなく、好奇心や興味をもち、積極的に取り組めるようなクラスにしていきたいです。

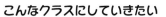

P071-03

優しい声かけをお願いします

登園するときに泣かれてしまうと、心配ですよね。でも、ほどなく元気に遊べることが多いようです。「○○先生、待ってるよ」とか「天気がいいからお外で遊べるね」など、園を楽しみにできるような声をかけてあげてください。また、帰宅後に楽しかったことを聞き、明日へつなげましょう。

P071-04

**心配ごとは
ご相談ください**

園生活が始まり、仕事への復帰も近付いて、ご家族の生活も一変したのではないでしょうか。ご心配なことがありましたらいつでもご相談ください。一緒に考えていきましょう。

P071-05

一緒に成長を見守りましょう

子どもの一年は、心も体も大きく成長する大事な一年です。来年には見違えるような姿を見せることでしょう。お子様の成長を一緒に喜び、見守っていきましょう。

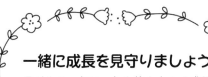

P071-06

こんなクラスにしていきたいです！

P071-07

1年間よろしくお願いします！

P071-08

71

お願い　持ち物に名前を

新学期を機に新しい物を準備されている方も多いでしょう。すべての物に必ず名前を付けてください。その際、お子様と一緒に「ピンクのウサギさんは○○ちゃんのタオルね」などと確認しておくと、自分の物への意識につながりますよ。

P072-01

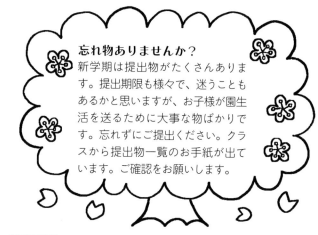

忘れ物ありませんか？

新学期は提出物がたくさんあります。提出期限も様々で、迷うこともあるかと思いますが、お子様が園生活を送るために大事な物ばかりです。忘れずにご提出ください。クラスから提出物一覧のお手紙が出ています。ご確認をお願いします。

P072-02

名前の確認を

洗濯の後、名前が消えていないかどうかお子様と一緒に確認してみましょう。「薄いかな」「先生読めるかな？」「お名前どこ？」など、名前探しごっこをすると楽しいかもしれませんね。

P072-03

登園後の流れ

登園したら、まず手洗い・うがい（排泄）を済ませましょう。お子様と一緒に持ち物を片付け、身支度を整えたら○○組の部屋に来てください。受け入れのときには、お子様の健康状態を含めた様子を保育者に伝えてください。「いつもとちょっと違う」、そんな小さなことでも結構です。よろしくお願いします。

P072-04

P072-05

P072-06

P072-07

P072-08

P072-09

P072-10

P072-11

けんかは大切な経験

保護者の方にとっては、けんかは好ましくない物かもしれません。しかし、子どもの世界ではコミュニケーション能力を育てる上で、大事な経験です。相手の思いに気付いたり、心や体の痛みを理解したり、そして何より仲直りをしたりする経験から学ぶことがたくさんあります。けんかこそ学びのチャンス。見守ってあげましょう。

P073-01

元気にあいさつ！

新しいクラス、新しい担任で、ドキドキが続くかもしれません。「ほら、あいさつは？」と、せかさなくても大丈夫。まず、大人同士が元気に明るくあいさつする様子を見せてあげましょう。やがて、元気なあいさつが聞かれるようになると思いますよ。

P073-02

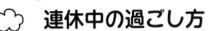

連休中の過ごし方

もうすぐ大型連休ですね。新年度になって、子ども達は緊張が続いていたかと思います。家族でゆっくりとそして楽しい時間をお過ごしください。連休明けにみんなの元気いっぱいの姿が見られることを楽しみにしています。

P073-03

靴選びはサイズが大切

お子様の靴はすぐに小さくなってしまいますね。「だからちょっと大きめの物を買う」という考えもよくわかります。でも、大きな靴をはくと膝を曲げて足を上げることができません。また、大きな靴の中では足の指に力が入らなくなります。そのため転びやすくなってしまいます。足のゆがみは全身のゆがみにつながります。歩く・走るの基本を身につける大事な時期。お子様の足に合った靴を選んであげてください。

P073-04

P073-05

P073-06

おまかせ！

P073-07

おはようございます

P073-08

ありがとう

P073-09

P073-10

〈乳児〉子どもの姿

P074-01　0歳児

少しずつ園生活に慣れてきて、大好きな保育者の後をハイハイで追いかけるようになりました。どこに行くにも一緒、ちょっと姿が見えなくなると泣きだすことさえあります。でも、ママが迎えに来ると保育者を振り返ることもなくおうちへ帰っていきます。ちょっぴりさみしく感じつつも、親子のきずなの深さを感じる場面ですね。

P074-02　1歳児

0歳のときから保育園にいるR君は、保育者と同じことをなんでもやりたがります。おやつの後に友達の口をふいてあげたり、ティッシュを持って鼻をふいてあげたり。もちろん靴下や靴も自分ではこうとしますが、なかなかうまくいかないこともあります。そんなときは、靴下や靴を投げて大泣きしちゃいます。そしてすっきりしてまた「やりたがり」を発揮しています。1～2歳のころによく見られる姿です。「やりたい」気持ちを否定せずにさりげなく手助けして満足感につなげていきましょう。

P074-03　2歳児

園庭で桜の花びらを見付けたB君。風で花びらが飛んでいき、一生懸命つかまえようとしますが、ひらひらと逃げる花びら。長い戦いの末に「つかまえた！」と嬉しそうに見せにきましたが、手を広げた瞬間、花びらは再び飛んで行ってしまいました。

P074-04　慣らし保育について

慣らし保育中のお子様の様子は一人ひとり違います。泣いている時間が長く給食や午睡に進めないと、不安になることもあるかと思いますが、お友達と比べる必要は全くありません。お子様のペースで必ず園に慣れていきます。焦らずゆっくり見守っていきましょう。

P074-05　下駄箱の位置も変わったよ

4月になって下駄箱の位置が変わりました。園庭から戻ってきたとき、脱いだ靴を自信満々で下駄箱に片付けていたAちゃん。しかしそこは○○組さん（前年度の学年）の下駄箱。保育者が「こっちかな？！」と声をかけると、照れくさそうに戻していました。

P074-06　自然との触れ合い

公園に行くと、たくさんのテントウムシがいました。保育者が手のひらにのせてみると「ぼくも」「わたしも」と集まってきました。保育者の手のひらから子ども達の手へとゆっくり移動するテントウムシ。そーっと手を添える子ども達。小さな命と触れ合えた豊かな時間でした。

手洗い・うがいの習慣を

風邪や感染症にならないように、健康を保つための基本は手洗い・うがいです。家庭でも、外から戻ったとき、食事の前には励行していきましょう。

P074-07

ポイントは「いつもの状態」

「いつもと違う」「なんかおかしい」と思ったら、熱を測ってみましょう。平熱であっても、体調が崩れる前触れのことも。しっかり様子を見て早めに休ませてください。

P074-08

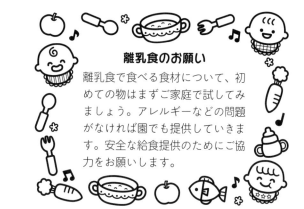

離乳食のお願い

離乳食で食べる食材について、初めての物はまずご家庭で試してみましょう。アレルギーなどの問題がなければ園でも提供していきます。安全な給食提供のためにご協力をお願いします。

P074-09

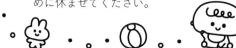

食事のマナー

子どもにとって食事時間は楽しい時間でありたいもの。マナーを優先し過ぎて窮屈になってしまうと食事そのものが嫌な時間になってしまいます。体の栄養と一緒に心の栄養も考えてみましょう。

P074-10

4月

〈乳児〉 文例 〈子どもの姿・保健・食育　など〉／イラスト〈保健・食育　など〉

〈乳児〉 イラスト 〈4月のイメージ など〉

P075-01

P075-02

P075-03

P075-04

P075-05

P075-06

P075-07

P075-08

P075-09

P075-10

P075-11

P075-12

P075-13

P075-14

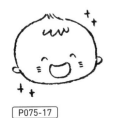

P075-17

P075-18

P075-19

P075-20

P075-15

P075-16

4月

〈乳児〉 イラスト 〈4月のイメージ など〉

75

身体検査のお知らせ

毎月、身体検査を行います。結果については「連絡ノート」でお知らせします。ぜひ、お子さんと一緒にご覧いただき、「先月より2cm大きくなったね」と、声をかけてあげましょう。"2cm"を定規やクッキーなど身近な物で確認すると、より実感できますね。

P076-01

ツメを切りましょう

子どものツメは切りにくい上、すぐ伸びる。「切ったばかりなのに…」と思うこともありますよね。ですが、思わぬけがにならないように、まめにケアをする必要があります。切りにくいときはやすりを使うのも効果的ですよ。

P076-02

園でのけがについて

万が一園でけがをしたら、園長(看護師・担任)が手当てをし、お迎えのときにけがの状況についてお話をさせていただきます。病院受診の必要があると判断した場合には、必ずご連絡をした上で受診します。〝しおり〟にも記載がありますので必ずお読みください。

P076-03

感染症の対応

お子様が感染症にかかったら、必ずご連絡をお願いします。早めにご連絡をいただくことで注意喚起につなげられます。保護者の方のり患についてもご連絡ください。お子様の受け入れ方法を考えていきましょう。園で流行っている感染症は、ホワイトボード(掲示板)でお知らせしています。また、〝しおり〟にも記載がありますので必ずお読みください。

P076-04

P076-05

P076-06

P076-07

P076-08

P076-09

P076-10

熱がある

P076-11

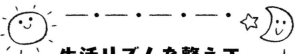

生活リズムを整えて

お子様の生活リズムを整えるために、起きる時間・寝る時間・食事の時間はできる限り同じにしましょう。整った生活リズムは健康を維持するための基礎となります。ちょっとした寝不足から体調を崩してしまうこともあります。ご家族で生活リズムを意識しましょう。

P077-01

朝の健康チェック

「起床時間・食欲・便の様子・検温・全身（皮膚、眼）の視診・機嫌」。これらについて、気になることがありましたら受け入れ時にお伝えください。保育中の参考にさせていただきます。忙しいとは思いますが、毎朝の習慣にしていただきますようにお願いします。

P077-02

看護師のご紹介

看護師の○○○○○先生です。○○○園の子ども達一人ひとりの健康状況を把握してくれています。お子様の健康についてご相談があれば、いつでも声をかけてください。一緒にお子様の成長を見守りましょう。

P077-03

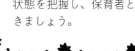

体調の変化に注意

子どもは急に熱を出したり嘔吐や下痢をしたりします。でも「なんかおとなしい」「食欲がない」「いつもより早く寝ちゃった」「甘えたり泣いたりする」などは前触れなのかもしれません。気にかけておきましょう。まずはお子様の「いつも」の状態を把握し、保育者と共有していきましょう。

P077-04

P077-05

P077-06

P077-07

P077-08

P077-09

P078-01

P078-02A P078-02B

P078-03

P078-04

P078-05

朝ごはんしっかり食べてる？

朝ごはんは一日の元気の源、しっかり食べましょう。だけど、忙しい朝の時間に一汁三菜を揃える必要はありません。無理をせずに「食べる習慣」を大事にしていきましょう。できればお子さんが孤食にならないようにしたいですね。

P078-06

食育の日って？

4月19日は「食育の日」です、ご存じでしたか？　語呂合わせから始まったようですが、改めて食と健康について考えるきっかけになったようです。園では「食の三原色」としてわかりやすく紹介しています。食材の展示もありますのでぜひ食育コーナーをご覧ください。

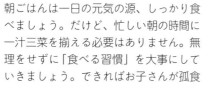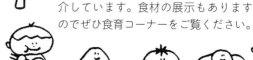

P078-07

給食が始まります

園の給食は、栄養士が栄養バランスを考えて立案した献立に基づいて作られています。基本的に地域の食材を使用していますが、園の畑やプランターで収穫した野菜なども使い、子ども達が食についてより身近に感じられるように工夫しています。

P078-08

食事の悩み、ご相談を

お子様の食事の悩みはつきないものです。気になることは、担任や連絡帳を通じてご相談ください。また、毎日の食事作りやメニュー、栄養バランスなどについて、ちょっと悩んだときも給食室に気軽にお声がけを。専門職として少しでも保護者の方のお役に立ちたいと思っています。

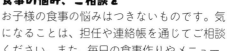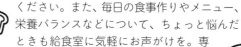

P078-09

お弁当スタート

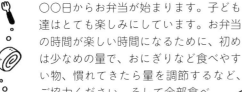

○○日からお弁当が始まります。子ども達はとても楽しみにしています。お弁当の時間が楽しい時間になるために、初めは少なめの量で、おにぎりなど食べやすい物、慣れてきたら量を調節するなど、ご協力ください。そして全部食べたら、一緒に喜んであげてください。

P079-01

一生もののマナー

幼児期に身についた食事のマナー（習慣）は一生忘れません。家族として大事にしたい、優先したいと思うマナーについて、お子様と一緒に考え、わかるように説明していきましょう。

P079-02

いただきます！

なんとなく食べ始めて、なんとなく食べ終わっている、そんな食事になっていませんか？「いただきます」から始めて「ごちそうさま」で終わるとけじめがついて、遊び食べの防止に効果があるかもしれません。何より感謝の気持ちを大事にしてほしいですね。

P079-03

料理で世界旅行

毎年テーマに沿って「お楽しみ給食」を提供しています。今年度は「世界の料理」です。月に一度、給食で各国の料理が食べられます。子ども達から感想を聞いてみてください、お楽しみに。

P079-04

P079-05

P079-06

P079-07

P079-08

P079-09

P079-10

P079-11

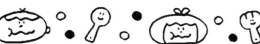

P079-12

79

5月 げんきっこ通信

〇年〇月〇日　〇〇〇〇園　〇〇〇組　5月のクラスだより

園舎の屋根の下に今年もツバメやってきました。忙しく飛び交い、巣を作ったりひなを育てたりする様子を、園庭のこいのぼりが応援しているかのようです。子ども達と一緒に見守りたいと思います。

〇〇〇組の子ども達も、一日の流れが身につき、落ち着いて生活ができるようになってきました。子ども達の自主的な動きや気付きを大事にするため、なるべく声をかけ過ぎず、「自分で気が付いた」「言われなくてもできた」ことを認めるようにしています。ちょっぴり得意気な表情がよいですよ。

おみやげ…？

お散歩のたびに「ママにおみやげ」と言って草花をつんでにぎりしめる子ども達。そこで、牛乳パックでおみやげ（お散歩）バッグを作りました。お母さんが喜ぶ顔を思い浮かべて、光る石、書ける石、カラスノエンドウなどなど、たくさん集めています。ときどき持ち帰りますので、散歩の話を聞きながら受け取ってあげてください。

■5月〇日（△）こどもの日集会
■5月〇日（△）健康診断
■5月〇日（△）お誕生日会

5月の目標

積極的に異年齢児と関わり、様々なことに興味をもつ。

→ 給食室から

「野菜の旬」を知っていますか？　栽培技術が進み、一年中食べられる物が多くなっていますが、旬の野菜にはよりたくさんの栄養とおいしさが詰まっています。給食でも旬を感じてもらえるような工夫をしています。子ども達に是非伝えていきたい食育の一つです。

5月の旬の食材

アジ、アスパラガス、タケノコ、スナップエンドウ など

保健コーナー

5月〇日（△）に健康診断を行います。園医の〇〇〇〇先生（〇〇小児科院長）に聞きたいこと、相談したいことなどがありましたら、連絡ノートでお知らせください。当日、健康診断結果票をお渡ししますので、必ずご覧ください。

※予防接種を受ける場合には、経過を見るために降園後に受けるようにしましょう。また、予防接種を受けましたら、必ずその報告をお願いします。接種後の微熱、発熱を見極める参考にさせていただきます。

廃材集めにご協力ください

子ども達の工作用に、ペットボトル（500ml）と、牛乳パック（1000ml）を集めています。中をよく洗って、乾かしてからお持ちください。よろしくお願いします。

P080-01
B4サイズ

アドバイス

クラスだよりに食育と保健の情報を載せて、おたよりを1枚にまとめると情報の幅が広がり、読みごたえのある紙面になります。

ポイント

内容に合わせたイラストを添えると読んだときにイメージが広がり、より内容が伝わりやすくなります。

ポイント

Wordの「書式」→「ワードアートのスタイル」機能を使うと、文字を袋文字にしたり、影をつけたりすることができます。

アドバイス

オムツかぶれなど、乳児期によくある子どものケアや対処法などについても触れましょう。

ひよこぐみだより

〇年〇月〇日　〇〇〇〇園　5月のクラスだより

入園、進級して一か月がたちました。新入園児さんが園生活に慣れるとともに、進級園児さんも落ち着いて好きな遊びを楽しめるようになりました。夢中で遊んでいるときや食事のとき、思わず「ね、ママ…」と保育者に向かって声をかけてきます。心から安心した様子で、嬉しくなります。園生活のなかでご心配なことがあれば、いつでもお声がけください。

クラス懇談会

5月〇日（△）
〇時～〇時

当日は保育のしおりと筆記用具、スリッパをお持ちください。

オムツかぶれについて

「オムツかぶれが治らない」というお悩みが多いようです。お子さんの便や皮膚の状態はそれぞれ違います。まず、主治医の先生の指示を仰いだ上で、日常的なケアについては園にご相談ください。

バンダナ一枚で…

◆頭に巻いて「ママ」「ヘイ、いらっしゃい」
◆首に巻いて「正義のヒーロー」
◆人形を巻いて「おんぶひも」「お布団」
◆おもちゃを包んで「おかいものバッグ」
◆顔にかけて「いないいない ばあ」

誰かが始めるとみんながまねをする、いつも引っ張りだこのバンダナです。

ひよこ組はこんな遊びが大好き！

P080-02
A4サイズ

5月　わかばぐみだより

○年○月○日　○○○○園　5月のクラスだより

新緑がまぶしい季節になりました。青空のもと、花壇や公園には色とりどりの花が咲き乱れ、まるでハチやチョウチョウを誘っているかのようです。園庭からも子ども達の元気な声が5月のさわやかな風にのって聞こえてきます。よく笑い、よく動き、元気いっぱいな子ども達。うっすらと汗をかく姿に、季節の移り変わりを感じています。

◇◇◇　最近のわかばぐみ　◇◇◇

◇食べるの大好きなAくん
食べることが大好きなAくんはいつも給食をおいしそうに食べています。「好きなご飯は？」と聞くとそのときに食べているメニューが出てきます。おかわりをしてたくさん食べる姿を見ていると「食は元気の源！」と、感じ入ります。

◇おしゃべりじょうずなBちゃん
おしゃべりじょうずなBちゃん。お姉ちゃんとおしゃべりをするのが楽しいのでしょう、言葉もたくさん知っています。他のお友達とお話ししている保育者の耳を引っ張って、話を聞いてもらおうとする努力がかわいいです。

◇帰る時間を気にしてくれるCくん
「先生、今日は何時に帰るの？」と聞いてきたCくん。「8時だよ、長い針が12で短い針が8になったら帰るんだよ」と答えました。するとその夜、夕飯を食べていたCくんが時計を見て、「先生、帰る時間だね、ばいばい」とお母さんに言ってくれたといいます。ありがとうね、Cくん。

P081-01
B4サイズ

母の日について みんなで話したよ！

母の日を前に、お母さんについて話をしてみました。「ご飯を作ってくれる」「お掃除をしてくれる」「洗濯をしてくれる」「お仕事で疲れてる」「お化粧じょうず」などおうちでの様子から「ママ優しい」「大好き」と、お母さんへの思いをそれぞれ口にしていました。"感謝"という言葉の意味にも触れながら、母の日を「思いを伝える日」としてみました。どんな言葉が出るか、楽しみにしていてください。

子ども達が大好きな『だるまさん』シリーズ絵本。何度も読み聞かせをくり返すうちにだるまさんごっこに発展しました。保育者が「だるまさんが…」と、声をかけると「どてっ」と横になり、「ぷしゅー」と潰れます。保育者とのかけ合いも楽しみ、ご飯を食べて「もぐもぐ」、お昼寝をして「スヤスヤ」、オリジナルのだるまさんも登場しました。

5月の予定
■5月○日（△）こどもの日の会
■5月○日（△）保育参観
■5月○日（△）身体測定
■5月○日（△）お誕生日会

※5月○日（△）～○日（△）は休園になります。

衣類のお願い

これからの季節は気温が上がり、暑くなりますので、着替えを多めにご用意ください。肌着には汗をとる役目があります。綿素材で、袖なしタイプがおすすめです。

アドバイス
毎月、子ども達の中から数人を選んで、エピソードを取り上げて紹介するコーナーを作っても、楽しさいっぱいです。

アドバイス
行事について、園ではどのように子ども達と話しているか、そのときの反応はどうだったのか、子どもが発した言葉なども入れるとよいでしょう。

ポイント
必ず読んでもらいたい園からのお知らせやお願いごとは、飾り枠を使った見出しにして目立たせます。

5月の"クラスだより"作成のコツ

◆園に慣れてきた様子を伝える
5月は入園、進級して一か月が経ったころ。新しい環境に慣れて、楽しく過ごすことができている子ども達の姿を伝えます。

◆飾り罫を使って区切る
囲みのラインだけでなく、縦と横の飾り罫を使って区切ることで読みやすくなり、かわいさも増します。

◆子どもの成長がわかるエピソードを
散歩のときに見つけたものや、クラスの中で流行っている遊びなど、子どもの"今"がわかるエピソードは、成長を感じてもらいやすいでしょう。

◆飾り文字の見出しを活用して
予定や子どものエピソードは、飾り枠や飾り文字を活用してレイアウトします。

P082-01A P082-01B

P082-02A P082-02B

P082-03A P082-03B

P082-04A P082-04B

P082-05

P082-06A P082-06B

P082-07

P082-08

P082-09A P082-09B

あいさつ文例

P082-10 **柱のこいのぼり**
5月になると、武者人形やこいのぼりを目にすることが多くなってきますが、最近では住宅事情などから、おうちで飾るのは難しくなってきているようです。子どもの健やかな成長を願うとされるこいのぼり。「柱のキズ」ならぬ「柱のこいのぼり」、お子様の身長に合わせて、柱にこいのぼりの印を付けてみるのはどうでしょう。毎年こいのぼりが増えたり位置が高くなったり、お子様の成長を実感できますよ。

P082-11 **母の日**
母の日を前に、ママについて聞いてみました。「ごはんを作ってくれる」「いつも優しいから大好き」「いいにおいがする」「お仕事で疲れてる」「お化粧じょうず」など、おうちでの様子からママへの思いをそれぞれ口にしていました。『感謝』という言葉の意味にも触れながら、「母の日」を「思いを伝える日」としてみました。どんな言葉が出るか、楽しみにしていてください。

P082-12 **新緑の季節**
花壇や公園の緑が鮮やかになってきました。日に日に気温も高くなり、雨の後には目に見えて草木の成長を感じます。子ども達の大好きなカラスノエンドウやオオイヌノフグリもあたり一面咲き誇っています。登降園の時間、お子様と一緒に季節を感じてみましょう。

P082-13 **元気に走り回る子ども達**
園庭から子ども達の元気な声が5月のさわやかな風にのって聞こえてきます。よく笑い、よく遊び、元気いっぱいな子ども達。うっすらと汗をかく姿に、季節の移り変わりを感じています。

P082-14 **生き物達もにぎやかに**
新緑の若葉がまぶしい季節になりました。青空のもと、花壇や公園の花が色とりどりに咲き乱れ、まるでハチやチョウチョウを誘っているかのようです。さあ、外に出て気持ちのよい空気をいっぱいに吸いながら、体を動かしましょう。

P082-15 **ツバメの巣**
園舎の屋根の下に今年もツバメが巣をつくりました。忙しく飛び交い、巣を作ったりひなを育てたりする様子を、園庭のこいのぼりが応援しているかのようです。子ども達と一緒に見守りたいと思います。

イラスト〈5月の予定・お誕生日・歌　など〉

P083-01A　P083-01B

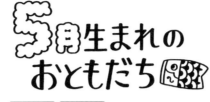

P083-02A　P083-02B

P083-03A　P083-03B

P083-04A　P083-04B

P083-05A　P083-05B

P083-06A　P083-06B

P083-07

P083-08A　P083-08B

P083-09A　P083-09B

P083-10A　P083-10B

P083-11A　P083-11B

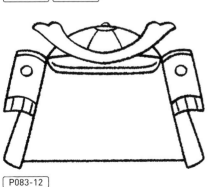

P083-12

P083-13A　P083-13B

P083-14

P083-15

5月

イラスト〈5月の予定・お誕生日・歌　など〉

子どもの姿

P084-01 **園生活慣れてきました**

4月初めに、ドキドキした表情を見せていた子ども達ですが、ひと月経って新しい環境にも慣れ、無邪気な笑顔やかわいい姿をたくさん見せてくれるようになりました。花壇に咲くお花に関心を示し、「赤」「ピンク」「黄色」と色の名前を口にしています。遊びのなかでもいろいろな物に興味を向けていけるような環境を準備していこうと考えています。

P084-02 **給食の時間に見られる成長**

5月に入ってから、給食の盛り付けや配膳を自分達でするようになりました。「何だかお店やさんみたいだね」と喜んでいます。「昨日は残しちゃったから、今日はこれくらいにしておこう」と調整したり、こぼさないように食器とお玉の間隔をさぐりながらよそったりと、経験からの学びをいかす姿を見せてくれています。

P084-03 **3歳児**

1日の流れが身につき、落ち着いて生活ができるようになってきました。子ども達の自主的な動きや気付きを大事にするため、なるべく声をかけ過ぎず、「自分で気が付いた」「言われなくてもやった」ことを認めるようにしています。ちょっぴり得意気な表情が素敵ですよ。

P084-04 **4歳児**

公園で流行っている四葉のクローバー探し。以前「見つけるとよいことがあるんだよ」と話したことを覚えていたようです。葉っぱを手に取り「1枚、2枚、3枚」と数えては、「あ〜あ、三つ葉だった。早く幸せになりたいな〜」と言いながら夢中で探し続けています。

P084-05 **5歳児**

進級してひと月が経ち、「○○組さん」「はい！」のやり取りが自然になってきました。小さなクラスの子を見かけると「遊戯室はこっちだよ」と優しく声をかける姿もあり、こうした触れ合いが子ども達の心の成長と安定につながっているのだと改めて感じました。

P084-06 **頼もしいお当番さん**

連休明けから本格的にお当番活動を始めます。園で生活するなかで、どんなお仕事があるのか、そんな話し合いから始めていきます。先輩の姿を見てきた子ども達は、お兄さんお姉さん気分がより強くなり、頼もしい姿を見せてくれるでしょう。

P084-07

P084-08

P084-09

P084-10

P084-11

P084-12

P084-13

P084-14

P084-15

P084-16

P085-01

P085-02

P085-03

P085-04

P085-05

P085-06

P085-07

P085-08

P085-11

P085-12

P085-09　　P085-10

P085-13

P085-14

P085-15

子どもの紹介

P086-01 **食べるの大好きAくん**
食べることが大好きな○○くんはいつも給食をおいしそうに食べています。「好きなごはんは？」と聞くと、決まって「お肉！」「ごはん！」と答えます。おかわりをしてたくさん食べる姿を見ていると「食は元気の源！」と、感じ入ります。

P086-02 **おしゃべりじょうずなBちゃん**
おしゃべりじょうずな○○ちゃん。小学生のお姉ちゃんとおしゃべりをするのが楽しいのでしょう、言葉もたくさん知っています。保育者が他の友達と話していると、耳を引っ張って話を聞いてもらおうとする姿がかわいいです。

P086-03

P086-04

いろいろなだるまさんが登場
子ども達が大好きな『だるまさん』シリーズの絵本。何度も読み聞かせをくり返すうちに、だるまさんごっこに発展しました。保育者が「だるまさんが…」と声をかけると、「ごろん」と横になり、「ぷしゅー」と潰れます。保育者との掛け合いも楽しみ、ご飯を食べて「もぐもぐ」、昼寝をして「スヤスヤ」など、オリジナルのだるまさんが登場してきました。

P086-05

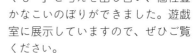

こいのぼり製作
グループごとにこいのぼりを作りました。大きな紙を前に、初めはどのグループもクレヨンで絵を描いていましたが、やがて「折り紙でうろこをつけたい」「毛糸で模様をつけよう」とアイデアが出てきました。「ぼくも…」と考えを出し合い、個性豊かなこいのぼりができました。遊戯室に展示していますので、ぜひご覧ください。

P086-06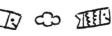

孤食について考えましょう
子どもが一人で食べる「孤食」が増えています。子どもが食べている間に、大人は身支度をしたり仕事をしたりという状況もあるようです。家族と一緒に食事をするのは、一日の出来事を話すなど楽しい時間を共有するということ。
お子様と一緒に食事の時間を過ごせるように、意識したいですね。

P086-07

P086-08

P086-09
P086-10

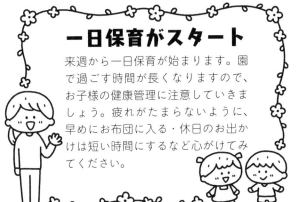

一日保育がスタート

来週から一日保育が始まります。園で過ごす時間が長くなりますので、お子様の健康管理に注意していきましょう。疲れがたまらないように、早めにお布団に入る・休日のお出かけは短い時間にするなど心がけてみてください。

P087-01

＊ **ママにおみやげ**

＊ お散歩のたびに「ママにおみやげ」と言って草花をつんでにぎりしめていた子ども達。そこで、牛乳パックでおみやげ（お散歩）バッグを作ると、光る石・書ける石・カラスノエンドウなど、たくさん詰めこんでいました。ときどき持ち帰りますので、お散歩の話を聞きながら受け取ってあげてください。

P087-02

先生の帰る時間

「先生、何時に帰るの？」と聞いてきたS君。「8時だよ、長い針が12で短い針が8！」と答えました。するとその夜夕飯を食べていたS君が時計を見て、「先生、帰る時間だね、ばいばい」と言ってくれたそう。ありがとうねS君。

P087-03

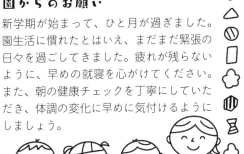

園からのお願い

新学期が始まって、ひと月が過ぎました。園生活に慣れたとはいえ、まだまだ緊張の日々を過ごしてきました。疲れが残らないように、早めの就寝を心がけてください。また、朝の健康チェックを丁寧にしていただき、体調の変化に早めに気付けるようにしましょう。

P087-04

こんなつぶやき聞いちゃいました！

P087-05

HOTエピソード

P087-06A P087-06B

P087-07

やっほー

P087-08

P087-09

大型連休中の過ごし方

大人も子どもも待ちに待った大型連休が始まります。園生活において、一番長いお休みになります。普段会えない方と会ったり、なかなかできない経験をしたり、ご家族皆さんで有意義にお過ごしください。連休明けの登園に備え、前日はぜひおうちでゆっくり過ごしてくださいね。

P088-01

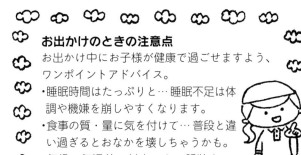

お出かけのときの注意点

お出かけ中にお子様が健康で過ごせますよう、ワンポイントアドバイス。

・睡眠時間はたっぷりと…睡眠不足は体調や機嫌を崩しやすくなります。

・食事の質・量に気を付けて…普段と違い過ぎるとおなかを壊しちゃうかも。

・気候・気温差に対応できる服装を…。上着などで調節できるとよいですね。

無理な計画をせず、楽しいお出かけを！

P088-02

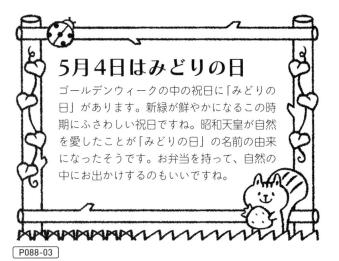

5月4日はみどりの日

ゴールデンウィークの中の祝日に「みどりの日」があります。新緑が鮮やかになるこの時期にふさわしい祝日ですね。昭和天皇が自然を愛したことが「みどりの日」の名前の由来になったそうです。お弁当を持って、自然の中にお出かけするのもいいですね。

P088-03

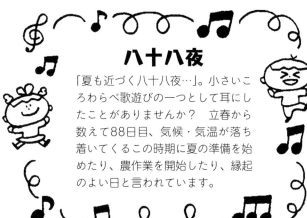

八十八夜

「夏も近づく八十八夜…」。小さいころわらべ歌遊びの一つとして耳にしたことがありませんか？　立春から数えて88日目、気候・気温が落ち着いてくるこの時期に夏の準備を始めたり、農作業を開始したり、縁起のよい日と言われています。

P088-04

P088-05

P088-06

P088-07

P088-08

P088-09

P088-10

文例／イラスト
〈こどもの日・愛鳥週間・母の日　など〉

こいのぼり

鯉が滝の流れの中を登り切り、竜になったという伝説から立身出世の象徴となり、子ども（男児）の健やかな成長を願ってこいのぼりを飾ったといわれています。時代背景にあわせてこいのぼりの色や様子が変わっていくのも、歴史を感じますよね。

P089-01

かしわもち

こどもの日にかしわもちを食べるのには意味があるのを知っていましたか？　かしわもちに使われている柏の葉の特性に由来します。柏の葉は、新しい芽が出ないうちは古い葉が落ちない、つまり子孫繁栄につながる縁起のよい植物だと言われています。かしわもちを食べながらそんな話をしてみるのもよいですね。

P089-02

愛鳥週間

5月10日から一週間は愛鳥週間（バードウィーク）になっています。野生の鳥を知り、保護をすることを目的とした週間です。園では毎年この時期にツバメが巣を作ります。幸せを運んでくるツバメ、巣作りからひなの飛び立ちまで、優しいまなざしで見守っています。

P089-03

母の日

「いつもありがとう」という感謝の気持ちを伝える大切な日です。恥ずかしがらずに「ありがとう」を伝えてみましょう。感謝の気持ちを伝えるのは特別な日じゃなくてもよいはず。いつでも「ありがとう」の気持ちをもちたいですね。

P089-04

P089-05

P089-06

P089-07

P089-08

P089-10

P089-11

P089-09

準備も楽しい遠足

5月〇日は、待ちに待った遠足です。いつものお散歩からちょっと足をのばして〇〇公園に出かけます。「オタマジャクシがとれるかも」と、いまからワクワクです。「てるてる坊主を作らなきゃ！」と大忙しの子ども達です。遠足や遊びに必要な物を自分で考え、準備する姿を頼もしく見守っています。

P090-01

遠足のお願い

5月〇日、春の遠足でバスに乗って「〇〇館」に行きます。〇〇：〇〇には出発しますので、検温、健康チェックを済ませて〇〇：〇〇までに登園を完了してください。片道30分ほどではありますが、乗り物酔いが心配な方は、事前にお知らせください。

P090-02

懇談会のお知らせ

5月〇日　17：00からクラス懇談会を行います。進級後のクラスの様子や今後のクラス運営について担任からお話しします。また、家庭でのお子様の様子などもお話しいただく予定です。「お子様のよいところ3つ」のエピソードもご準備くださいね。たくさんの方のご参加お待ちしています。

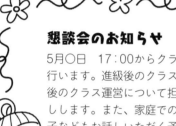

P090-03

保育参加のお知らせ

・日時／5月〇日　〇〇：〇〇〜〇〇：〇〇
・活動内容／親子でこいのぼり製作
　はさみやのりの使い方などご覧ください
・持ち物／おしぼり（のりを使ったときに手をふくため）
　・ポイント／自由遊びの時間は、友達との遊びの様子をご覧ください

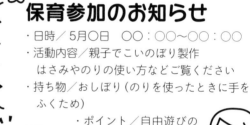

P090-04

P090-05

P090-06

P090-07

P090-08

P090-09

P090-10

P090-11

〈乳児〉子どもの姿

P091-01 0歳児

ときどき、ママを思い出して泣くHちゃん。抱っこされてテラスに出るとすぐにご機嫌になります。木の葉の影が壁にうつり、ゆらゆら動くのがお気に入り。そっと手をのばしてもつかまらない。不思議そうな表情がかわいいです。

P091-02 1歳児

新入園児さんが園生活に慣れるとともに、進級園児さんも落ち着いて好きな遊びを楽しめるようになりました。夢中で遊んでいるときや食事のとき、思わず「ね、ママ…」と保育者に向かって声をかけてきます。心から安心した様子に、嬉しくなります。

P091-03 2歳児

園庭や公園に散歩に行くと、大人が見逃しそうな小さな生き物に夢中になってしまう子ども達。テントウムシやダンゴムシを見付けると、「ぽちぽちがある〜！」「あしがいっぱい」「触りたーい」と、口々に気付いたことや感じたことを伝えてきます。

P091-04 慣らし保育での姿

慣らし保育期間、早めのお迎えありがとうございました。日に日に園生活に慣れていくお子様に、安心していただけているのではないかと思います。どんなに園が楽しくても、おうちの方がお迎えに来ると一目散に帰る姿が見られます。

P091-05 人気のバンダナ手遊び

バンダナ一枚で…
・頭に巻いて「ママ」「ヘイ、いらっしゃい」
・首にまいて「正義のヒーロー」
・お人形をまいて「おんぶひも」「お布団」
・おもちゃを包んで「おかいものバッグ」
・顔にかけて「いないいない　ばあ」
誰かが始めるとみんながまねをし、いつも引っ張りだこのバンダナです。

P091-06 お悩み：トイレトレーニング

保護者の方の心配事でよく聞かれるのがトイレトレーニングの時期。そこで、園でのチェックポイントを紹介します。
・おしっこの間隔を見極める…30分ごとにオムツが濡れていたら、まだ早いかな
・トイレに興味はあるかな…友達がトイレに座る様子を見てるかな、行きたがるかな
・オムツに「出た」という感覚はあるかな…言葉で伝えてきているかな
トイレトレーニングを開始するときは必ず相談し、一緒に進めていきます。おうちでの様子も教えてください。個々のタイミング（個人差）を十分にご理解ください。

P091-07

P091-08

P091-09

P091-10

P091-11

P091-12

P091-13

P091-16

P091-14

P091-15

P091-17

5月

〈乳児〉 文例／イラスト 〈保健・食育・遠足 など〉

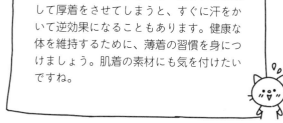

厚着にならないように

子どもの体温は大人に比べて0.5〜1℃くらい高いものです。寒くないようにと心配して厚着をさせてしまうと、すぐに汗をかいて逆効果になることもあります。健康な体を維持するために、薄着の習慣を身につけましょう。肌着の素材にも気を付けたいですね。

P092-01

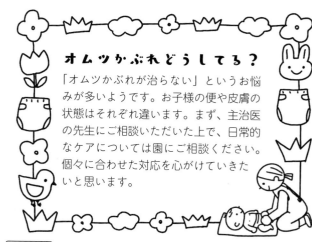

オムツかぶれどうしてる？

「オムツかぶれが治らない」というお悩みが多いようです。お子様の便や皮膚の状態はそれぞれ違います。まず、主治医の先生にご相談いただいた上で、日常的なケアについては園にご相談ください。個々に合わせた対応を心がけていきたいと思います。

P092-02

遠足のお弁当

遠足のお弁当、ありがとうございました。子ども達は、おうちの方の手作りのお弁当を嬉しそうに頬ばっていました。卵やきを食べながらママを感じているような、とても安心した表情でしたよ。小さいながらも「家庭の味」を覚え始めているのですね。

P092-03

お父さんの「うまい！」

給食を食べていたS君が急に「うまい！さいこう！」と声を上げました。つられて他の子ども達も「うまい！さいこう！」と、満点の笑顔。S君のお父さんの口グセのようです。一緒に食事をする大人がおいしそうに食べていると、その影響は大きいようです。素敵な食育ですね。

P092-04

P092-05

P092-06

P092-07

P092-08

P092-11

P092-12

P092-13

P092-09

P092-10

着替えは多めに

ちょっと体を動かすと汗ばむ日が多くなりました。子どもは大人よりも汗っかき。着替えの回数も多くなってきますので、多めにご準備をお願いします。今の季節は薄手のTシャツがあると便利ですね。たくさんのお洗濯、ありがとうございます。

P093-01

気になることはお知らせください

5月○日に、健康診断を行います。園医の○○先生（○○小児科院長）に聞きたいこと、相談したいことなどがありましたら、連絡ノートでお知らせください。当日、健康診断結果票をお渡ししますので、必ずご覧ください。

P093-02

朝のチェックは忘れずに

朝の検温・健康チェックありがとうございます。一日のなかで何度かお子様の検温を行い、健康管理に努めています。発熱がありましたらご連絡しますので、ご対応をお願いいたします。

P093-03

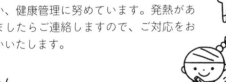

予防接種後の過ごし方

予防接種を受ける場合には、経過を見るために降園後に接種するようにしましょう。また、予防接種を受けましたら、必ずその報告をお願いします。接種後の微熱・発熱を見極める参考にさせていただきます。

P093-04

P093-05

P093-06

P093-07

P093-08

P093-09

P093-10

P093-11

93

〈保健・食育〉文例〈緊急連絡先　など〉／イラスト〈5月の献立・春野菜　など〉

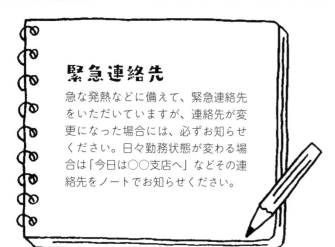

緊急連絡先

急な発熱などに備えて、緊急連絡先をいただいていますが、連絡先が変更になった場合には、必ずお知らせください。日々勤務状態が変わる場合は「今日は○○支店へ」などその連絡先をノートでお知らせください。

P094-01

P094-02

P094-03

P094-04

P094-05

P094-06

P094-07

夏野菜の植え付け

野菜を育てるための話し合いをしました。「何の野菜がいいかな？」「ミニトマト」「キュウリ」「ピーマン」「ニンジン」「ジャガイモ」と、育ててみたい野菜をグループごとに選んで挑戦です。嫌いなはずのピーマンを強く推す子どももいて、また子どもの不思議に出会いました。今後の展開をお楽しみに。

P094-08

P094-09

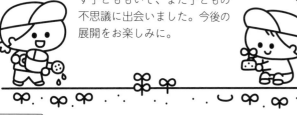

P094-10

P094-11

P094-12

P094-13

P094-14

旬の食べ物

「野菜の旬」を知っていますか？　栽培技術が進み、一年中食べられる物が多くなっていますが、旬の野菜にはよりたくさんの栄養とおいしさが詰まっています。給食でも旬を感じてもらえるように、素材選びに工夫をしています。子ども達にぜひ伝えていきたい食育の一つです。

P095-01

出汁ってすごい！

園で提供する給食は薄味にしています。乳幼児期に濃い味に慣れてしまうと、素材の味がわからなくなったり、内臓に負担をかけたりしてしまいます。出汁を利かせると塩分をカットできるのもポイント。試食会では「薄味だけどおいしい」「家の味を見直します」と言っていただきました。

P095-02

給食の展示をご覧ください

給食で使用した食材を玄関の棚に展示しています。戸外遊びから戻った子ども達は、おなかがペコペコ。展示用の食材に思わずかぶりつきそうになる姿も見られました。おなかがすくって、最高の食育ですね。

P095-03

はしへの移行

気になる、はしへ移行するタイミング。スプーンの持ち方はえんぴつ持ちになっていますか？　えんぴつ持ちをするのにも、手や指先の発達・力が必要です。はしを持つ前に指先を使った遊びをたくさんしてみましょう。えんぴつ持ちが安定したらはしへの移行を考えます。一緒に食事をする大人が正しい持ち方をするのも大切なポイントですよ。

P095-04

P095-05

P095-06

P095-07

P095-08

P095-09

P095-10

5月

〈食育〉文例〈旬の食べ物・給食の展示について　など〉／イラスト〈春野菜・肉・魚　など〉

クラスだより 〈6月〉テンプレート

すみれぐみだより

○年○月○日　○○○○園 6月のクラスだより

保育室の窓から、大きな空き地が見えます。昨夜降った雨が大きな水たまりを残していました。Hちゃんが「先生、大きな魚がいる」と教えてくれました。「どこどこ？」と探しますが、なかなか見つけられません。「魚、魚」と水たまりを指差すHちゃん。子どもの目の高さになって、指差す方を見ると、確かにいました。光と影のバランスと絶妙な角度で、水たまりが大きな魚に見えました。子ども目線での発見に、とても嬉しくなったエピソードでした。

歯みがき、いつから？

「口の中をきれいにすることに慣れる」という意味で、歯が生えていなくても始めてみましょう。濡れたガーゼでふくだけでも大丈夫、続ければ歯みがきの習慣につながります。歯ブラシに変えても「汚れが残らないように」と気負わずに、小さな歯ブラシが口の中に入ることへの抵抗をなくすところから始めましょう。

水分補給のタイミング

体の約8割が水分といわれる乳児期。こまめな水分補給を心がけ、脱水症状に気を付けましょう。水分補給のタイミングは…？

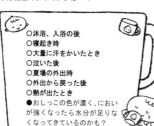

○沐浴、入浴の後
○寝起き時
○大量に汗をかいたとき
○泣いた後
○夏場の外出時
○外出から戻った後
○熱が出たとき
●おしっこの色が濃く、においが強くなったら水分が足りなくなってきているのかも？

こんな遊びをしています！

気温の高い梅雨の晴れ間、園庭で泥んこ遊びをしました。はだしになると、初めはおっかなびっくりでしたが、すぐに水たまりやぬかるんだ場所を見付けてバシャ、バシャ、バシャ！　一人がバランスを崩してしりもちをつくと、周りの子ども達まで次々にしりもちの連鎖。びっくりはしたもののオムツのおかげでダメージは少なめ。泥だらけの顔が、楽しさを物語っていました。泥のついた洋服の洗濯をよろしくお願いします。

今月の予定

6月○日（△）身体測定
6月○日（△）お誕生日会
6月○日（△）避難訓練

6がつのうた

♪かたつむり
♪こぶたぬきつねこ
♪あめふり

衣替えは様子を見ながら

衣替えの時期を6月1日としていたときもありましたが、気象状況や生活環境の変動で必ずしもそうではなくなってきました。園舎内は日当たりもよく比較的室温が高くなり、昼寝のときに汗ばむこともあります。早めに夏服や夏用の寝具をご準備いただきますようお願いします。

お願い

■雨の日など、まだ肌寒い日もありますので、ロッカーに長袖のTシャツを数枚入れてください。戸外遊びでは、長ズボン、長袖、靴下、帽子を着用します。

■思いがけず自分や友達を傷付けてしまうこともありますので、爪を短く切ってください。

P096-01
B4サイズ

アドバイス

歯みがきや離乳食のことなど、よくある保護者からの質問や相談を、おたよりに盛り込んで紹介してもよいでしょう。

ポイント

毎月の歌のタイトルを紹介すると、家庭でも子どもと一緒に歌えるなど、会話のきっかけにもなります。

ポイント

日常の些細な出来事にはタイトルをつけましょう。保護者の目に留まりやすくなります。

アドバイス

子どものエピソードと共に、お弁当の用意など、保護者の協力へのお礼を伝えるのを忘れずに。

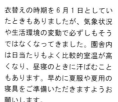

きりんぐみ通信 6月号

○年○月○日　○○○○園 6月のクラスだより

梅雨のシーズン到来です。雨が降ると湿度が高くなり、体感温度として気温以上に暑く感じるようになります。子どもは部屋の中でも動き回るので、たっぷり汗をかきますね。適度に汗をかく習慣は、自律神経を整え、体温調節機能を高めます。つまり健康維持のためにはとても大切なこと。汗の始末をしっかり行い、健康に過ごしましょう。

遠足楽しかったよ！

○月○日、○○○動物園へ遠足に行ってきました。「バスに乗って行くんだよね！」「お弁当を持って行くんだ！」など、遠足を心待ちにしていました。当日は子ども達がよく知っている、ライオンやキリン、シマウマなどの他に、初めて名前を聞くような動物を見たり…。お昼ご飯の時間には、「わぁ！ おにぎりだ！」などと喜びながら、友達と見せ合っておいしそうに食べる姿が印象的でした。お忙しいなか、お弁当のご用意ありがとうございました。

きりん組

NEWS

自由なあそびの時間。「たね」の絵本に興味を向けた子ども達は食後競うように見合っています。身近な果物や野菜にも種があることを知り、種の収集を始めました。花壇の花や園庭の木の実、給食の野菜や果物まで、種と思われる物を次々集めます。「植えてみたい」という声も聞かれるので、次は種まきをしてみようと思います。またご報告します。

6月の予定

6月○日（△）衣替え
6月○日（△）歯科検診
6月○日（△）身体測定
6月○日（△）お誕生日会

6月 ハッピーバースデー

○日　すどう あいみちゃん
○日　なかむら　たいしくん

P096-02
A4サイズ

テンプレート／作成のコツ

すくすく　りんごぐみ
〇年〇月〇日　〇〇〇〇園 6月のクラスだより

雨が続き、室内遊びが長くなると、ちょっとの晴れ間を見つけて外に飛び出して行こうとします。「雨、やんだんじゃない？」「晴れてるよ、お外行こうよ」と、空の見張りをする子どもがみんなに声をかけると、遊んでいた物の片付けをすばやく済ませ、身支度を整えて準備をします。一刻も早く外に行きたい一心で、友達を助けたり連携したり、その見事な手際の良さに感動しました。

カタツムリの観察をしています

子どもの興味は、いつでもどこでも何かに向かっています。今の時期はすっかりカタツムリの観察が日課になりました。カタツムリはナメクジに似ていること、人間と同じ野菜を食べること、ニンジンを食べると赤いうんちをすること、濡れた道（線）に沿って散歩をすること、だから雨が好きなんだということ。大人の教えより自分で気付いたことに価値を感じ、身近な生き物から多くのことを学んでいました。

6月の予定

■6月〇日（△）歯科検診
■6月〇日（△）身体測定
■6月〇日（△）お誕生日会

お願い

小雨のときに、散歩に行きます。長靴とレインコートのご用意をお願いします。長靴は靴箱に入れ、レインコートは玄関横のハンガーにかけてください。

りんご組 ある日の一コマ

ままごとをしていた四人の子ども達の中から、泣き声が聞こえてきました。そっと聞くと「わたしがお母さんだよ」「わたしもお母さんがいい」「お母さんは一人しかできないの」「順番にやればいいじゃん」「嫌だ！」と、少しの間言い合いが続きました。その後、友達の「お母さん二人でやれば？」の言葉をきっかけに仲直りをするのですが、今は自分の思いを一生懸命ぶつけて通そうとする時期。こうした経験をたくさんして、成長していくことでしょう。

食中毒に注意

食中毒の原因となる菌を体内に入れないよう、十分な注意が必要です。日ごろの手洗いやうがい、手指の消毒をしっかりと行い、予防を心がけましょう。

最近のブーム

粘土遊びって楽しいね！

先月から粘土遊びを始めました。指の力もついてきて、ちょっとした食事作りが流行っています。「一緒にピザを作ろう」「ぼくはたこやきやさん」。保育者のさりげないヒントからさらにイメージを膨らませ、「わたしはおすしやさん、いらっしゃーい！」と、大きなマグロのにぎりを作っていました。見た物、経験したことを遊びのなかで表現しています。いろいろなことに興味をもってほしいですね。

※悪天候時の登園について

朝7時の時点で避難情報が出ている場合は、原則休園となります。非常災害時（風水害）の園の対応について、プリントをお渡ししますので、ご確認をお願いします。

P097-01
B4サイズ

アドバイス
おたよりのタイトルは、クラス名以外に、子ども達へのメッセージやクラスのイメージなど、オリジナルのものを付けると個性が出ます。

アドバイス
カタツムリの観察など、梅雨の時期ならではのエピソードで、楽しい園生活の様子を伝えます。

ポイント
登園の決まりごとや園の方針をお知らせするときは、下線を引くなどして強調しましょう。

6月の"クラスだより"作成のコツ

◆健康に関する呼びかけはわかりやすく
季節の変わり目で、体調不良や食中毒などに注意が必要な時期。水分補給など生活面での注意喚起は、箇条書きにしたり、飾り枠の中に配置したりして目に入りやすい工夫をしましょう。

◆イラストや飾り枠を上手に活用
梅雨の時期でも、気分が明るくなるようなイラストや飾り枠を使って、にぎやかなおたよりを心がけます。

◆ケンカのエピソードは保育者の意見も交えて
子ども同士のケンカや言い合いなど、マイナスに感じる出来事も、成長過程において大切な経験だということを添え、理解を促すような文章に。ただ事実を伝えるだけでなく、保育者としての考えや意見を加えると、保護者も安心です。

P098-01A P098-01B

P098-02A P098-02B

P098-03A P098-03B

P098-04A P098-04B

P098-05A P098-05B

P098-06A P098-06B

P098-07A P098-07B

P098-08

P098-09

あいさつ文例

P098-10 **お空の見張り番**

雨が続き、室内遊びが長くなると、少しの晴れ間を見付けて外に飛び出して行こうとします。「雨、やんだんじゃない?」「晴れてるよ、お外行こうよ」と、空の見張りをする子がみんなに声をかけると、遊んでいた物の片付けをすばやく済ませ、身支度を整えて準備をします。一刻でも早く外に行きたい一心で、友達を助けたり連携したり、その見事な手際のよさに感動しました。

P098-11 **カタツムリの観察**

子どもの興味は、いつでもどこでも何かに向かっています。この時季はすっかりカタツムリの観察が日課になりました。カタツムリはナメクジに似ていること、人間と同じ野菜を食べること、ニンジンを食べると赤いウンチをすること、濡れた道(線)に沿って散歩をすること、だからカタツムリは雨が好きなんだということ。大人の教えよりも、自分で気付いたことに価値を感じ、身近な生き物から多くのことを学んでいました。

P098-12 **父の日**

6月の第3日曜日は、父の日ですね。母の日の経験から、父の日についてのイメージがもちやすいのでしょうね。「パパは○○をがんばっている」「○○だから、ありがとうって言う」などと、自主的な姿を見せつつ、感謝の気持ちを口にしていました。

P098-13 **シロツメクサに夢中**

○○公園が、一面シロツメクサで覆われ、真っ白なじゅうたんを思わせています。先月から花冠や花のブレスレット作りが大流行しています。白一色の花冠に、青やピンクの花をあしらい、オリジナル感も出てきました。思い思いの遊びを楽しみ、自然を満喫しています。

P098-14 **雨は雨でも怖い物**

6月は梅雨というイメージですが、「ゲリラ豪雨」という言葉が聞かれるようになってから久しくなり、近年では雨の量が災害レベルまで達することが多くなりました。いつ起こるかわからない災害に備え、身近なところから見直すことも、ときには必要ですね。

P098-15 **梅雨時期の体温調節**

雨が降ると湿度が高くなり、気温以上に暑く感じるようになります。子どもは部屋のなかでも動き回るので、たっぷり汗をかきますね。適度に汗をかくと自律神経や体温調節機能が整います。健康維持のために、汗の始末をしっかり行い、健康に過ごしましょう。

P099-01A P099-01B

P099-02A P099-02B

P099-03A P099-03B

P099-04A P099-04B

P099-05A P099-05B

P099-06A P099-06B

P099-07A P099-07B

P099-08A P099-08B

P099-09A P099-09B

P099-11

P099-10

P099-14

P099-12

P099-13

P099-15

6月

イラスト〈6月の予定・お誕生日・歌　など〉

99

縦書き：文例　〈子どもの姿（3・4・5歳児）など〉／イラスト　〈6月のイメージ　など〉

子どもの姿

P100-01 **4歳児**

雨の日散歩。先日の雨の日に傘をさして長靴をはいて出かけました。園庭には大きな水たまりがあり、長靴の中に水が入らないように、そーっとそーっと足を進めていきました。初めは濡れないように慎重に動いていましたが、誰かが傘をさかさまにして雨を集めだすと、次々にさかさま傘が広がりました。子どもは楽しい遊びを作り出す天才ですね。

P100-02 **ままごとから学ぶこと**

ままごとをしていた4人の子ども達のなかから、泣き声が聞こえてきました。「わたしがお母さんだよ」「わたしもお母さんがいい」「お母さんは一人しかできないの」「順番にやればいいじゃん」「いやだ！」と少しの間言い合いが続きました。その後、「お母さん、二人でやれば？」という友達の言葉をきっかけに仲直りをしました。今は自分の思いを一生懸命ぶつけて通そうとする時期。こうした経験を重ねて、成長をしていくことでしょう。

P100-03 **5歳児**

散歩でとってきたオタマジャクシの様子が変わってきました。図鑑で成長の過程を調べていた○○君は、「これ、足だよ足、後ろ足！」と大きな発見に大興奮。小さなオタマジャクシを優しく指先にのせて、友達にたくさん解説してくれました。

P100-04 **3歳児**

公園で、T君の服にテントウムシが止まりました。テントウムシの様子をじっと見ていましたが、一向に飛び立つ気配がなく「見て、このテントウムシぼくのことが好きなんだね」と、笑顔を見せていました。

P100-05 **傘の使い方を知る**

交通安全教室のなかで、傘について触れました。「傘を開くときや閉じるとき、どんなことに気を付ける？」「傘をさして歩くときは？」「なぜ黄色の傘が多いの？」一つ一つの説明に子ども達は納得の表情を見せていました。最後に「おうちの人にも教えてね」と伝えています。お子様と一緒にぜひ話し合ってみてください。

P100-06 **粘土遊び**

粘土を使って、ちょっとした食事作りが流行っています。「一緒にピザを作ろう」「ぼくはたこやきやさん」。そこからさらにイメージを膨らませ、「わたしはおすしやさん、いらっしゃーい！」と、大きなまぐろのにぎりを作っていました。見た物や経験したことを遊びのなかで表現することで、再認識していきます。

P100-07
P100-08
P100-09
P100-10
P100-11
P100-12
P100-13
P100-14
P100-15
P100-16

イラスト〈6月のイメージ　など〉

P101-01

P101-02

P101-03

P101-04

P101-05

P101-06

P101-07

P101-08

P101-11

P101-12

P101-09

P101-10

P101-13

P101-14

P101-15

子どもの紹介

P102-01 **電車が大好きな○○くん**

電車が大好きな○○くん。窓越しに電車が見えると、「でんしゃ、でんしゃ」と大はしゃぎ。牛乳パックで作った電車を一通り並べて鑑賞する姿は、真剣そのものです。

P102-02 **積み木遊びが得意な○○くん**

積み木遊びが得意な○○くん。小さな積み木を並べて大きなお城や立体駐車場を作り上げています。そのイメージ力と根気力に脱帽です。また、片付けになると、積み上げたものをあっさり崩して片付け始めます。その潔さに頼もしさを感じます。

P102-03

P102-04

P102-05

種に興味津々

『たね』の絵本に興味を向けた子ども達、食後に競うように見合っています。身近な果物や野菜にも種があることを知り、種の収集を始めました。花壇の花や園庭の木の実、給食の野菜や果物まで、種と思われる物を次々集めます。「植えてみたい」という声も聞かれるので、次は種まきをしてみようと思います。

P102-06

新聞紙遊び

室内で新聞紙遊びをしました。指先を使って、新聞紙をちぎり、紙吹雪のように吹き飛ばしたり、ねじって頭に巻いたり、洋服のように着たりと、思い思いの展開を楽しんでいました。最後に、新聞紙を大きな袋に入れて、ジャンボてるてる坊主を作りました。「明日は、晴れますように」とお願いして降園しています。

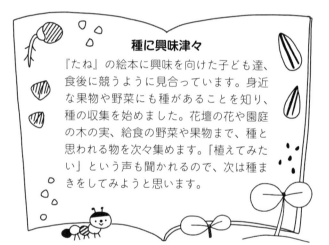

P102-07

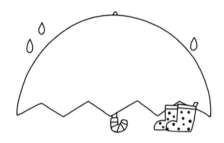

P102-08

P102-09

P102-10

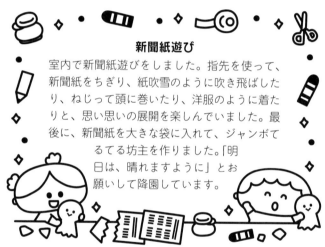

文例／イラスト〈衣替え・梅雨　など〉

衣替え週間

○月○日～○月○日は「衣替え週間」です。夏服に着替えて、元気よく遊びましょう。登降園時、肌寒い日は、薄手の上着で調節するとよいと思います。気温にあわせた衣服の調節を、自らしていけるようになるといいですね。

P103-01

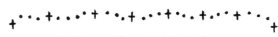

衣替えは様子を見ながら

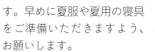

衣替えを6月1日としていた時期もありましたが、気象状況や生活環境の変化で必ずしもその日ではなくなってきました。園舎内は室温が高く、午睡時にも汗ばむことがあります。早めに夏服や夏用の寝具をご準備いただきますよう、お願いします。

P103-02

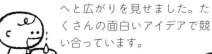

テーマは雨

「雨を集める」をテーマにグループ活動をしました。初めはテラスにバケツを置くだけでしたが、「たくさん降っている場所探し」や「雨だれが多い場所探し」、またビニール袋で雨を集める方法、牛乳パックで雨の流れ方を調べるなど、製作活動へと広がりを見せました。たくさんの面白いアイデアで競い合っています。

P103-03

バケツ田んぼに挑戦

種まきから始めた稲作り。稲の苗があっという間に大きくなり、先日バケツ田植えを行いました。まずはバケツの中で土作りをすることから。庭のどろんことはちょっと違う、「優しいどろ」。その後バケツの中に田植えをしました。八十八の手間を少しでも体験しながら、秋の収穫を待ちたいと思います。お迎えのときなどに覗いてみてください。

P103-04

P103-05 **スタンプラリー!?**

園内散歩では、園長や事務、給食の先生達に協力してもらい、スタンプラリー方式で楽しみました。子ども達の好奇心が満たされ、満足したようでした。

P103-06 **雨具のしまい方**

雨の日が多くなり、傘や長靴、レインコートで登園するお子様が増えてきました。廊下が濡れると転倒などけがにつながりますので、玄関でしずくの始末をお願いします。

P103-07A P103-07B

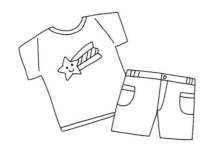

P103-08

P103-09

P103-10

6月

文例／イラスト〈衣替え・梅雨　など〉

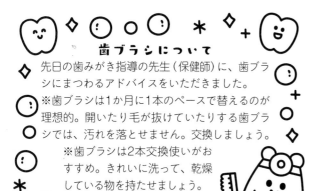

歯ブラシについて

◆先日の歯みがき指導の先生（保健師）に、歯ブラシにまつわるアドバイスをいただきました。

※歯ブラシは1か月に1本のペースで替えるのが理想的。開いたり毛が抜けていたりする歯ブラシでは、汚れを落とせません。交換しましょう。

※歯ブラシは2本交換使いがおすすめ。きれいに洗って、乾燥している物を持たせましょう。

P104-01

歯科検診

○月○日　○○歯科医院の○○○○院長先生による歯科検診があります。日ごろの歯の手入れ方法など、○○先生に質問したいことなどがありましたら、事前にご連絡をお願いいたします。

P104-02

時の記念日

時の記念日にちなみ、紙皿を使って時計作りをしました。製作の中で文字盤の数字に触れたり、時計の読み方に触れたりしています。興味のもち方には、個人差がありますが、今後も時計を意識した生活につなげていきたいと思っています。

P104-03

正しいのはどっちの時計？

遊戯室で運動遊びをしていたら、A子ちゃんが「先生おなかすいたー」。Bちゃんも「いいにおいがしてるよ」と。時計を見ると、なんと遊戯室の時計が止まっていました。子ども達の腹時計のほうが正確だったことに「ごめんなさい」と伝え、時を教えてくれる時計の大事さを一緒に考えました。

P104-04

P104-05 **歯と口の健康週間**

6月4日から一週間は「歯と口の健康週間」です。歯の調子が悪いと体全部が不調になるといわれるくらい、大事な歯。子どものうちから虫歯がなくても定期的に検診を受け、歯医者嫌いにならないようにしておきましょう。長く自分の歯でおいしいご飯が食べられますように。

P104-06 **時計の見方**

時計の読み方の工夫として、文字盤の横に5・10・15…と数字をつけました。まだまだ「4のところになったら…、8のところになったら…」という確認が多いですが、少しずつ慣れていけたらと思います。おうちでの様子も教えてください。

P104-07

P104-08

P104-09

P104-10

P104-11

P104-12

P104-13

父の日

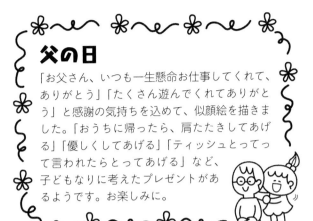

「お父さん、いつも一生懸命お仕事してくれて、ありがとう」「たくさん遊んでくれてありがとう」と感謝の気持ちを込めて、似顔絵を描きました。「おうちに帰ったら、肩たたきしてあげる」「優しくしてあげる」「ティッシュとってって言われたらとってあげる」など、子どもなりに考えたプレゼントがあるようです。お楽しみに。

P105-01

夏至

一年の中で、昼の時間が一番長いのが夏至です。この日を境に少しずつ昼の時間が短くなっていきますが、本格的な夏は夏至の後に来ます。梅雨が明けると、水遊びも始まります。体調管理をしっかりして、楽しい夏を過ごしたいですね。

P105-02

プール開き

〇月〇日はプール開きです。子ども達はこの日をとても楽しみにしています。安全で楽しく行えるように、お子様の「健康チェック」にご協力ください。体温、起床・就寝時間、排便の有無、皮膚湿疹、朝食の項目にチェックを入れてください。また、忘れ物がないように、お子様と一緒に準備しましょう。初日は、プールでヨーヨーすくいやビー玉取りなど、催し物をする予定です。ご都合のよい保護者の方は見学にいらしてください。

P105-03

水遊びスタート

気温が高い日は、水遊びをしています。手足を濡らしたり、ジョーロのシャワーで水かけをしたりしながら、楽しんでいます。今後は色水遊びや洗濯遊び・カンテン遊びなど、夏を感じられる遊びを考えています。

P105-04

P105-05

P105-06

P105-07

P105-10

P105-11

P105-12

P105-08

P105-09

6月

〈乳児〉文例〈子どもの姿　など〉／イラスト〈6月のイメージ　など〉

子どもの姿

P106-01　**1歳児**

気温の高い梅雨の晴れ間、園庭でどろんこ遊びをしました。はだしになると、初めはおっかなびっくりでしたが、すぐに水たまりやぬかるんだ場所を見付けてバシャ・バシャ・バシャ！　一人がバランスを崩してしりもちをつくと、周りの子ども達まで次々にしりもちの連鎖。びっくりはしましたが、泥だらけの顔が、楽しさを物語っていました。…泥のついたお洋服のお洗濯、よろしくお願いします。

P106-02　**雨の日のエピソード**

保育室の窓から外を見ると、大きな空き地が見えます。昨夜降った雨が大きな水たまりを残していました。Hちゃんが「先生、大きな魚がいる」と教えてくれました。「どこどこ？」と探しますが、なかなか見付けられません。「魚、魚」と水たまりを指さすHちゃん。子どもの目の高さになって、指さす方を見ると、確かにいました。光と影のバランスと絶妙な角度で、水たまりが大きな魚に見えました。子ども目線での発見に、とても嬉しくなりました。

P106-03　**0歳児**

ハイハイはこの時期の基本的な運動遊びの一つ。バランスと体幹を育てるのに最適です。「手・手・足」と言いながら、保育者と一緒に廊下や階段をハイハイで移動していきます。子ども達にとって園内探索は大冒険。「ハイハイ大冒険」が大好きです。

P106-04　**2歳児**

避難訓練をした日の夕方、お部屋でブロック遊びをしていると、突然「火事だー」「お水かけなきゃ！」と叫びだしたD君。急いでままごと用のジュースを手に取り、ブロックで作った家にかけていました。火事は消えたらしく、「危なかったー」と、安心した表情を見せていました。

P106-05　**自然との触れ合い**

室内で涼を感じられるようにと、短冊だけの風鈴を作って飾りました。風が入ってくるたびに短冊が揺れ、子ども達が興味を向けていました。「風さんがね…」と話をすると、「先生、風さんが来た」と教えてくれるようになり、園庭でも風さん探しをしていました。

P106-06　**人魚に変身**

着替えの時間も子ども達にとっては遊びの時間。ズボンをはこうとしたら2本の足が、一つに入っちゃった。「うわぁ〜、アリエル（人魚）になっちゃった」。そのつぶやきが、かわいくてたまりませんでした。

P106-07

P106-08

P106-09

P106-10

P106-11

P106-12

P106-13

P106-16

P106-17

P106-18

P106-19

P106-14

P106-15

6月

〈乳児〉 文例／イラスト 〈保健・食育　など〉

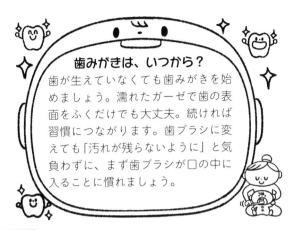

歯みがきは、いつから？

歯が生えていなくても歯みがきを始めましょう。濡れたガーゼで歯の表面をふくだけでも大丈夫。続ければ習慣につながります。歯ブラシに変えても「汚れが残らないように」と気負わずに、まず歯ブラシが口の中に入ることに慣れましょう。

P107-01

水分補給

体の約8割が水分といわれる乳児期。こまめな水分補給を心がけ、脱水症状に気を付けましょう。
〈水分補給のタイミング〉
沐浴・入浴の後／寝起き／大量に汗をかいたとき／泣いた後／夏場の外出時／外出から戻った後／熱が出たとき
※おしっこの色やにおいが濃いときは水分不足の可能性も。

P107-02

大切な手づかみ食べ

手づかみ食べは食べることへの意欲のあらわれの一つ。「おなかがすいたからご飯を食べたい」という気持ちを認めてあげましょう。手のひらや指先で感触や温度を確かめ、口に入れたりこぼしたりしながら自分と物との距離を確認し、多くのことを学んでいきます。指先の力加減の学習からスプーンへ移行していきます。

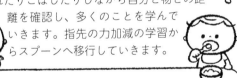

P107-03

先生の声かけが大好き

子どもはほめてもらうことが大好き。また、大好きな人に喜んでもらうことがはげみになります。「スプーンで食べてえらいね」「一人で全部食べたの？　すごい！」「お皿がピカピカになって、給食の先生嬉しいよ」など。自己肯定感にもつながります。

P107-04

P107-05　P107-06　P107-07　P107-08　P107-09

P107-11　P107-12　P107-13　P107-14　P107-10

P107-15

P107-16

外出時には帽子を

夏に向かって気温が高くなり、紫外線も強くなってきます。熱中症予防や暑さ、紫外線対策に役立ち、不慮のけがから頭を守ってくれるのが帽子です。ぜひ外出時の習慣にしましょう。こまめに洗える素材の物をおすすめします。

P108-01

汗をこまめにふきましょう

汗をかくことで、体温を調節したり新陳代謝を行ったりしています。健康を維持するための大事な機能です。しかし、汗を放っておくと、不衛生になり皮膚トラブルにつながったり、汗が冷えて風邪をひいたりします。こまめにふくこと、着替えることを心がけましょう。

P108-02

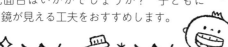

虫歯予防デー

丁寧な歯みがきには、鏡を見ながら行うのがよいそうです。「順番に一本ずつみがきましょう」と伝えると、意識が高まり鏡を見ながらみがくようになっています。食べかすやみがき残しが鏡で確認できるのも効果的。ご家庭の洗面台はいかがでしょうか？　子どもにも鏡が見える工夫をおすすめします。

P108-03

夏を健康で楽しく過ごすために！

夏の病気は飛沫感染に加えて、目やにやとびひなどのような浸出液から感染することも多いのが特徴です。お子様の体調の変化に早めに気付き、病気の特徴が少しでも見られたら早めに受診をしましょう。

P108-04

P108-05

P108-06

P108-07

P108-08

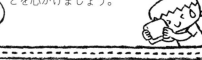

P108-10

P108-11

P108-12

P108-13

P108-09

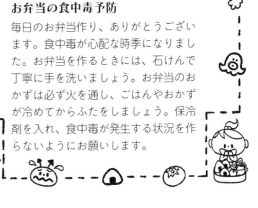

食中毒に注意

食中毒の原因となる菌を体内に入れないよう、十分に注意をしましょう。菌に汚染された物を口にすること以外にも、感染した子どもの便や動物からうつることもあります。日ごろの手洗いやうがい、手指の消毒をしっかりと行い、予防を心がけましょう。

激しい腹痛、下痢、嘔吐などが続いたら、食中毒も疑い早目に受診しましょう。

P109-01

お弁当の食中毒予防

毎日のお弁当作り、ありがとうございます。食中毒が心配な時季になりました。お弁当を作るときには、石けんで丁寧に手を洗いましょう。お弁当のおかずは必ず火を通し、ごはんやおかずが冷めてからふたをしましょう。保冷剤を入れ、食中毒が発生する状況を作らないようにお願いします。

P109-02

かむ練習

かむことで得られる「イイこと、たくさん」
☆唾液が多く分泌され、食物を細分化し、消化吸収を助けます。
☆唾液が口の中を洗い流すため、虫歯の予防につながります。
☆満腹中枢を刺激し、食べ過ぎを抑え肥満をふせぎます。

お子様の健やかな成長、健康維持の支えとして「よくかむ」を実行しましょう。

P109-03

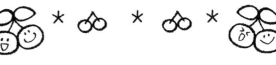

サクランボ

夏至のころに旬を迎える食べ物にトウモロコシや枝豆、メロンなどがあります。サクランボもその一つです。栄養をたっぷり蓄えた旬の野菜・果物を食べて、暑い夏を元気に乗り切りたいですね。

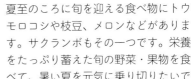
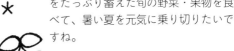

P109-04

P109-05

P109-06

P109-07

P109-08

P109-10

P109-11A P109-11B

P109-12A P109-12B

P109-09

7月 ぱんだぐみだより

○年○月○日 ○○○○園 7月のクラスだより

アサガオのつぼみが開き、大きな花が咲きました。「今日は○個咲いてた」と、数の報告が日課になりつつあります。子ども達の興味はつぼみにも向けられ、「これは明日になったら咲くよね」と楽しみにしています。まだまだ暑い夏は続き、アサガオも咲き続けるでしょう。

7がつの予定

◆7月○日（△）七夕の集い
◆7月○日（△）プール開き
◆7月○日（△）ワクワククッキング
◆7月○日（△）身体測定
◆7月○日（△）お誕生日会

今月のねらい

●夏の遊びを楽しみ、生活習慣を身につけて健康に過ごす。
●目的をもって練習したり、くり返し挑戦したりする。

今月の歌

♪たなばたさま
♪うみ
♪みなみのしまのハメハメハだいおう

プール始まります

7月○日（△）より、プール遊びが始まります。連絡帳にプールカードを貼りますので、毎朝忘れずに記入をお願いします。記入漏れがあると入れません。よろしくお願いします。

息を合わせて竹太鼓

夏祭りの話が出ると、「みんなで竹太鼓やりたい」という声が自然にあがってきました。誰からともなく新聞紙の棒をバチに見立て、机をたたいて練習も始まりました。「おうちの人にはないしょだよ」と、連携する姿もバッチリです！

エプロン、三角巾のご用意をお願いします

7月○日（△）にこぐま組さんと一緒に、園庭で収穫した野菜を使ってサンドイッチを作ります。どんな味がするかな？ 楽しみですね。エプロンと三角巾のご用意をお願いします。

お知らせとお願い

■7月の布団持ち帰り日は、○日（△）、○日（△）、○日（△）です。
■体調不良の際は、感染症の可能性もあるのでなるべく病院を受診し、体調が回復してから登園をお願いします。

7月生まれのおともだち

・○日 いしかわ らんちゃん
・○日 ささき ましろちゃん
・○日 てらだ ゆうとくん

P110-01
B4サイズ

ポイント

Wordの「挿入」→「図形」の機能を使って、吹き出しを作成しましょう。ポイントで使うと、紙面にメリハリが出ます。

ポイント

保護者に用意をお願いしたい物があるときは、見出しに入れて目立たせると、混乱も少なくなります。

アドバイス

書き出しのあいさつは、季節の様子を入れるだけでなく、クラス全体の様子や子ども達のエピソードを交えて、興味を引きましょう。

アドバイス

本格的な夏が始まる時期は、熱中症についての情報を入れると、保護者の関心が高まります。

7月 ほしぐみ通信

○年○月○日 ○○○○園
7月のクラスだより

梅雨明けが近付いてきました。テラスで雨の音がすると、「雨！」「びちゃびちゃ」と言いながら友達と並んで外を眺め、保育者が『かえるのがっしょう』を歌いだすと、みんなも一緒に歌いだします。梅雨の時期ならではのかわいらしい姿です。今月から本格的な水遊びも始まります。どんな表情を見せてくれるか、今からとても楽しみです。

7月の予定

7月○日（△）水遊び開始
7月○日（△）七夕の会
7月○日（△）身体測定
7月○日（△）お誕生日会

7月ハッピーバースデー

○日 いとう たけとくん
○日 よしだ さえちゃん

水遊びが始まります！

少しずつ水に慣れていけるよう、無理なく進めていきたいと思います。毎日フェイスタオルと枕のご用意と、水遊び「できる・できない」のチェック表に記入を必ずお願いします。

熱中症に注意！

気温、湿度が高い日は特に熱中症に気を付けましょう。「熱はないけど…」「外には出ていないけど…」こうしたときにも熱中症になる可能性があります。日常的にこまめな水分補給をし、適度な休息をとるように心がけましょう。

スタンプ遊びも！初めての夏野菜収穫

幼児クラスの畑から熟れ過ぎたオクラをいただき、野菜スタンプに挑戦。オクラの名前と形に興味を向けました。給食のそうめんの上に星形の野菜を見付け、「これ、オクラ？」「オクラだ！」と、食欲にも火がつきました。

P110-02
A4サイズ

テンプレート／作成のコツ

のびのび ゆりぐみ 7がつ

○年○月○日 ○○○○園 7月のクラスだより

大きな笹竹が運ばれてきました。さわやかな笹の香りが園内に漂い、夏の訪れを実感します。登園後、子ども達は思い思いに笹飾りを作り始め、それら一つひとつを丁寧に飾り付けます。そして親子で書いた短冊をつけて七夕準備のできあがりです。毎年続く行事を通して、その意味を理解し、季節を感じる心を育んでいきたいと思います。

7月の予定

- ■7月○日（△）プール開き
- ■7月○日（△）七夕の会
- ■7月○日（△）身体測定
- ■7月○日（△）お誕生日会

7月生まれのおともだち

うえだ そうじくん
てじま ちづるちゃん
にしだ あかりちゃん

虫さされについて

夕方の比較的涼しい時間帯に戸外に出ることが多くなり、虫さされを心配する声も増えてきました。園では子どもに無害な乳液タイプの虫除けを塗布していますが、登園前にご自宅でも塗布するなどしてご対応ください。シールやリング状の物は、誤飲や紛失などの心配がありますのでお控えください。薄手の長袖、長ズボンなども効果的です。

成長を感じた瞬間

★人形のお世話★

人形遊びをしていたSくんとKちゃん。「あ、うんちしているよ」「おしりふかなくっちゃ」と、二人でおしりふきになりそうな物を探します。白い布のような物を見付けて人形のおしりをふいて「きれいになったね」と喜んでいると、Kちゃんが「大変、それ靴下だよ」。「わー、大変」と言いながら、手洗い場で洗濯を始め、「ビックリしたね」と大笑いしていました。

★自分達で★

氷鬼、かくれんぼ、しっぽとり、増やし鬼など集団遊びのレパートリーが増えてきました。ドロケイにもチャレンジしています。始める前にルールの確認をしたり、鬼の人数を自分達で決めるようになりました。「今日は22人いるから、鬼は五人にしよう」など。そしてルール破りには、保育者より厳しい友達からの指摘が！ 子ども達の成長が感じられます。

お当番、張り切っています！

保育者が「今日のお当番さんは誰かな？」と、当番の名前カードをめくろうとすると…Yちゃんが「やりたい！」と手を挙げ、Tくんは「ぼくかな？」とドキドキ。Aちゃんは自分が今日の当番だとわかると、「やったー！」と言って大喜びです。

ゆり組の流行語

『せんたくかあちゃん』の絵本を読むと決まって子ども達はせんたくかあちゃんになりきります。ガッツポーズで「まかせときい」と言うのがちょっとした流行りになり、散歩の準備のときもお昼寝の片付けのときも、腕まくりをして「まかせときい」。頼もしい姿にほっこりです。

P111-01
B4サイズ

ポイント

Wordの「書式」→「ワードアートのスタイル」機能で袋文字にしたり、斜めに傾けたりすると、明るくポップな印象に。

アドバイス

お誕生日を迎える子ども達の様子を具体的に紹介し、エピソードとして盛り込むのもおすすめです。

アドバイス

クラスで流行っている言葉や遊びなどの紹介は、家庭での会話のきっかけにも。積極的に紹介しましょう。

7月の"クラスだより"作成のコツ

◆持ち物のお願いはわかりやすく

水遊びやプール、クッキングなどは持ち物が増えるため、いつ、何が必要なのか、わかりやすく明記するよう心がけます。

◆子どもの成長の瞬間がわかるエピソードを

日々の保育のなかで、子ども達の成長を感じるエピソードは、具体的に紹介すると喜ばれます。家庭でも「こんなことがあったんだね」と、会話が広がります。

◆囲みで項目を区切って見やすく

読みやすくするために、囲みのラインで項目を区切ります。ラインは直線だけでなく、破線や点線に設定することもできます。囲みと飾り文字を組合せて、ちょっとしたコーナーにしても効果的です。

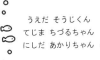

P112-01

P112-02

P112-03A P112-03B

P112-04A P112-04B

P112-05A P112-05B

P112-06A P112-06B

P112-07A P112-07B

P112-08A P112-08B

P112-09A P112-09B

あいさつ文例

P112-10 **七夕の準備**
大きな笹竹が運ばれてきました。さわやかな笹の香りが園内に漂い、夏の訪れを実感します。登園後、子ども達は思い思いに笹飾りを作り始め、それら一つ一つを丁寧に飾り付けます。そして親子で短冊を付けて七夕準備のでき上がりです。毎年続く行事を通して、その意味を理解し、季節を感じる心を育んでいきたいと思います。

P112-11 **1学期もあとわずか**
新学期が始まって約4か月が過ぎようとしています。あどけない顔で入園してきた子ども達も、たくましさを感じるほど成長しました。もう少しで、1学期も終わります。遊びやおでかけなど夏休みの様々な経験が、さらに子ども達を大きくしてくれるでしょう。病気やけがに注意しながら、元気にお過ごしください。9月に成長した子ども達に会えるのを楽しみにしています。

P112-12 **話題のアサガオ**
アサガオのつぼみが開き、大きな花が咲きました。「今日は○個咲いてた」と、数の報告が日課になりつつあります。子ども達の興味はつぼみにも向けられ、「これは明日になったら咲くよね」と楽しみにしています。まだまだ暑い夏は続き、アサガオも咲き続けるでしょう。

P112-13 **梅雨明け間近**
梅雨の晴れ間、真夏を思わせる太陽が輝いています。気温の上昇とともに、子ども達の水遊びも活発になってきました。もうすぐ始まるプール遊びに思いを馳せ、「先生、プールが始まったら水てっぽうしようね」「泳げるところみせてあげるね」と、楽しみにする気持ちを言葉にしています。

P112-14 **大好き水遊び**
暑い日が続きます。子ども達は「ワーワー、キャーキャー」言いながら、水遊びを楽しんでいます。汗をかきながら送迎される保護者の方から、「わたしも水遊びしたい！」と本音がポロリ。暑い暑い夏になりそうですね。

P112-15 **風鈴の音色**
花壇の中に「風鈴」を飾りました。初めて風鈴を見るお子様も少なくないようです。「リンリン…」と言いながら指をさし、興味を向ける姿をほほえましく見守っています。風鈴の音色に少しでも涼を感じていただけたらと思います。

P113-01

P113-02A　P113-02B

P113-03A　P113-03B

P113-04A　P113-04B

P113-05A　P113-05B

P113-06

P113-07A　P113-07B

P113-08A　P113-08B

P113-09A　P113-09B

P113-10A　P113-10B

P113-11A　P113-11B

P113-14

P113-12

P113-13

P113-15

7月

イラスト〈7月の予定・お誕生日・歌　など〉

113

子どもの姿

P114-01 **4歳児**

泥だんご作りに挑戦する子どもが増えてきました。これまでは、「先生作ってー」「丸くできない」と弱音を吐いていましたが、5歳児さんの様子を見たり、教えてもらったりするうちにじょうずに丸められるようになり、楽しくなってきたようです。水や力の加減、泥や砂の量を考え、経験からいろいろなことを学んでいます。試行錯誤をくり返しながら、根気強く取り組むことを覚えていきます。子ども達の学びの場面を大切にしていきたいと思います。毎日のお洗濯ありがとうございます。

P114-02 **5歳児**

氷鬼、かくれんぼ、しっぽとり、ふやし鬼など集団遊びのレパートリーが増えてきました。ドロケイにもチャレンジしています。始める前にルールの確認をしたり鬼の人数を自分達で決めるようになりました。「今日は22人いるから、鬼は5人にしよう」など。そしてルールを破ると、保育者より厳しい友達からの指摘が！　子ども達の成長が感じられます。

P114-03 **3歳児**

大好きなプールが始まるこの時期は、子ども達の生活習慣にも変化が見えるときです。遊んだ物の片付けがすばやくなり、着替えの段取りもよくなってきます。「やりたいこと」に向かうときの力ってすごいですね。一方、プールが終わると力尽きてしまい、着替えが進まない子どもも。「どんなときも全力を」、そんな3歳児の姿がかわいいです。

P114-04 **宝探しがいつの間に…？**

広い隣の空き地で宝探しゲームをしました。生い茂った草の中に30個のボールを隠し、大捜索。草をかき分けながら、下を向いて探していると、ボールだけでなくテントウムシ、ダンゴムシ、花、貝殻など自然物や生き物を発見していました。

P114-05 **手作りプラネタリウム**

七夕会で、保育者手作りのプラネタリウムを鑑賞しました。真っ暗な遊戯室にみんなで寝転んで、天井に映る光を見つめていると、本物の星空の下にいるよう。それから「先生キラキラやって」と、せがまれる日が続いています。

P114-06 **遊びの広がり**

クッキー作りをすることのお知らせを掲示しました。子ども達は「当日を待ちきれない」とばかりに粘土でクッキー作りごっこが始まりました。棒で伸ばしたり、型抜きをしたり、本物さながらです。次の日には袋に入れて友だちや保育者にプレゼント。子どものイメージがどんどん膨らみながら、遊びが広がっていく様子を楽しみました。

P114-07

P114-08

P114-09

P114-10

P114-11

P114-12

P114-13

P114-14

P114-15

P114-16

P115-01

P115-02

P115-03

P115-04

P115-05

P115-06

P115-07A P115-07B

P115-08

P115-09

P115-12

P115-13

P115-10

P115-11

成長を感じた瞬間

P115-14

P115-15

P115-16

7月

文例〈子どもの紹介・絵本・製作　など〉／イラスト〈絵本・製作　など〉

子どもの紹介

P116-01　絵本が大好きなKちゃん

絵本が大好きな〇〇ちゃん。お気に入りの絵本は、何度も何度もくり返し読んでいるため、お話を暗記してしまいました。夕方には、小さいクラスの子ども達に絵本を読んであげることを楽しみにしています。

P116-02　お返事やあいさつが元気なY君

返事やあいさつが元気なY君。朝や帰りはもちろん、いただきますやごちそうさまのあいさつも大きな声でしています。Y君のあいさつを聞いていると、こちらまでとても気持ちがよくなります。

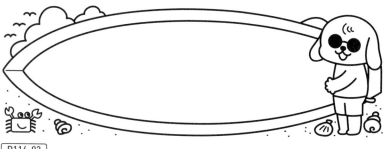

P116-03

P116-04

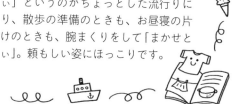

園の流行語

『せんたくかあちゃん』の絵本を読むと決まって子ども達はせんたくかあちゃんになりきります。ガッツポーズで「まかせときぃ」というのがちょっとした流行りになり、散歩の準備のときも、お昼寝の片付けのときも、腕まくりをして「まかせときぃ」。頼もしい姿にほっこりです。

P116-05

P116-06

七夕の願い

七夕の製作をしました。紙皿の上に折り紙で作ったおりひめとひこぼしが並んでいます。一年に一度しか会えない二人が子ども達の手によって出会えました。子ども達の願いが込められた作品です。

P116-07

P116-08

P116-09　　P116-10

短冊の願い事

七夕に向けて、短冊のご準備をお願いします。短冊には、上達したいことをお願いするのがふさわしいそうです。お子様の願い事に耳を傾け、短冊に書いてみましょう。準備ができたら、園にある笹竹にお子様と一緒に飾ってくださいね。

P117-01

七夕送り

七夕が終わると、「七夕送り」と呼ばれる行事があります。子ども達の願いが天まで届くように、地域のみなさんと一緒に短冊や笹飾りのお焚き上げをします。子ども達の願い事を大事に考えてくださる地域の方々に感謝の気持ちも育ちますね。

P117-02

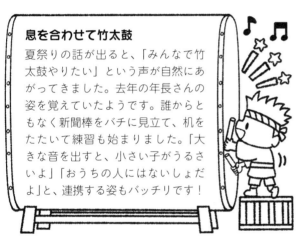

息を合わせて竹太鼓

夏祭りの話が出ると、「みんなで竹太鼓やりたい」という声が自然にあがってきました。去年の年長さんの姿を覚えていたようです。誰からともなく新聞棒をバチに見立て、机をたたいて練習も始まりました。「大きな音を出すと、小さい子がうるさいよ」「おうちの人にはないしょだよ」と、連携する姿もバッチリです！

P117-03

夏祭りのお知らせ

○月○日（　）○時から夏祭りを行います。事前にお渡しする「うちわ」と「チケット」を忘れずにお持ちください。帽子や飲み物など暑さ対策をお願いします。※たくさんの人出が予想されます。日傘のご使用はお控えください。年に一度の夏祭りです。みなさんで楽しみましょう。

P117-04

P117-05 **子ども達の願い**

短冊のご準備ありがとうございました。「ほじょなしじてんしゃにのれるようになりたい」「ひらがなをかけるようになりたい」などたくさんの願い事を目にしましたが、「おばあちゃんのびょうきがなおりますように」と、優しい一枚に胸をうたれました。早く元気になるといいですね。

P117-06 **楽しかった夏祭り**

園庭に模擬店やゲームコーナーの準備が整い、色とりどりの浴衣や甚平に身を包んだ子ども達が集まって来ると、園は夏祭り一色になりました。浴衣姿の保育者一同による「ほたる」の合唱はいかがでしたか？　後日、子ども達から「ほ、ほ、ほたるこい…♪」と口ずさむ声が聞こえてきて、嬉しかったです。

P117-07

P117-08

P117-09

プールのお掃除隊

プールの壁を、一生懸命にスポンジでゴシゴシこするCちゃんとDちゃん。二人はプールのお掃除隊。Cちゃんは、少しこすると「きれいねー」とすごく嬉しそう。Dちゃんは、「ゴシゴシしたのに、きれいにならないね」と、みがき続けます。やっときれいになったと納得した二人は最後にシャワーで流して大満足でした。

P118-01

大好きな色水遊び

子ども達は色水遊びが大好き。「黄色と緑を混ぜたら黄緑になったよ！」「○○組の色と同じだね」「他にはどんな色ができるかな？」など、好奇心と期待にあふれ興奮した様子で遊んでいます。やがて、ジュースやさんになって「メロンジュース、コーラ…」と色とりどりのジュースを並べて楽しんでいました。最後には驚くような色になり、大笑いしました。

P118-02

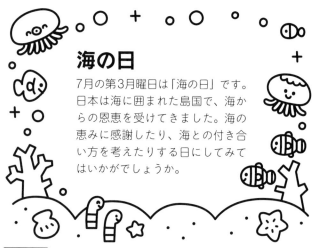

海の日

7月の第3月曜日は「海の日」です。日本は海に囲まれた島国で、海からの恩恵を受けてきました。海の恵みに感謝したり、海との付き合い方を考えたりする日にしてみてはいかがでしょうか。

P118-03

夏の過ごし方

夏は、楽しいイベントがたくさんあり、心も体も開放的になります。特に子どもは体力以上に体を動かしてしまいがちになるため、大人の方の見守りが必要ですね。元気に遊ぶためには、しっかり体を休めることが大事なことを話し合ってみましょう。

P118-04

P118-05 **お人形のお世話**

お人形遊びをしていたS君とKちゃん。「あ、うんちしているよ」「おしりふかなくっちゃ」と、二人でおしりふきになりそうな物を探します。白い布のような物を見付けてお人形のおしりをふいて「きれいになったね」と喜んでいると、Kちゃんが「大変、それ靴下だよ」。「わー！」と言いながら、水道でお洗濯を始め、「ビックリしたね」と大笑いしていました。

P118-06 **アメンボ**

お散歩に行くと、○○池のカメの様子を見るのがお約束になっています。ある日、池の水面に何かが浮いていました。「先生、何かいる」「虫かな」「本当だ。アメンボだね」「えっ？　あまえんぼ？」「あまえんぼうだって〜」。そう言う子ども達のくすぐったいような表情がとてもかわいかったです。

P118-07

P118-08

P118-09

P118-10

P118-11

P118-12

文例／イラスト〈夏のエピソード　など〉

ヒマワリは後ろ向き？

5月に植えたヒマワリがどんどん大きくなって子ども達の背と同じくらいの高さに。お日様のような花をたくさん咲かせていますが、ヒマワリはみんな顔をそむけています。植木鉢を回してこちら向きにするものの次の日にはやっぱり後ろ向きで、不思議顔の子ども達でした。

P119-01

セミが飛んできた！

公園では「ミーンミーン」とセミの大合唱。「どこにいるの？」「こっちから聞こえてくるよ」と探しに行きます。セミを見付け「あっ、いた！」と叫ぶと、急にセミが羽音をたてながらこちらへ向かって飛んできました。みんな大慌てで逃げてきました。つかまえるのにはまだまだ時間がかかりそうです。

P119-02

夏休みを楽しむために

もうすぐ夏休みです。園生活の中で、最も長い休みになります。楽しい夏休みを過ごすためには、健康管理が大切。生活リズムを崩さず、よい睡眠とよい食事を心がけましょう。心にも体にも、素敵な経験がたくさんできますように。

P119-03

草の茂みに忍者!?

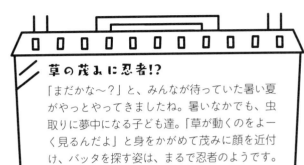

「まだかな～？」と、みんなが待っていた暑い夏がやっとやってきましたね。暑いなかでも、虫取りに夢中になる子ども達。「草が動くのをよーく見るんだよ」と身をかがめて茂みに顔を近付け、バッタを探す姿は、まるで忍者のようです。

P119-04

P119-05

P119-06

P119-07

P119-08

P119-12

P119-11

P119-13

P119-09　P119-10

子どもの姿

P120-01 **子ども達のかわいい姿**

保育中の子ども達のかわいい姿をご紹介します。

●2段になっている玩具棚。上段の玩具をせっせと取り出すK君。空いたところに潜り込み、そのままゴロンと寝転がり、スヤスヤと夢の中へ…。

●牛乳パックで作ったサークルのなかへ、大きなクッションを入れると、フカフカな温泉ができ上がり。ぬいぐるみと一緒に「あちっ！」なんて言いながら温泉を楽しむYちゃんです。

P120-02 **2歳児**

園庭に出る準備をしていると、靴下をはけずに困っていたB君。それを見ていたCちゃんはすばやく自分の靴下をはき終え、すぐさまB君のもとへ。必死の形相で靴下をはかせてあげていました。片足が終わると「ありがとね」と言いながら、もう片方の足をのばしているB君。かわいらしい一場面でした。

P120-03 **0歳児**

戸外に出ると、興味津々で周りを見回すEちゃん。原っぱでかけっこをして遊ぶ5歳児さん達を見ては、両手をあげて喜んでいます。応援しているのかな？　それともEちゃんも一緒に走りたいのかな…？

P120-04 **1歳児**

テラスで雨の音がすると、「雨！」「びちゃびちゃ」と言いながらお友達と並んで外を眺め、保育者が『かえるのうた』を歌うと、みんな一緒に歌いだします。梅雨時期ならではのかわいらしい姿です。

P120-05 **何度やっても**

大きなタライから水をすくっていろいろな容器に入れて遊んでいました。A君も一緒になり遊び始めたのですが、何度やってもすくえません。それもそのはずA君の手には、ザルが…。ボウルとザルの違い、難しいよね。

P120-06 **みんなの大好きな時間**

登園するとすぐに「先生、これ読んで」と、絵本を持ってくるAちゃん。抱っこして読み聞かせをしていると、「これ読んで」とそれぞれに絵本を持って子ども達が集まってきます。大好きな絵本を読んでほしいという思いと、「先生に抱っこされたい」という思いが見え隠れ。絵本の時間は、子どもにとって安心できる特別な時間なのでしょう。

P120-07　P120-08　P120-09　P120-10　P120-11　P120-12　P120-13　P120-16　P120-17　P120-18　P120-19　P120-14　P120-15

〈乳児〉 文例 〈子どもの姿　など〉／イラスト 〈7月のイメージ　など〉

熱中症に注意

気温・湿度が高い日は、特に熱中症に気を付けましょう。「熱がないけど…」「外に出ていないけど…」こうしたときにも熱中症になる可能性はあります。日常的にこまめな水分補給をし、適度な休息をとるように心がけましょう。

P121-01

肌を清潔に

気温が高い日は、少しの動きで汗をかきます。湿度が高いとなおさらですね。そこで園では、食事の前にシャワータイムを設けています。汗を流して、気持ちよく食事・午睡をします。沐浴やシャワーはあせもの予防にもなり、快・不快がわかると、衛生的に生活する力が養われます。

P121-02

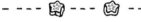

夏野菜の収穫

幼児クラスで育てたオクラをいただき、野菜スタンプに挑戦しました。オクラの名前と星の形はすぐに覚えました。給食のそうめんの上に星形の野菜を見付け、「これ、オクラ？」「オクラだ！！」と、食欲にも火がつきました。

P121-03

夏バテ＆水分のとり方

運動量が多く、汗をたくさんかく子ども達には水分補給が不可欠です。ジュースなどの甘い飲み物は控えて、疲労回復効果がある麦茶をとることをおすすめします。お子様には、常温の麦茶をうすめて、こまめに少しずつあげましょう。

P121-04

P121-05

P121-06

P121-07

P121-08

P121-10

P121-11

P121-12

P121-13

P121-09

P121-14

P121-15

121

熱中症とは？

大量の汗をかき、体内の水分と塩分が失われたり、体温調節機能が効かなかったりしたときに起きる症状です。気温・湿度が高いときや、激しい運動をした後などに起こりやすいので、涼しい場所での休息や適度な水分補給を心がけましょう。体の不調を口に出して言えない小さな子どもは、特に気を付けましょう。

P122-01

紫外線が強い日は

「日光浴」から「外気浴」へと指標が変わって久しくなりました。長時間紫外線を浴び続けると健康被害が出てくることもわかってきました。紫外線が強い時間帯の外出より、朝夕の外気浴がおすすめです。また、帽子や長袖シャツ、日焼け止めクリームなどを効果的に使い、対策をしていきましょう。

P122-02

虫さされ予防

夕方の比較的涼しい時間帯に戸外に出ることが多くなり、虫さされを心配する声が増えてきました。園では子どもに無害な乳液タイプの虫よけを塗布していますが、登園前にご自宅で塗布するようお願いします。シールやリング状の物は、誤飲や紛失などの心配がありますのでお控えください。薄手の長袖、長ズボンなども効果的です。

P122-03

睡眠は大切

夏を健康的に過ごすために、質のよい睡眠をしっかりとりたいもの。しかし、夜中でも気温が高いと寝付けず、寝不足になることも。扇風機やエアコンのタイマーを活用する他、氷水を入れた枕を使用するなどして、快適な睡眠を。就寝前のぬるめのシャワーがおすすめですよ。

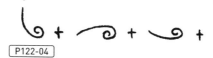

P122-04

P122-05

P122-06

P122-07

P122-08

P122-11

P122-12

P122-10

P122-13

P122-09

夏野菜の収穫

春に植えた野菜が実をつけ始めました。毎日、当番さんが「早く大きくなって（？）、食べたいね」「何の料理にする？」と、おしゃべりしながらの水やりを楽しんでいます。食への意欲もスクスクと目に見えて育っています。

P123-01

野菜が苦手な子

「うちの子、野菜が苦手で…」という相談を受けますが、夏は野菜のうまみや味が濃くなり、とてもおいしくなる時期です。冷たく冷やした野菜スティックがおすすめ。ディップをアレンジして色とりどりの野菜をおやつ代わりに。その他、すり下ろしたり、つぶしたりしてゼリーにすると、色もきれいで食べやすいですよ。

P123-02

積極的にとりたい食べ物

夏バテによる食欲の低下。冷たい物やさっぱりした物をとり過ぎると、胃腸の働きを悪化させ栄養不足で逆効果になることもあるので要注意です。ときには温かい食べ物で免疫力や代謝アップをはかりましょう。ウナギやカレーで夏バテ知らず！！

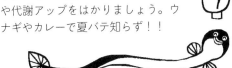

P123-03

冷たいアイスに気を付けて

暑い日に、ついついほしくなる冷たいアイス。適量のおやつとしてはよいのですが、食べ過ぎると、糖分過多で夏バテを引き起こしてしまいます。内臓機能を低下させ、胃腸の働きが悪くなり、下痢から脱水症状になることも。特に、小さいお子様への与え方には気を付けましょう。

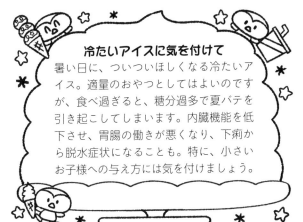

P123-04

P123-05

P123-06

P123-07

P123-08

P123-10

P123-11

P123-12A P123-12B

P123-13A P123-13B

P123-09

03_class ▶ 08gatsu ▶ P124

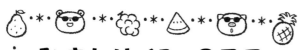

ひまわりぐみ 8月号

○年○月○日 ○○○○園 8月のクラスだより

気持ちよく晴れ渡った青空に、照り付ける日差し。毎日とても暑いですね。いつの間にかセミの声も聞こえ始め、夏本番を感じる今日このごろです。○○公園に行くと、次々に現れるセミに子ども達は大はしゃぎ。セミの声に負けないくらい元気な声が飛び交っていました。夏ならではの経験をたくさんしてほしいですね。

8月の予定

- ■8月○日（△）夏祭り
- ■8月○日（△）歯科検診
- ■8月○日（△）身体測定
- ■8月○日（△）お誕生日会

おたんじょうびおめでとう！

はら あつしくん
みやぎ せいくん
やの あみちゃん

三大夏風邪の流行

6月から8月ごろまで、三大夏風邪（ヘルパンギーナ、手足口病、プール熱）といわれる感染症が流行することがあります。昨年は手足口病が多く出ました。園の掲示板をよくご覧いただき、症状がみられましたら、早めの受診をお願いします。

◆お願い◆

送迎時、園の前の道路に車を進入させるのは近隣への迷惑になりますのでご遠慮ください。駐車場が必要な方は、契約駐車場をご案内しますのでお申し出ください。

今月のひまわり組ニュース！

ツバメさん、元気でね！

非常階段の上で巣を作っていたツバメの家族。卵を産み、温め、ひなが生まれ、えさを運んで育て、そして飛び立ちました。約ひと月の間ツバメの家族は大きな変化を遂げ、その様子を子ども達は優しい気持ちで見守ってきました。今、空っぽになった巣を見て「ハートみたいになってる」「もういないよ…」とぽつり。子ども達の心に何が残ったでしょうか。

製作意欲を刺激！？

7月からひと月プール遊びをしてきて、「こんな物があったらもっと面白い」「これは何かに使えないかな」と、遊びをもっと面白くしたいという欲求が出てきたようです。「このホース持って行ってみよう」「ペットボトルいっぱいつなげてみよう」と、遊びに製作に意欲的な姿を見せています。

カブトムシを飼っています！

カブトムシの飼育を始めました。5歳児クラスに育て方を聞きながらがんばっています。カブトムシの様子を尋ねると、「おなかすいたって」「ちょっと今落ち込んでる」「大変！ 土の中から出られなくなっちゃった」と、カブトムシの気持ちを細かい描写で伝えています。飼育を通して、命の大切さをしっかりと学んでいきたいですね。

どこで見付けたの？

散歩中に○○○公園の森で見付けました。次の日、逃がしに行こうとケースから出すと「行っちゃうよ」「逃げちゃう！」と寂しそうにする子ども達。もう少し、一緒にいてもらうことにしました。

P124-01
B4サイズ

ポイント

誕生月の子どもは、かわいい飾り枠の中に入れて紹介し、特別感を出します。

アドバイス

保護者へのお願いごとを再度伝えるときは、囲みのラインなどで強調し、改めて伝えましょう。

アドバイス

暑さが続く時期。体調や健康に関する呼びかけや、家庭での対応の仕方を入れて、注意を促します。

アドバイス

お泊まり保育など行事の前は、日程だけでなく、子ども達の会話や、楽しみにしている様子などがわかるエピソードも紹介します。

だいちぐみ通信

○年○月○日 ○○○○園 8月のクラスだより

うだるような暑さに、寝苦しい夜が続きますね。暑い夏を乗り切るためには、しっかりと睡眠をとることが大事です。深く寝入ったときに、部屋の温度が低過ぎたり、おなかが出ていたりすると寝冷えになり不調が起こります。体が小さな子どもは体の冷えも早いです。気を付けてあげましょう。

ワクワクドキドキお泊まり保育！

だいち組が楽しみにしているお泊まり保育。子ども達の会話に耳を澄ますと、「昨日、ママと包丁の練習したの」「絶対おかわりするぞ」と、どうやら夕飯のカレー作りに興味津々な様子です。家族と離れて過ごすことに少し緊張している子もいますが、準備を通して子ども達と一緒に期待を膨らませていきたいと思います。

8月生まれのお友達

さの みひろちゃん
たけした あおいくん

8月の目標

友達と共通の目的に向かって、試したり工夫したりしながら夏の遊びを十分楽しむ。

ちょっと！

素敵なエピソード

一冊の絵本をめぐって争っていた二人。「わたしが最初に見てた」「一緒に見ようよ」「今は一人で見たいの」とお互い譲らず…。騒ぎを聞いたAくんが来て「一人で見たいときってあるよね。集中したいときとか！」「集中ってなに？」「よくわからないけど、お姉ちゃんが言ってた」「そうだね、集中しながら一緒に見よう」。Aくんの一言で、すっかり和みました。

8月の予定

- ■8月○日（△）～○日（△）お泊まり保育
- ■8月○日（△）防災訓練
- ■8月○日（△）身体測定
- ■8月○日（△）お誕生日会

P124-02
A4サイズ

つぼみぐみだより

〇年〇月〇日 〇〇〇〇園 8月のクラスだより

夏本番！ 今年の夏は、気温の高い日が多いそうです。特に本格的な暑さとなる8月は、熱中症にならないようにこまめな水分補給が大切です。一日を元気に過ごすめに、朝ごはんをしっかり食べてから登園しましょう。早寝早起き朝ごはん！ 毎日心がけましょう。

今月のねらい

◆汗をかいたらふいたり沐浴をしたりすることで、肌の清潔と、さっぱりとする気持ちよさを知る。
◆感触遊びを取り入れながら、遊びの幅を広げる。

8月の予定

※ ◆8月〇日（△）夏祭り
※ ◆8月〇日（△）身体測定
☆ ◆8月〇日（△）お誕生日会

♪うみ
♪すいかのめいさんち
♪アイスクリームのうた

夏祭りの準備

8月〇日（△）に行われる夏祭り。つぼみ組は今年、毛糸で焼きそばを作りました。夜店やさんごっこの屋台で販売します。

水遊び、楽しんでいます！

回を重ねるごとに水や水遊びの雰囲気に慣れ、体にかけてもらうと「キャッキャッ」と声に出して笑います。ジョウロを使って上から水を降らせると「キャー」と手を伸ばして大喜び。水に触れることが楽しくて、水面をバシャバシャとたたいて水しぶきを上げる子どもも増えました。顔にかかっても平気になり、豪快に水しぶきを上げています。子ども達も保育者達もびしょ濡れ、楽しい夏になりました。

疲れにご注意を

子どもは体の異変をうまく言葉で伝えられません。暑さのせいで、疲れが見られたり、いつもと様子が違うなと感じることがありましたら、その都度、保育者にお伝えください。

冷たいおやつ

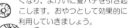

暑い日が続くと食欲が落ち、ついつい冷たい物を食べたくなります。一時的にはよいのでしょうが、続けてしまうと、内臓の働きが悪くなり、よけいに夏バテを引き起こします。おやつとして効果的に利用していきましょう。

お願い

◆夏休みの予定表をお配りしておりますが、記入後、8月〇日（△）までに担任へ提出をお願いします。給食の材料の手配などがありますので、遅れないようお願いします。

◆汗をかきやすい季節ですので、着替えを多めにご準備ください。また、食事用のエプロンにカビが生えやすくなっています。不衛生になり、体調を崩してしまうこともありますので、ご確認をお願いします。

P125-01
B4サイズ

ポイント

行事に合わせた飾り枠を選んで、期待感やワクワク感が高まるようにします。

アドバイス

乳児の中には、初めて水遊びを経験する子どもも。水との関わり方や、そのときの反応を細かく伝え、保護者の安心感につなげます。

アドバイス

目を通してもらいたい園からのお願いは箇条書きにしたり、ラインで囲んで目立たせたりしましょう。提出物などの締め切りの日程ははっきりと記しましょう。

8月の"クラスだより"作成のコツ

◆生き物との関わりに触れて

カブトムシなど夏ならではの虫や、生き物との触れ合いが多くなる時期です。そこから子ども達が学ぶことや、生き物と向き合う姿を紹介すると、読みごたえのある内容になります。

◆イラストと囲みのラインですっきりと

夏らしいかわいいイラストや飾り枠を使って、視覚的にも飽きさせない工夫を。適度にスペースを空けたり、囲みのラインや飾り枠などで項目を区切ったりすると、まとまった印象に。

◆小見出しにひと工夫

小さな出来事でも、「今月の〇〇ぐみニュース！」など、キャッチーな見出しをつけると、読み手の興味を引きます。

◆乳児は保育者が気持ちを代弁

乳児期は、まだうまく言葉を話すことができないので、保育者が子どもの様子や反応などをていねいに紹介し、気持ちを代弁するように伝えるのがポイントです。

8月

文例〈あいさつ文例〉／イラスト〈8月の園だより・8月〉

P126-01A P126-01B

P126-02A P126-02B

P126-03

P126-04A P126-04B

P126-05A P126-05B

P126-06A P126-06B

P126-07A P126-07B

P126-08

P126-09A P126-09B

あいさつ文例

P126-10 ついに暑さも本番！

気持ちよく晴れ渡った青空と、照り付けるような日差し。毎日とても暑いですね。いつの間にかセミの声も聞こえ始め、夏本番を感じるこのごろです。○○公園に行くと、次々に現れるセミに子ども達は大はしゃぎ。セミの声に負けないくらい元気な声が飛び交っていました。夏ならではの経験をたくさんしてほしいですね。

P126-11 旅立ったツバメの巣を見て

非常階段の上で巣を作っていたツバメの家族。卵を産み、温め、ひなが生まれ、えさを運んで育て、そして飛び立ちました。約ひと月の間、ツバメの家族は大きな変化を遂げ、その様子を子ども達は優しい気持ちで見守ってきました。今、空っぽになった巣を見て「ハートみたいになってる」「もういないよ…」とポツリ。ツバメと過ごした日々を通じて、子ども達の心に何が残ったでしょうか。

P126-12 夏休みのお出かけ

夏休みになると、ご家族で出かける機会が多くなりますね。普段会えない方に会いに行ったり、ずっと見たかった物を見に行ったり…。子ども達にとっては、大きな経験が待っていることでしょう。ぜひ有意義な夏休みをお過ごしください。

P126-13 お盆ならではの過ごし方

お盆は、ご両親のご実家で過ごされる方も多いでしょう。お墓参りや夏祭りなど、日本ならではの風習がたくさん残るお盆ですが、地域によってもそのスタイルは様々なようです。ご当地ならではの習慣と意味を子ども達に伝えてあげてください。

P126-14 暑い夏をのりきるために

今年の夏は、気温の高い日が多くなるそうです。特に本格的な暑さとなる8月は、熱中症にならないようにこまめな水分補給が大切です。一日を元気に過ごすために、朝ご飯をしっかり食べてから登園しましょう。早寝早起き朝ご飯！　毎日心がけましょう。

P126-15 準備体操は念入りに

準備運動が大切なのは、プール遊びも運動遊びも同じこと。激しい遊びをする前に、体操曲やダンス曲を取り入れながら、楽しく準備運動を行います。人気曲は、『エビカニクス』や『バナナ体操』です。安全への取り組みも楽しみながら行っています！

イラスト〈8月の予定・お誕生日・歌　など〉

P127-01A　P127-01B

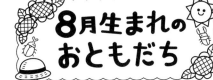

P127-02

P127-03A　P127-03B

P127-04A　P127-04B

P127-05A　P127-05B

P127-06A　P127-06B

P127-07A　P127-07B

P127-08

P127-09A　P127-09B

P127-10A　P127-10B

P127-11A　P127-11B

P127-12

P127-13A　P127-13B

P127-14

P127-15

8月

イラスト　〈8月の予定・お誕生日・歌　など〉

127

子どもの姿

P128-01 **3歳児**

夏休みに経験したことを遊びに取り入れる姿が見られるようになりました。「バーベキューしよう」の一言で、近くにいた子ども達が自然に集まってきます。コンロを下に置き、「お肉、玉ねぎ、魚、ピーマン…」「ピーマンはおいしくないからだめだよ」「あれ、こげてる！」と、次々に会話が飛び出します。「熱いよ、触っちゃだめ！」と、コンロに触るのを止めることも。子ども達は遊びを広げる天才です。

P128-02 **4歳児**

カブトムシの飼育を始めました。5歳児クラスに育て方を聞きながら頑張っています。カブトムシの様子を尋ねると、「おなかすいたって」「ちょっと今落ち込んでる」「大変！　土の中から出られなくなっちゃった」と、カブトムシの気持ちを細かい描写で伝えてきます。飼育を通して、命の大切さをしっかりと学んでいきたいですね。

P128-03 **5歳児**

プールの時間が近付くと、遊んでいた物を片付けて着替えが始まります。鏡の前で確認をしつつ、「背中の紐、ねじれていない？」「髪の毛少し出ているから入れて」「後ろ前反対だよ」といった具合に、大人の手を借りることなく進める力がついてきました。

P128-04 **大好きな異年齢交流**

異年齢交流「なかよし」の時間が子ども達は大好きです。なかよし兄弟として三人で遊び、一緒に給食を食べます。なかよしの時間が終わって、それぞれの部屋に帰るときの名残惜しそうな表情がたまりません。お兄さんお姉さん達の心をくすぐっているようです。

P128-05 **たくさん話して、たくさん聞いて**

聞く力・話す力を育てていきましょう。お子様が話をしているときは、共感しながら話を聞いてあげましょう。そうした経験が、人の話に耳を傾けられる力になっていきます。夏は体験を振り返ってお話しする機会も多いとき。たくさん会話をしましょう。たくさん話を聞きましょう。

P128-06 **製作意欲に刺激!?**

7月からひと月プール遊びをしてきて、「こんな物があったらもっと面白い」「これは何かに使えないかな」と、遊びをもっと面白くしたいという欲求が出てきたようです。「このホース、持って行ってみよう」「ペットボトルをいっぱいつなげてみよう」と、遊びや製作に意欲的な姿を見せています。

P128-07

P128-08

P128-09

P128-10

P128-11

P128-12

P128-13

P128-14

P128-15

P128-16

イラスト〈8月のイメージ　など〉

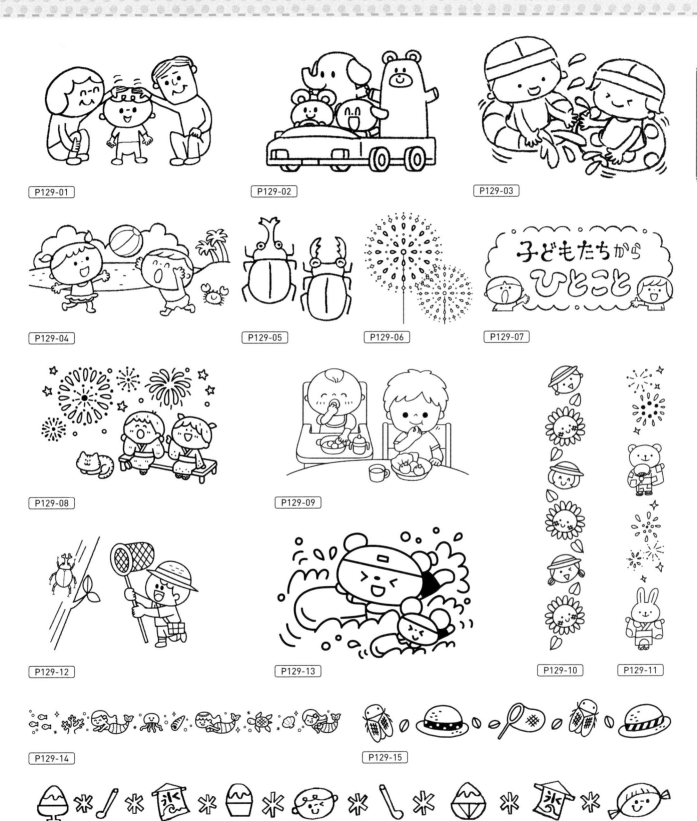

P129-01

P129-02

P129-03

P129-04

P129-05

P129-06

子どもたちから
ひとこと

P129-07

P129-08

P129-09

P129-12

P129-13

P129-10

P129-11

P129-14

P129-15

P129-16

129

子どもの紹介

P130-01　たのもしい「虫はかせ」

○○くんは虫が大好き。みんなから「虫はかせ」と言われています。捕まえてきた虫のえさを心配したり、「隠れる場所がないと…」と詳しく教えてくれます。虫に対する優しさにあふれた素敵な虫はかせです。

P130-02　歌って踊って！

歌や踊りが大好きな○○ちゃん。まずは、積み木を並べてステージ作りから。ステージができ上がると、歌って踊って楽しい姿を見せてくれます。最近は、衣装にもこだわりを見せています。将来は…？

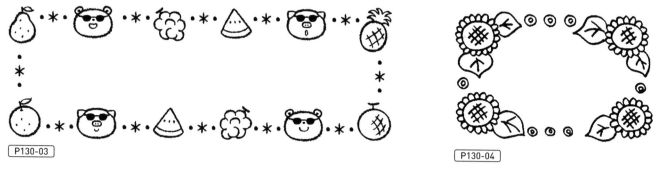

P130-03

P130-04

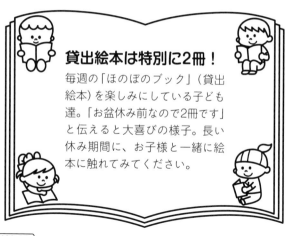

貸出絵本は特別に2冊！

毎週の「ほのぼのブック」（貸出絵本）を楽しみにしている子ども達。「お盆休み前なので2冊です」と伝えると大喜びの様子。長い休み期間に、お子様と一緒に絵本に触れてみてください。

P130-05

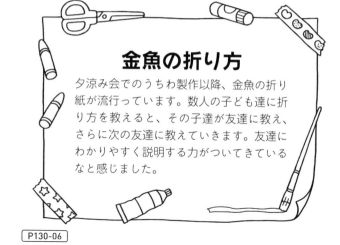

金魚の折り方

夕涼み会でのうちわ製作以降、金魚の折り紙が流行っています。数人の子ども達に折り方を教えると、その子達が友達に教え、さらに次の友達に教えていきます。友達にわかりやすく説明する力がついてきているなと感じました。

P130-06

P130-08

P130-07

P130-09

P130-10

ワクワクお泊まり保育

年長組が楽しみにしているお泊まり保育。子ども達の会話に耳を澄ますと、「昨日、ママと包丁の練習したの」「絶対おかわりするぞ」と、どうやら夕飯のカレー作りに意欲が高まっている様子です。家族と離れて過ごすことに少し緊張している子もいますが、準備を通して子ども達と一緒に期待を膨らませていきたいと思います。

P131-01

お泊まり保育のお知らせ

○月○日に、お泊まり保育があります。おうちの方と離れて友達と一緒に夜を過ごす、子ども達にはワクワクドキドキの一日です。健康面でご心配なことがありましたら、事前にご相談ください。過度なご心配はお子様の心も不安にしてしまいます。「楽しんでね」と笑顔で送り出してあげてください。

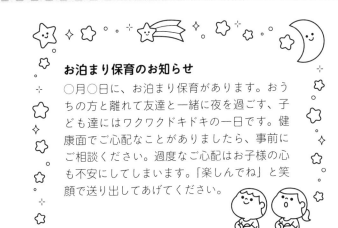

P131-02

山の日

山の日は、山に親しみ、山や自然の恩恵に感謝する日です。夏休みに山にお出かけする方も多いのではないでしょうか。わたし達ができること、それは「自然を大切に・ゴミを捨てない・ゴミを拾いましょう」などです。山の日がみんなで話し合い、取り組むきっかけになればと思います。

P131-03

虫取りあみ争奪戦

夏の遊びの定番に、虫捕りがありますね。夏の子どもは、虫捕りあみと虫かごがよく似合います。園にある数本の虫捕りあみをめぐって、今日も様々な駆け引きが繰り広げられています。これもまた、大事な経験の一つですね。

P131-04

P131-05 **お泊まり会での出来事**

夕飯の後、園内探検をしました。グループに分かれて順番に課題に挑戦です。「暗いお部屋の机の上にある巻物をとってくる」「巻物に書かれたカードを見付ける」など。課題に夢中になり、暗闇を忘れてしまうほどでした。ねらいだった「友達と助け合う心」、しっかり見せてくれました。

P131-06 **子ども達に新鮮な昔遊び**

春から夏、そして秋にかけて花や植物が潤う季節。戸外に出かけたときには、草花遊びで楽しむのはいかがでしょうか。「ササ船」「タンポポ茎のかざぐるま」「オオバコの茎相撲」「どろぼう・くっつけ遊び」など、既成の玩具では得られない感性が広がります。子ども達と一緒に昔遊びに浸ってみましょう。

P131-07

P131-08

P131-09

8月

文例／イラスト〈鼻の日・夏休み　など〉

鼻（8月7日）の日

8月7日は鼻の日です。鼻水が長く続くと心配になりますよね。すっきりしたいからと思いきり鼻をかむと、耳に強い圧力がかかるそうです。これだけで子どもは中耳炎になる場合も。自分で鼻をかむ年齢になったら、片方ずつかむこと、力を入れ過ぎず、少しずつ何回かに分けてかむように伝えていきましょう。

P132-01

立秋

まもなく二十四節気の一つ「立秋」です。暦の上では秋になりますが、まだまだ夏真っ盛りといった感じですね。しかし、身近な植物やトンボなどから少しずつ秋の気配を感じることがあります。季節の移り変わりを子どもと一緒に感じてみてはいかがですか。

P132-02

終戦記念日

戦争が終わって〇年、8月15日は終戦記念日です。この日を迎えるにあたり、戦争や平和について考えてみませんか。子ども達の輝く未来を守るためにも、戦争のない世界を、これからも永く平和が続くことを祈りましょう。

P132-03

お土産話がたくさん！

「バーベキューをしたの」「プールで泳げたんだ」「遊園地に行ったの」「じいじとばあばに会ったよ」と、次から次へとお話は尽きません。何よりこんなにおしゃべりがじょうずになったんだと、感慨深く聞き入ってしまいました。

P132-04

P132-05　**お出かけのときには…**

長いお休みには、家族でお出かけすることもあるでしょう。海や山では急に天気が崩れることがあります。十分気を付けてください。また、お子様の体調に合わせて、無理のない行程にすることも大切です。

P132-06　**集中して見たい！**

1冊の絵本をめぐって争っていた二人。「わたしが最初に見てた」「一緒に見ようよ」「今は一人で見たいの」と、お互い譲らず…。騒ぎを聞いたA君が来て「一人で見たいときってあるよね、集中したいときとか！」「集中ってなに？」「よくわかんないけど、お姉ちゃんが言ってた」「そうだね、集中しながら一緒に見よう」。A君の一言で、すっかり和みました。

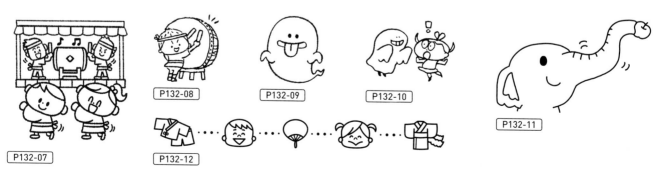

P132-07

P132-08

P132-09

P132-10

P132-11

P132-12

先祖って何？

子どもにとって「先祖」は、あまり耳慣れない言葉。「お父さんのお父さんのお父さん…」。お父さんお母さんを思う気持ちと同じような優しい気持ちをもって先祖について知っていけるといいですね。お墓参りで心を静かにして手を合わせる。子ども達の心の育ちと共にそんな慣習を大事にしていきましょう。

P133-01

お盆の帰省時に

お盆休みにご家族で帰省することもあるでしょう。パパやママがどんなところに住んでいたか、どんなことをして遊んでいたか、そんな話が聞けるのも帰省ならでは。おじいちゃん、おばあちゃんを交えて昔の遊びに興じるのもいいですね。

P133-02

怖～い夏の天気

夏の天気の特徴として、雷を伴った雨が突然降りだす印象があります。にわか雨や夕立といいましたが、最近ではゲリラ豪雨となり災害級まで発達することが多くなりました。海や川で過ごす際は、十分に気を付け、対策を考えておきましょう。

P133-03

セミの羽化

先日、タイミングよくセミの羽化を見ることができました。さなぎの背中から出てきた真っ白な姿に「これがセミ？」と不思議そうな様子。少しずつ少しずつ羽を広げて茶色くなっていきます。めったに出合えない瞬間に、子ども達と一緒に保育者も興奮してしまいました。

P133-04

P133-05

P133-06

P133-07

P133-08

P133-09　P133-10

P133-11

P133-12

P133-13

子どもの姿

P134-01 **0歳児**

回を重ねるごとに水や水遊びの雰囲気に慣れ、体にかけてもらうと「キャッキャ」と声に出して笑います。ジョウロを使って上から水を降らせると、「キャー」と手を伸ばしたりして大喜び。水に触れることが楽しくて、水面をバシャバシャとたたいて水しぶきを上げる子どもも増えました。顔にかかっても平気になり、豪快に水しぶきを上げています。子ども達も保育者もびしょ濡れになり、楽しい夏になりました。

P134-02 **1歳児**

手作り玩具を入れました。ままごと遊びが好きな子どもが多く、部屋にある積み木やブロック、車までもままごと遊びの玩具になっていました。そこで、チェーンやホース、お手玉やお皿など、ままごとに使えそうな手作り玩具を導入。満足そうに遊びを続ける子ども達の姿を見て、嬉しくなりました。

P134-03 **2歳児**

ベビー用の石けんを泡立てて泡遊び。一通り感触を楽しんだ後、次は洗濯。部屋で使っているバンダナを「ゴシゴシ」。泡が付いたままピンチに挟もうとする子ども、パンパンとしわを伸ばそうとする子ども、様々な姿が見られました。

P134-04 **簡単！　小麦粉粘土**

保育者が小麦粉粘土を作り始めると「何なに？」と興味津々。粉を「ふーっ」と優しく吹いたり、「いいにおい〜」とかいでみたり、大盛り上がりです。ご家庭にある物で簡単にできるので、お休み中にぜひお子様と一緒に作ってみてください。

P134-05 **初めてのご対面**

「わー、先生見てみて！　これ何？」と、木の周りに集まって目を輝かせて見ていたのはセミの抜け殻でした。「動かないの？」とつついてみる子ども、「怖い」と言いながら顔を近付ける子ども。セミの抜け殻を初めて見た瞬間の子ども達でした。

P134-06 **ヤッホー目覚まし隊**

目覚めがあまりよくないAちゃん。コットベッドの上でゴロゴロしていると二人の友達が近付いてきて…、「ヤッホー、ヤッホー」とくり返し声をかけ始めました。少しすると大きな笑い声が聞こえてきました。4月以降、一番ごきげんな目覚めでした。ありがとう、ヤッホー目覚まし隊！

P134-07　P134-08　P134-09　P134-10
P134-11　P134-12　P134-13
P134-16　P134-17　P134-18　P134-19　P134-14　P134-15

水遊びの楽しみ方

気温が高い日は、水遊びや沐浴をすることが多くなります。水遊びは赤ちゃんにとって、大人が思う以上に疲れるものです。10分程度で休憩し、水分補給をするようにしましょう。また、水遊びの後は、ゆっくりお昼寝をさせてあげるとよいですね。

P135-01

食中毒警報発令

〇月〇日食中毒警報が出されました。気温が30度を超える日が数日続く、などの気象条件のときに、食中毒予防の観点から発令されます。特に、食事の作り置きをする場合にはその管理に気を付けていきましょう。

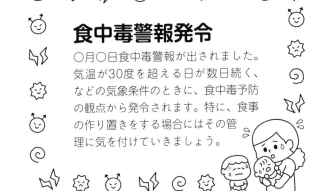

P135-02

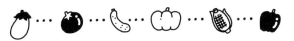

夏野菜

畑で野菜のお世話をする園長先生、その姿をよく見ている子ども達。畑で大きく育つ野菜を見て「大きくなってるね」「赤くなってるよ」と大喜び。苦手だったナスやキュウリも「園長先生の！」と言いながら食べていました。「食べられたよ」と園長先生に嬉しそうに報告する子ども達です。

P135-03

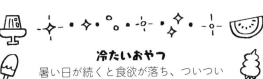

冷たいおやつ

暑い日が続くと食欲が落ち、ついつい冷たい物を食べたくなります。一時的にはよいのでしょうが、続いてしまうと、内臓の働きが悪くなり、よけいに夏バテを引き起こします。おやつとして効果的に利用していきましょう。

P135-04

P135-05

P135-06

P135-07

P135-08

P135-13

P135-14

P135-09

P135-10

P135-11

P135-12

P135-15

P135-16

とびひの対処法

とびひは夏に増える感染症です。虫さされや湿疹をかきこわして炎症を起こし、水ぶくれやかさぶたのような症状になるととびひになります。シャワーなどできれいに洗い流し、清潔なガーゼでおおい、触らないようにしましょう。

P136-01

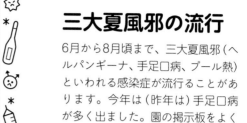

三大夏風邪の流行

6月から8月頃まで、三大夏風邪（ヘルパンギーナ、手足口病、プール熱）といわれる感染症が流行ることがあります。今年は（昨年は）手足口病が多く出ました。園の掲示板をよくご覧いただき、症状が見られましたら、早めの受診をお願いします。

P136-02

ツメを短く切りましょう

汗ばむ季節には、無意識に顔や体をかいてしまうことがあります。ツメが長かったり割れていたりすると、キズになってしまいます。プール遊びで友達との接触も増えています。ツメを短く切って、安全に楽しく遊びましょう。

P136-03

寝冷えに注意

寝苦しい夜が続きますね。暑い夏を乗り切るためには、しっかりと睡眠をとることが大事です。深く寝入ったときに、室温が低過ぎたり、おなかが出たりすると寝冷えになり不調が起こります。子どもは体が冷えるのも早いです。気を付けましょう。

P136-04

P136-05

P136-06

P136-07

P136-08

P136-09

P136-10

P136-11

P136-12

P136-13

お水と一緒にあげるもの

野菜の水やりは当番の仕事。毎日ジョウロで水をあげています。雨が降った日は、雨が上がった夕方にあげています。いつの日からか、水と一緒にあげている物が…。応援＆お祈りです。「頑張れ、頑張れ！」と応援するグループ、「早く大きくなりますように！」とお祈りするグループ。楽しい子ども達です。

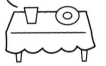

P137-01

食事のマナーを見直そう

給食の時間は友達と一緒に楽しく食べよう、ということを大事に考えていますが、同時に食事のマナーも身につくように心がけています。幼児期に身に付いた生活習慣は、大人になっても忘れることはありません。マナーは自分のためでもあり一緒に時間を過ごす人のためでもあります。

P137-02

トウモロコシの皮むき

給食室の先生がトウモロコシを持ってくると一斉に集まる子ども達。「トウモロコシの服をぬがせよう」と皮むきが始まりましたが、3歳児の子ども達には少し難しかったよう。いつの間にか「○○ちゃん、こっち持ってて」と、チームでの取り組みになっていました。「給食先生、強いね」（かたい皮をむいて、すごいね）が、その日の感想でした。

P137-03

夏の醍醐味

毎年恒例の流しそうめんの後、スイカ割りを行いました。手ぬぐいで目隠しをして3回回ったら、スイカをめがけてスタート。目隠しをするとなかなか足が前に進まなくなり、応援する子どもが思わず手を引いて誘導する場面も。割れたスイカはその場ですぐにいただきました。種飛ばし競争もあり、夏の醍醐味を感じた一日でした。

P137-04

P137-05

P137-06

P137-07

P137-08

P137-10

8月の献立

P137-11

8月のこんだて

P137-12

P137-09

9月 こすもすぐみ

○年○月○日 ○○○○園 9月のクラスだより

プール遊びや祭りなど、いろいろな経験をして楽しんだ夏が過ぎていきます。夏の終わりを名残惜しく感じながらも、朝夕の気温に過ごしやすさを感じている今日このごろ。見上げると空や雲が高く、季節が進んでいることが実感できます。子ども達の遊びにも変化が見られます。「プール遊び」から「運動遊び」へ、スポーツの秋のはじまりです。

 聞いて！聞いて！ 今月の子どもの姿

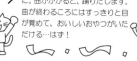 運動会に向けて… 昼寝明けの体操スタート

運動会への気持ちを盛り上げていくために、昼寝明けの体操が始まりました。いつもなかなか起きない子ども達も、体操が始まる雰囲気にムクムクと起き上がるように。曲がかかると、踊りだします。曲が終わるころにはすっきりと目が覚めて、おいしいおやつがいただける…はず！

 プールの掃除

プール遊びの最終日、思う存分遊んだ後、プールの掃除をしました。スポンジで、たわしで、プールに感謝するかのように、丁寧に丁寧にこすり洗いをしました。毎年続くプール最後の日の5歳児クラスの姿です。

○○公園への散歩で、キノコを発見しました。すると…「きっきっキノコ、きっきっキノコ」と大合唱。ドングリを見付けるとこれまた「ドングリコロコロ〜」と大合唱。歌が好きな子どもが多い、こすもす組の子ども達。突然の大合唱で、びっくりする保育者の顔を見るのも嬉しいようです。

◆国旗（カード）ゲームに夢中になっている○○くん、「先生、勝負しよう」と持ちかけられますが、なかなかの腕前。また、カードになっていない国もあることを知ると、本などで調べ、オリジナルで作っていました。"得意"を生かしてほしいですね。

◆なりきりごっこ遊びをするのが得意な○○ちゃん。友達と役割を決めて遊ぶのですが、その完成度にも驚かされます。今は、テニスの選手になりきることが多いです。夢はオリンピックかな。

 交通安全教室を行いました

生活安全課の方に来ていただき、交通安全教室を行いました。着ぐるみのキャラクターのコロくんと一緒に、交通ルールを学びました。「ハしっこをあるきましょう」「アおしんごうでわたります」「トびだしません」の「ハアト」が印象づくと、子ども達の心にしっかり残ったようです。

 9月の予定

◆9月○日（△）敬老の日の集い
◆9月○日（△）運動会
◆9月○日（△）防災訓練
◆9月○日（△）お誕生日会

 9月の歌

♪とんぼのめがね
♪どんぐりころころ
♪まつぼっくり
♪ジャングルポケット

P138-01
B4サイズ

ポイント

ぜひ読んでもらいたい内容は、吹き出しを入れて、視線を集めるような見出しも効果的。

アドバイス

保護者にも楽しみに待ってもらえるように、行事に向けての子ども達の姿やエピソードを紹介します。

アドバイス

持ち物のサイズ確認など、つい保護者が忘れがちな事柄は、定期的に伝えましょう。靴は、選び方のポイントなども具体的にお知らせすると親切です。

アドバイス

地域の方々とのあたたかい交流も、園ならではの体験です。積極的に紹介しましょう。

すももぐみ通信 9月号

○年○月○日 ○○○○園
9月のクラスだより

時折吹く涼しい風に、秋の訪れを感じるようになりました。暑い夏を乗り越え、体力がつき、たくましくなった子ども達。食欲の秋、スポーツの秋、芸術の秋と、いろいろな秋を楽しみながら過ごしていきたいです。

 9がつの予定

■9月○日（△）敬老の日の集い
■9月○日（△）秋の遠足
■9月○日（△）身体測定
■9月○日（△）お誕生日会

 足のサイズを見直して

夏の間に心も体も大きくなった子ども達。足のサイズもきっと大きくなっているはずです。これから運動遊びが多くなってきます。今はいている靴は足に合っていますか？ 見直しをしてみましょう。

【靴選びのポイント】
◎つま先にゆとりがある
◎横幅、甲、かかとが合っている
◎痛いところがない

＊秋の遠足＊
9月○日（△）

秋の気配が濃くなり、外で過ごすのが気持ちよい季節になりました。子ども達が楽しみにしている秋の遠足がもうすぐです。ドングリやマツボックリなどを拾ったり探索を楽しんだり、存分に秋の自然を感じてきたいと思います。おみやげ話を楽しみにしていてください。

地域の方々をお呼びして

9月の第3月曜日は「敬老の日」です。それに先立ち、園では地域のおじいちゃんおばあちゃんをご招待して、楽しい時間を過ごす予定です。一緒に折り紙をしたり、トランプをしたり、子ども達からの歌のプレゼントも喜んでもらえるとよいです。

P138-02
A4サイズ

テンプレート／作成のコツ

03_class ▶ 09gatsu ▶ P139

うめぐみだより

○年○月○日　○○○○園　9月のクラスだより

「猛暑、猛暑」といわれた今年の夏でしたが、お盆を過ぎたころから過ごしやすくなってきたように思います。「猛暑」を体が覚えているため、30℃でも「涼しい！」と感じてしまいます。園では運動会に向けて "走る！" 季節になりました。公園の噴水やシャワーに涼を求めながら、まだまだ暑い残暑を子ども達と "あつく" 乗り切りたいと思います。

9月の予定

■9月○日（△）お月見集会
■9月○日（△）運動会
■9月○日（△）身体測定
■9月○日（△）お誕生日会

引き続きシャワーは行います

まだまだ暑く、日中の活動で汗をかく日が続いています。水遊びは終了ですが、給食前のシャワーは継続します。あせもや湿疹などの予防をし、衛生的に気持ちよく過ごしたいと思います。

9月生まれのお友達

★しおた　ゆうまくん
★はしもと　けいちゃん
★わくい　りんかちゃん

9月のねらい

エプロンやおしぼりなど、自分の持ち物を知り、パジャマをかごから持ってくる。

寒天遊び大好き

初めての寒天遊び。寒天液を食紅で色付けし、固まった状態の物で遊びました。「わー、きれい」と歓声の後、「おいしそう」とかわいい声が。ひんやり、プニプニ、ツルツル、グニュグニュ…いろいろな感触を楽しんでいました。

◆防災伝言ダイヤル体験◆
9月○日（△）○時〜

降園時に伝言内容を聞いていただいたか確認いたします。

レシピを掲載します

保護者の方々から要望が多数あり、○月○日（△）から園のホームページに、園で提供している給食のレシピを掲載することになりました。子ども達に人気のレシピはもちろん、簡単に作れるおやつも紹介予定です。ぜひご覧ください。

避難訓練を行いました

4月からくり返し行っている避難訓練。非常時を知らせるチャイムが鳴っても今では泣く子どももなく、緊張した面持ちながら避難の準備をしています。靴をはいたり防災頭巾を被ったり。保育者と一緒であることから安心する様子も見られました。

離乳食にも！
優れた出汁パワー！

風味や味付けのポイントになる「出汁」を、離乳食にプラスしましょう。カツオ節やイリコを煮出した物、タマネギやニンジンなどの野菜を煮出した物、昆布や干しシイタケを水出しした物などなど。出汁を使うと、塩味をつけなくてもおいしく感じますよ。

P139-01
B4サイズ

ポイント

誕生日月の星座のイラストで、誕生児を紹介するとかわいく仕上がります。

アドバイス

行事の後の報告では、そのときの子ども達の反応や様子をできるだけ詳しくのせましょう。

アドバイス

離乳食に関するちょっとしたアドバイスも、忙しい保護者にとっては嬉しい情報です。

9月の"クラスだより"作成のコツ

◆秋らしい雰囲気のイラストで

トンボや秋の虫など、季節感のあるイラストや飾り枠を使って、秋らしいおたよりにしましょう。

◆子どもの姿がわかるような内容に

遊びの様子や、行事に向けての活動などは、子ども達との会話を具体的に紹介し、保護者が園での子どもの様子を想像できるような内容を心がけます。

◆写真を活用してみよう

行事の事後報告は、写真などを掲載するとより伝わりやすくなります。イラストと組み合わせて掲載してもよいでしょう。ただし、個人情報にかかわるため、事前に保護者に許可をとるなど、注意が必要です。

P140-01A P140-01B

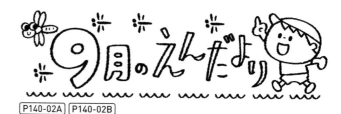

P140-02A P140-02B

P140-03A P140-03B

P140-04A P140-04B

P140-05A P140-05B

P140-06A P140-06B

P140-07

P140-08

P140-09A P140-09B

あいさつ文例

P140-10 **秋の気配**

プール遊びやお祭りなど、いろいろな経験を重ね、楽しかった夏が過ぎていきます。夏の終わりを名残惜しく感じながらも、朝夕の気温に過ごしやすさを感じている今日このごろ。見上げると空や雲が高く、季節が進んでいることを実感できます。暑かった夏は残暑から秋へと移り変わり、子ども達の遊びにも変化が見られます。「プール遊び」から「運動遊び」へ、スポーツの秋さながらです。

P140-11 **残暑を乗り切る！**

7月上旬の梅雨明けから、『猛暑、猛暑』といわれた今年の夏でしたが、お盆を過ぎたころから過ごしやすくなってきたように思います。『猛暑』を体が覚えているため、30℃でも「涼しい！」と感じてしまいますね。園では〝走る！〟季節になりました。公園の噴水やシャワーに涼を求めながら、続く残暑を乗り切りたいと思います。こまめな水分補給や着替えなど、引き続き暑さ対策へのご協力をお願いいたします。

P140-12 **フウセンカズラをお楽しみに**

花壇に植えた「フウセンカズラ」がかわいい風船のような果実をたくさんつけています。風船が茶色になったら、お子様と一緒にとってみてください。中に素敵な種が入っています。「幸せを運ぶ種」、次の春が来たら、ご自宅でまいてみてください。

P140-13 **久しぶりの登園**

長い休みが終わり、二学期が始まりました。このひと月は、子ども達の様子までも変え、「髪のびたね」「大きくなったんじゃない！？」「黒くなったね」とそれぞれの成長を確認し合っていました。声をかける間がないほどに、久しぶりに会った子ども達は、おしゃべりに夢中になっていました。

P140-14 **別名ネコジャラシ**

夏から秋にかけてよく見かける草「エノコログサ」。「ネコジャラシ」の名前でなじみがあるかもしれませんね。「エノコ」とは子犬のこと。「ロ」は尾のこと。形が子犬のしっぽのような形から名前が付いたということですが…、ネコなのかイヌなのか！？

P140-15 **いろいろな秋を楽しんで**

時折吹く涼しい風に、秋の訪れを感じるようになりました。暑い夏を乗り越え、体力がつき、たくましくなった子ども達。これから食欲の秋、スポーツの秋、芸術の秋と、いろいろな秋を楽しみながら過ごしていきたいです。

イラスト〈9月の予定・お誕生日・歌　など〉

03_class ▶ 09gatsu ▶ P141

P141-01A　P141-01B

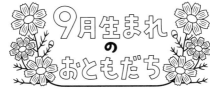

P141-02

P141-03A　P141-03B

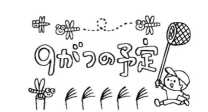

P141-04A　P141-04B

P141-05A　P141-05B

P141-06A　P141-06B

P141-07A　P141-07B

P141-08A　P141-08B

P141-09

P141-10A　P141-10B

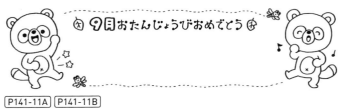

P141-11A　P141-11B

P141-12

P141-13A　P141-13B

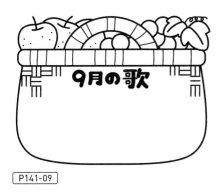

P141-14

P141-15

9月

イラスト〈9月の予定・お誕生日・歌　など〉

9月

文例 〈子どもの姿（3・4・5歳児）など〉／イラスト 〈9月のイメージ　など〉

子どもの姿

P142-01 4歳児

積み木遊びの幅が広がってきています。漠然と建物や乗り物を作っていることが多かったのですが、「発表会の会場・ステージ上で踊る人と客席のお客さん」というように、具体的なイメージを表現することが増えてきました。「○○作ろうよ」「いいね！　じゃあその隣には○○とか○○作らない？」「そうしよう！　○○も作りたい」と、アイデアを出し合い、共有しながら遊びが広がるようになってきました。「うわー、○○ランドみたい！」。「○○組ランドっていう名前はどう？」「いいね！」。意見を出したり聞いたりする力が付いてきているなと、感じました。

P142-02 5歳児

就学に向けての準備の一つとして、9月から5歳児クラスの午睡がなくなりました。午睡がなくなって、「夕方の機嫌が悪く、けんかが多くなった」とか「夕飯時、グズグズしたり、ウトウトしたりすることがある」「歯みがきしながら寝ていました」という報告もいただきましたが、数日の間に体が慣れ、そうした声もなくなりました。目を見張るほどの体力と、生活力にたくましさを感じます。

P142-03 3歳児

先日、お部屋にクワガタがやってきました。なかなか土から出てこないクワガタに「出てこない」「見たい」と、押しのけ押しのけ子ども達が集まってきます。でも、飼育ケースの近くに来ると自ずと小さな声になるのです。「寝てるのかな」と、優しい気遣いも見られ、子どもなりに小さな命を感じている姿を見て成長を感じました。

P142-04 園外保育がバレンタイン!?

園外保育の前日に「明日は何の日だ〜？」と尋ねると、「バレンタイン！」と突然の答えが。いったいどんな日なのかと聞くと、「大切な人にお菓子をあげる日」と、迷いない返事。素敵な答えにほっこりしていたら、つい園外保育の話をしそびれるところでした。

P142-05 2学期も楽しくスタート

長かった夏休みが終わり、2学期が始まりました。元気なあいさつ、笑い声やおしゃべり、少しの泣き声があちこちから聞こえ、賑やかにスタートしました。生活リズムや生活習慣を見直しつつ、楽しく過ごしていきたいと思います。ご協力お願いいたします。

P142-06 突然の大合唱にびっくり！

○○公園への散歩で、きのこを発見しました。すると…「きっきっきのこ、きっきっきのこ♪」と大合唱。どんぐりを見付けるとこれまた「どんぐりコロコロ〜♪」と大合唱。歌が好きな子どもが多く、友達と一緒に、突然大合唱が始まるのでした。びっくりする保育者の顔を見るのも嬉しいようです。

P142-07

P142-08

P142-09

P142-10

P142-11

P142-12

P142-13

P142-14

P142-15

P142-16

子どもの紹介

P143-01 **なりきりごっこが大好き！**
なりきりごっこ遊びをするのが得意な○○ちゃん。友達と役割を決めて遊ぶのですが、その完成度にも驚かされます。今は、テニスの選手になりきることが多いようです。夢はオリンピックかな…？

P143-02 **カードゲームに夢中**
国旗カードゲームに夢中になっている○○くん、「先生、勝負しよう」と持ちかけられますが、なかなかの腕前。また、カードになっていない国旗もあることを知ると、本などで調べ、オリジナルで作っていました。〝得意〟を伸ばしてほしいですね。

P143-04 **自転車事故の対策**
先日、○○市で登園途中の園児が大けがをしたという大変痛ましく、残念な自転車事故が起こりました。決して他人事ではありません。大切な命を守るため、このことから学ぶべきは何なのか考えてみましょう。
○もし、傘さし運転をしていなかったら…
○もし、時間的な余裕があったら…、慌てていなかったら…
○もし、抱っこではなくチャイルドシートに乗っていたら…
○もし、ヘルメットを着用していたら…
自転車を利用している方は、振り返る機会にしてください。

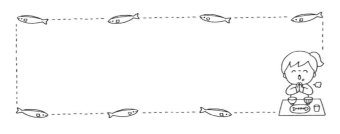

P143-03

乳児向け『ぴんぽーん』紹介
「ぴんぽーん」とインターフォンを押すと、なかから動物達が出てくるかわいいお話。子ども達が順番にインターフォンを押します。「誰が出てくるかなー？」と、みんなでワクワク待ちます。何度やっても、ドキドキワクワクが楽しめる絵本です。

P143-05

手形足形のクラス旗製作
好きな色の絵の具を手や足に塗り、ペタペタとスタンプ遊びをしました。足の裏に絵の具を付けて歩いた○○ちゃん。後ろを振り返ると足跡がたくさんあり、「なんでだろう？」と不思議そうな顔が印象的でした。

P143-06

子どもの主体性

子どもの主体性とは、子どもが自らやりたいと思うことを考えて決め、それに向かって行動することです。自分のやりたいこと、やろうとする意欲を周りの大人に認めてもらえたとき、子どもは自主的・主体的に行動します。

P143-07

今が旬だよ♡

P143-08

P143-09　　P143-10

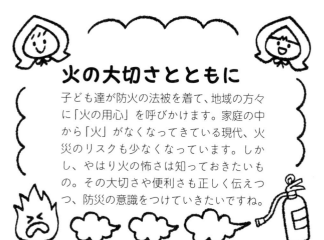

楽しみな秋の遠足

秋の気配が濃くなり、外で過ごすと気持ちのよい季節になりました。子ども達が楽しみにしている秋の遠足がもうすぐです。ドングリやマツボックリなどを拾ったり探索を楽しんだり、存分に秋の自然を感じてきたいと思います。お土産話を楽しみにしていてください。

P144-01

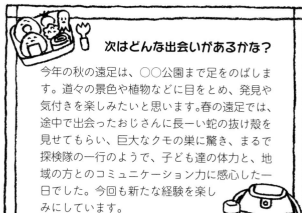

次はどんな出会いがあるかな？

今年の秋の遠足は、○○公園まで足をのばします。道々の景色や植物などに目をとめ、発見や気付きを楽しみたいと思います。春の遠足では、途中で出会ったおじさんに長ーい蛇の抜け殻を見せてもらい、巨大なクモの巣に驚き、まるで探検隊の一行のようで、子ども達の体力と、地域の方とのコミュニケーション力に感心した一日でした。今回も新たな経験を楽しみにしています。

P144-02

火の大切さとともに

子ども達が防火の法被を着て、地域の方々に「火の用心」を呼びかけます。家庭の中から「火」がなくなってきている現代、火災のリスクも少なくなっています。しかし、やはり火の怖さは知っておきたいもの。その大切さや便利さも正しく伝えつつ、防災の意識をつけていきたいですね。

P144-03

防災の日とは？

9月1日は「防災の日」。園では、火災・地震・津波・不審者などを想定して、毎月避難訓練を行っています。倉庫には生活用品や非常食の備蓄もしています。災害は、予期せぬときに起こるもの。おうちでも急な災害に備え、避難方法の確認や防災グッズの点検をしておきましょう。

P144-04

P144-05　災害に備えて

地震や津波、火事などの災害に加え、台風や豪雨災害の心配も年々強くなってきています。早めの避難で大切な命を守る行動をとるようにしていきたいですね。避難場所の状況を予め知り、避難グッズを揃えておきましょう。

P144-06　消防士さんと一緒に

防災の日にちなみ、園では消防隊員の方に来ていただき、子ども達と一緒に避難訓練をしました。隊員の方から「すばやくじょうずに避難できていました」と話していただくと、子ども達はとても嬉しそう。訓練後は消防車の見学をしたり防火服を着たり、楽しい時間を過ごしました。

P144-07

P144-08

P144-09

P145-01

P145-02

P145-03

P145-04

P145-05

P145-06

P145-07

P145-08

P145-09

地震が
きたら…

P145-12

P145-13

P145-10

P145-11

P145-14

P145-15

P145-16

145

十五夜

十五夜は一般的に中秋の名月といわれます。秋の美しい月を観賞しながら、収穫に感謝する行事です。初秋は台風や長雨が続きますが、中秋になると秋晴れも多く、空が澄んで月が美しく見えます。収穫祝いの意味合いから、「芋名月（いもめいげつ）」と呼ばれることも。

P146-01

春と秋にあるお彼岸

春分の日と秋分の日、その前後にあるお彼岸。いずれもご先祖様を供養するためにお墓参りをする方が多いようです。お彼岸のお供え物の代表がおはぎですが、春にはぼたもちとも呼ばれます。植物のはぎや牡丹（ぼたん）が咲く時期にあわせてそう呼ぶようになったとか。食べ物の呼び方でも季節が感じられますね。

P146-03

お月見会の楽しみは

お月見の日に、お月見会を行います。だんごやイモ、ススキを飾り、「お月見」にちなんだ話を聞き、先生達が企画した楽しいイベントに参加します。おやつには5歳児クラス手作りのだんごをいただきます。古来伝わる季節ごとの風習を大切にしたいですね。

P146-02

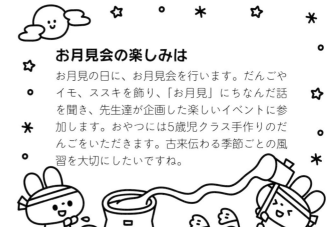

交通安全週間

○日～○日まで秋の交通安全週間です。便利さを考えると、どうしても車や自転車での移動が多くなりがちですが、この機会にお子様と一緒に手をつないで歩いてみてはいかがでしょう。交通安全や交通ルールについて考え、教えてあげるよいチャンスですね。

P146-04

P146-05 **交通安全教室を行いました**

生活安全課の方に来ていただき、交通安全教室を行いました。着ぐるみクマのコロくんと一緒に、交通ルールを学びました。「ハじっこをあるきましょう」「アおしんごうでわたります」「トビだしません」の「ハアト」が印象付き、子ども達の心にしっかり残ったようです。

P146-06 **プール納め**

プール遊びの最終日、思う存分遊んだ後、プールの掃除をしました。スポンジやたわしで、プールに感謝するかのように、丁寧に丁寧にこすり洗いをしました。毎年続くプール最後の日の5歳児クラスの姿です。

P146-07

P146-08

P146-09

P146-10

 交通ルールを守りましょう

P146-11

P146-12

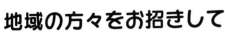

地域の方々をお招きして

9月の第3月曜日は「敬老の日」です。それに先立ち、園では地域のおじいちゃん、おばあちゃんをご招待して、楽しい時間を過ごす予定です。一緒に折り紙をしたり、トランプをしたり。子ども達からの歌のプレゼントも喜んでもらえるといいですね。

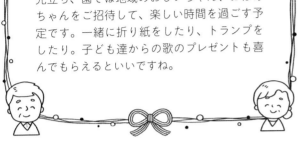

P147-01

敬老の日をきっかけに

9月第3月曜日は「敬老の日」。おじいちゃん、おばあちゃんと離れて暮らす子どもも多いです。普段なかなか会えないおじいちゃん、おばあちゃんに、お手紙や絵のプレゼントはいかがでしょうか。「敬老」の言葉に抵抗があるお若いおじいちゃん、おばあちゃんもきっと喜んでいただけるのでは？

P147-02

秋分の日

なんとなく日没が早くなったなーと思ったら、もうすぐ秋分の日。秋分の日は昼と夜の長さが同じになる日です。「祖先をうやまい、亡くなった人々をしのぶ日」でもあります。季節の流れを感じながら、お子様に身近なご先祖様の話をしてあげてください。

P147-03

運動会に向けて

運動会への気持ちを盛り上げていくために、午睡明けの体操が始まりました。いつもなかなか起きない子ども達も、体操が始まる雰囲気にムクムクと起き上がるように。『元気いちバンバン』の曲がかかると、眠い目を見開き踊りだします。曲が終わるころにはすっきりと目が覚めて、おいしいおやつがいただける…はず！

P147-04

P147-05

P147-06

P147-07

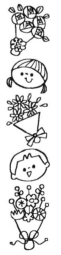

P147-11

P147-10

P147-12

P147-08　P147-09

子どもの姿

P148-01　**0歳児**

コップや積み木やお皿を耳にあてて、「ン・ン」とうなずく○○ちゃん。電話ごっこかなと思い、保育者も積み木を耳にあてて「もしもし」と言うと、嬉しそうに笑い、「ン・ン」と続けます。○○くんも参加し、牛乳パックを片手にスマホを操作するような動きを見せています。模倣遊びが広がっています。

P148-02　**2歳児**

○○公園に行くと、いたるところにドングリやマツボックリがたくさん落ちていました。一つひとつ手に取って、じっと見つめ「大きいね」「チクチクしてる」「つるつるするね」と、気付いたこと、感じたことをお話ししていました。大事そうに持っているドングリやマツボックリはもちろん「ママにおみやげ」。そして「またドングリ見付けに行きたい」と、次の散歩を楽しみにしていました。

P148-03　**1歳児**

初めての寒天遊び。寒天液を食紅で色付けし、固まった状態の物で遊びました。「わーキレイ」という歓声の後、「おいしそう」とかわいい声が。ひんやり、プニプニ、ツルツル、グニュグニュ… いろいろな感触を楽しんでいました。

P148-04　**秋の遠足**

おうちの人が作ってくれたお弁当を○○公園で食べました。おなじみの公園ですが、お弁当のおかげで、素敵な遠足になりました。嬉しいあまり、保育者に一つひとつおかずを見せては「食べたい？」と聞いてくれる子も。お弁当パワーで、帰り道の足取りもいつもより軽かったようです。

P148-05　**避難訓練**

4月からくり返し行っている避難訓練。非常時を知らせるチャイムが鳴っても今では泣く子どももなく、緊張した面持ちで避難の準備をしています。靴をはいたり防災頭巾を被ったり忙しいですが、保育者と一緒なので安心する様子も見られます。

P148-06　**お月見会の後の製作**

米粉粘土で遊びました。お月見会用の本物のだんごを見た後だったので、「おだんご、おだんご」と言いながら、小さな手で、小さなおだんごをたくさん作って（ちぎって）いました。気持ちは大きなだんご！　口に入っても安心な米粉です。おうちでもいかがですか？

P148-07
P148-08
P148-09
P148-10
P148-11
P148-12
P148-13
P148-14
P148-15
P148-16
P148-17
P148-18
P148-19
P148-20

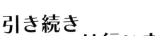

こんなサインが見られたら

夏の疲れが残るなか、体調を崩すお子様が増えています。集団生活を送るうえで、毎日健康に過ごすポイントは、お子様の「いつもと違うな」に早めに気付くことです。こんなときは不調のサイン！
○顔色が悪い　○熱っぽい　○咳・鼻水が出ている　○発疹がある　○元気がない　○食欲がない　○機嫌が悪い

P149-01

引き続きシャワーは行います

まだまだ暑く、日中の活動で汗をかく日が続いています。水遊びは終了ですが、給食前にシャワーをしています。あせもや湿疹などの予防をし、衛生的に気持ちよく過ごしたいと思います。

P149-02

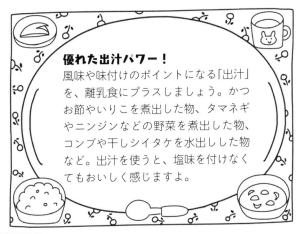

優れた出汁パワー！

風味や味付けのポイントになる「出汁」を、離乳食にプラスしましょう。かつお節やいりこを煮出した物、タマネギやニンジンなどの野菜を煮出した物、コンブや干しシイタケを水出しした物など。出汁を使うと、塩味を付けなくてもおいしく感じますよ。

P149-03

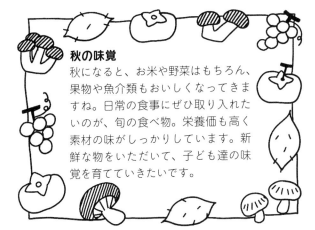

秋の味覚

秋になると、お米や野菜はもちろん、果物や魚介類もおいしくなってきますね。日常の食事にぜひ取り入れたいのが、旬の食べ物。栄養価も高く素材の味がしっかりしています。新鮮な物をいただいて、子ども達の味覚を育てていきたいです。

P149-04

P149-05　P149-06　P149-07　P149-08　P149-09

P149-11　P149-12　P149-13　P149-14　P149-10

P149-15　P149-16

急激な気温の差に気を付けて

9月に入り、暑さが少し落ち着いてきました。季節の変わり目は一日の温度変化が激しく、急に発熱するなど体調を崩すことがあります。汗をこまめにふく、涼しいなと感じたら着替えるなど、体調管理をしっかりと行いましょう。

P150-01

足のサイズを見直して

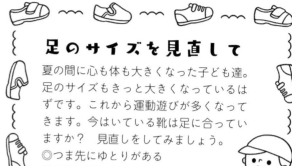

夏の間に心も体も大きくなった子ども達。足のサイズもきっと大きくなっているはずです。これから運動遊びが多くなってきます。今はいている靴は足に合っていますか？　見直しをしてみましょう。
◎つま先にゆとりがある
◎横幅・甲・かかとがあっている
◎痛いところがない

P150-02

虫刺されはかかないで！

気温が下がりきらない夕方の時間には、まだ蚊に刺されることがあります。かゆくてついかいてしまいますが、かきこわすととびひになることがありますので、注意しましょう。ひどくなる前に皮膚科の受診をおすすめします。

P150-03

9月9日は救急の日

救急の日、子どもを事故から守るため、家の中を見直してみませんか。
・階段に柵はついている？
・ベランダに踏み台になる物はない？
・お風呂やトイレ、ベランダにカギは？
・台所周り、手の届くところに危険ゾーンは？
子どもの年齢に合わせた見直しを定期的にしましょう。

P150-04

よく食べ よく眠る

P150-05

P150-06

P150-07

P150-08

P150-10

P150-11

P150-12

P150-13

P150-09

150

稲刈りシーズン

近くの田んぼでは、黄金色に実った稲穂が頭を垂れて刈り取りのときを待っているかのようです。稲刈りが済んでも、お米になるためにはまだまだ工程があります。たくさんの時間と手間を経てご飯になることを子ども達に伝え、感謝しておいしくいただきたいですね。

P151-01

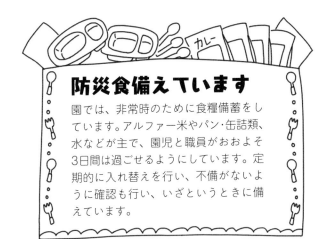

防災食備えています

園では、非常時のために食糧備蓄をしています。アルファー米やパン・缶詰類、水などが主で、園児と職員がおおよそ3日間は過ごせるようにしています。定期的に入れ替えを行い、不備がないように確認も行い、いざというときに備えています。

P151-02

秋の七草

春の七草はよく聞きますが、秋にも季節を告げる七草があります。ハギ・オバナ（ススキ）・キキョウ・ナデシコ・クズ・フジバカマ・オミナエシです。意外と公園などで見られる植物もあります。本を片手に、秋の七草を探してみましょう。

P151-03

年長のおだんごやさん

5歳児クラスでまん丸でつるつる、おいしそうな白玉だんごをたくさん作りました。他の学年より一足先におだんごをいただいた後、3歳児・4歳児クラスの子ども達のための「おだんごやさん」になりました。自分達で役割分担を相談し、「呼びこみ」「案内」「ウェートレス」「片付け」などいろいろな係を手際よくこなしていました。「おいしかったー」「ありがとう」の言葉をたくさんもらいました。

P151-04

P151-05

P151-06

おかわりっ！

P151-07

P151-08

P151-10

9月の献立

P151-11A　P151-11B

9月のこんだて

P151-12A　P151-12B

P151-09

クラスだより 〈10月〉 テンプレート

03_class ▶ 10gatsu ▶ P152

10月 すこやか ばらぐみ

○年○月○日 ○○○○園 10月のクラスだより

読書をするのにいい季節になってきましたね。子どもを「絵本好き」にしたい、そんな考えをお持ちの方はたくさんいらっしゃいます。「絵本好き」にするコツはたくさんあります。その一つには、近くの大人が本を読むこと。それから、子どもが選んだ本を否定しないことが大切です。秋の夜長、虫の声を聴きながら親子で本を読む。そんな時間の過ごし方もよいですよ。

運動会

10月○日（△）は運動会です。保護者の方々は、お子さんと一緒に親子競技「キャタピラ」に参加していただきます。動きやすい服装、靴でお越しください。競技前にご案内しますので、準備運動を済ませて集まりましょう。お子さんと一緒に楽しい一日をお過ごしください。

※運動会準備のため、○日（△）は帰りのバスが出ません。お迎えは○時までにお願いします。

流しドングリ？

散歩に行って落ち葉やドングリをたくさん拾ってくるのが秋の楽しみ。園庭に流しそうめんの竹を置いておくと、自分達でほどよい傾斜を作り、ドングリをころころと流し（転がし）ています。転がす役、途中でシャベルですくう役、下で回収する役とそれぞれに分かれて、満喫していました。

今月の予定

◆10月○日（△）芋掘り
◆10月○日（△）運動会
◆10月○日（△）内科検診
◆10月○日（△）お誕生日会

名前を忘れずに

すべての持ち物に、記名をお願いします。また、名前が消えかけている物がないかについても、ご確認をお願いします。

今月のうた

＊山の音楽家
＊やきいもグーチーパー
＊どんぐりころころ

内科検診について お願い

10月○日（△）の内科検診は、当日お休みの場合でも、検診のみ、受けに来ていただいても問題ありません。その際は事前に担任にお知らせいただき、当日9時45分までに来てください。

ハロウィン献立をご紹介！

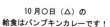

10月○日（△）の給食はパンプキンカレーです！

カボチャを入れたカレーに、ジャックオランタンに見立てたおにぎりが入っています。目や口は海苔で表現。まるで、カレーの中からジャックが出てきたみたい。みんなおいしく、楽しく食べてくれると嬉しいな。

P152-01
B4サイズ

ポイント

行事のお知らせは、囲みのラインと飾り文字を組み合わせて目立たせます。

ポイント

持ち物への記名のお願いなど、飾り文字を使って強調しましょう。

アドバイス

運動会のお知らせは、イメージが膨らむようなイラストを添えて、保護者の気持ちも盛り上げます。

アドバイス

この時期によくある子どもの健康に関する呼びかけは、飾り枠を使って見やすい工夫を。

こぎつねぐみ通信 10月

○年○月○日 ○○○○園 10月のクラスだより

過ごしやすい季節になりました。園庭や近くの公園でたくさん遊んで、体力もついてきた子ども達。最近は、散歩車に乗ることなく、○○公園まで足をのばすことができるようになりました。ドングリやマツボックリの発見が嬉しいようで、夢中になって拾っています。持ち帰ったドングリでドングリリースを作りました。玄関に飾っていますので、ぜひご覧ください。

10月の予定

■10月○日（△）運動会
■10月○日（△）身体測定
■10月○日（△）お誕生日会
■10月○日（△）ハロウィン集会

◆◆◆もうすぐ運動会◆◆◆

お父さん、お母さんと一緒にダンスをしたり、障害物競走ごっこをしたりするのを心待ちにしているこぎつね組の子ども達、これまでは5歳児クラスのお兄さん、お姉さん達と一緒に運動会ごっこを楽しんできましたが、当日はどんな表情を見せてくれるでしょうか。楽しみです。

保育者体験 ありがとうございました

お忙しいなか、先日行われた保育者体験にご参加いただき、ありがとうございました。園での子ども達の様子を見ていただいたり、家庭での様子や過ごし方をうかがうことができました。これからの成長が楽しみですね。今後ともよろしくお願いします。

鼻水エチケット

季節の変わり目で鼻水が出る子どもが多くなってきました。鼻水は鼻やのどに付いたウイルスを排除して体を守ろうとしているための物です。ティッシュでふいたり吸引器で吸いとったりしましょう。また、鼻水をふきとった手を消毒し、ウイルスを広げないように注意する必要があります。

P152-02
A4サイズ

ひつじぐみ 10月

〇年〇月〇日　〇〇〇〇園 10月のクラスだより

「食欲の秋」「実りの秋」といわれるように、秋は食べ物がおいしい季節です。クリやカキ、ブドウやリンゴ、様々な物が収穫され、旬を迎えます。野菜や果物ばかりでなく、サンマやイワシ、サケなどもおいしくなってきます。栄養がたっぷり詰まった旬の食べ物をとって、健康に過ごしましょう。

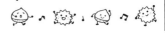

10月の予定

- ■10月〇日（△）運動会
- ■10月〇日（△）身体測定
- ■10月〇日（△）お誕生日会
- ■10月〇日（△）ハロウィン集会

お願い

衣替えが終わったころから、涼しく感じる日も多くなってきました。日中との気温差に対応できるように、薄手の長袖のTシャツがあるとよいですね。ロッカーの中を一度見直し、補充をお願いします。

新しいお友達紹介！

先月からのお友達の〇〇ちゃんは、リンゴが大好きで、給食にリンゴが出ると、幸せそうな表情で食べています。友達の名前を覚えるのが得意で、次々に覚えていきました。今ではクラスの人気者です。

10月おたんじょうびおめでとう

＊〇日　さかがみ　しおんくん
＊〇日　わかまつ　まおちゃん

P153-01
B4サイズ

ママ達の代わりに…

先月から、週末にシーツやタオルケット外しを始めました。「自分でできるってすごい」「ママ達助かるね」。こんな言葉を励みに、進んで行う姿が多くなってきました。大きなシーツやタオルケットは、畳むのが大変。「はんぶんこ」のお手伝いをすると、クルクルクルッとロールケーキのように巻いて、できあがり！ 子ども達にありがとうの言葉をかけてあげてください。

 ハロウィン

来るハロウィンのために、キャンディ作りに大忙しのひつじ組さん。小さい子ども達が「トリックオアトリート」と言いながら来てくれることを心待ちにし、どんなおもてなしをするか、思案しています。まずはドングリをセロファンで巻いて、ねじって、ドングリキャンディをたくさん準備。「あと…ドーナツも作ろうか！」「クッキーもいいんじゃない」と、まるでお菓子やさんのよう。どれも本物そっくりに見えることから「〇〇組さん達、ほんとに食べちゃったらどうしよう」と、お兄さんお姉さんらしい心配もしていました。

 落ち葉遊びがブーム！
〜遊び方いろいろ〜

 遊んでみてね

散歩に行くと、落ち葉集めに夢中になる子ども達です。園に戻っても、落ち葉遊びは続きます。そのなかから、ご家庭でもできる遊びをご紹介します。

★落ち葉プール★
ビニールプールや大きめの段ボール箱に落ち葉をたくさん入れて、落ち葉プールヘダイビング。枝などの混入に気を付けましょう。

★葉っぱのお面★
大きめの葉っぱが見つかったら、目や口をくりぬいて、お面にしてみましょう。

★葉っぱのモビール★
適当な長さの枝に、ひもで葉っぱをつるしてモビールに。バランスを考えたり、ひもと葉っぱをつなげたり。指先の巧みさが育ちます。

アドバイス
新しく仲間入りしたお友達は、簡単な紹介文を添えて紹介。送迎時の会話のきっかけにも!?

ポイント
生活習慣に関するエピソードは、特に子ども達の成長を感じてもらいやすい事柄。積極的に伝えていきましょう。

アドバイス
子ども達が夢中になっている遊びを紹介すると、家庭での会話も広がります。

10月の"クラスだより"作成のコツ

◆遊びのなかでの気付きや広がりを紹介
落ち葉やドングリなど、秋ならではの自然物遊びに注目。様々な発見や、遊びが広がる様子を具体的に紹介して、読みごたえのある内容に。

◆いろいろな図形を活用しよう
雲形やメモ帳型など、いろいろな図形の囲みのラインを使うと華やかになり、魅力的な紙面に仕上がります。

◆行事の過程や会話も盛り込んで
大きな行事がある場合は、準備の様子、行事当日、行事後の様子と段階を追って紹介できるとよいでしょう。子ども達が取り組む姿を通して、その成長を保護者と共有します。

文例〈あいさつ文例〉／イラスト〈10月の園だより・10月〉

P154-01A P154-01B

P154-02A P154-02B

P154-03A P154-03B

P154-04A P154-04B

P154-05A P154-05B

P154-06

P154-07A P154-07B

P154-08A P154-08B

P154-09

あいさつ文例

P154-10 親子で読書の秋

読書をするのにいい季節になってきましたね。子ども を「絵本好きにしたい」そんな考えをおもちの方はたく さんいらっしゃいます。「絵本好き」にするコツはいろ いろあります。その一つには、近くの大人が本を読むこ と。読んでいる姿を普段の生活の中で子ども達に見せて いきましょう。それから、子どもが選んだ本を否定しな いことが大切です。秋の夜長、虫の声を聴きながら親子 で本を読む。そんな時間の過ごし方もいいですよ。

P154-11 食欲の秋を満喫！

「食欲の秋」「実りの秋」といわれるように、秋は食べ 物がおいしい季節です。クリやカキ、ブドウやリンゴ、 様々なものが旬を迎え、収穫されます。野菜や果物ばか りでなく、サンマやイワシ、サケなどもおいしくなって きます。好き嫌いのある子も、この機会にチャレンジし てみてはいかがでしょうか。栄養がたっぷり詰まった旬 の食べ物をとって、健康に過ごしましょう。

P154-12 秋も引き続き空模様に注目

「暑い暑い」といいつつも季節は秋。空の高さから季節が変わっている ことを感じます。今年は、大雨、台風、地震と、自然災害におびえた 夏でもありました。「今までに経験したことがない○○」は、これから も起こるのでしょうか。

P154-13 子どもが大好きなひっつき虫

散歩から戻ってきた子ども達の洋服に、「ひっつき虫」や「どろぼう」 といわれる野草の種が付いていました。種の正体は「センダングサ」。 冬前に遠くまで種子を飛ばし、繁殖しようとしています。こんな何気 ない光景からも秋の深まりを感じています。

P154-14 行事で感じる秋の訪れ

「プール遊びが終わったら、運動会」。子ども達にはそんな季節の感覚 が備わっているようです。「リレーするから、先生、線を引いて」とか 「コーン（マーカーコーン）持っていっていいですか？」と自主的に動く 姿が見られるようになってきました。

P154-15 イモ掘り競争？

園庭の一角、畑で大きく育ったサツマイモ、長く伸びたツルからイモ を掘り出します。ツルの下にイモがあることに気付いた子どもは、慎 重に抜いていきますが、「葉っぱがじゃま！」と先に抜いてしまう子ど ももいます。誰よりも大きなイモを掘りたい気持ちは、みんな同じ。 その後の大きさ比べや、重さ比べにも熱が入りました。

P155-01

P155-02A　P155-02B

P155-03A　P155-03B

P155-04A　P155-04B

P155-05A　P155-05B

P155-06

P155-07A　P155-07B

P155-08A　P155-08B

P155-09A　P155-09B

P155-10A　P155-10B

P155-11A　P155-11B

P155-14

P155-12

P155-13A　P155-13B

P155-15

子どもの姿

P156-01 3歳児

公園でドングリをたくさん集めて持ち帰ってきました。早速ままごとの材料にすると「ポップコーン」「唐揚げ」「イチゴ」と見立て遊びを楽しんでいました。細長いドングリを見て「オバケみたい」と一言。太い・長い・細いなど形の違いに気付いたり好きなキャラクターに見立てたり、楽しい発見がありました。

P156-02 5歳児

来るハロウィンのために、キャンディ作りに大忙しの年長組さん。小さい子ども達が「トリック・オア・トリート」と言いながら来てくれることを心待ちにし、どんなおもてなしをするか、思案しています。まずはドングリをセロファンで巻いて、ねじって、ドングリキャンディをたくさん準備。「あと…ドーナツも作ろうか！」「クッキーもいいんじゃない」と、まるでお菓子やさんのよう。どれも本物そっくりに見える事から「○○組さん達、ほんとに食べちゃったらどうしよう」と、お兄さんお姉さんらしい心配もしていました。

P156-03 4歳児

近くの公園でシャボン玉遊びをしていたAくん、虫探しをしていた友達のところへ行き「ぼくも手伝うよ」と話すと、友達に「シャボン玉を持っていたら、バッタを捕まえられないよ」と言われました。すると、「このシャボン玉の中にバッタを入れるの」と、一生懸命バッタに向かってシャボン玉を吹いていました。何とも愛らしい姿でした。

P156-04 流しドングリ？

散歩に行って落ち葉やドングリをたくさん拾ってくるのが、秋の楽しみ。園庭に流しそうめんの竹を置いておくと、自分達でほどよい傾斜を作り、ドングリをころころと転がしています。転がす役、途中でシャベルですくう役、下で回収する役とそれぞれに分かれて、遊びを満喫していました。

P156-05 カブトムシのお世話

代々の年長組に引き継がれるカブトムシ。今年もたくさんの卵を産みました。小さな卵から孵化し、脱皮をくり返してイモムシが元気に腐葉土を食べています。土の上がふんだらけになると、子ども達は「うわーこんなにウンチ！」と、楽しそうにお世話をしていました。

P156-06 ママ達の代わりに

10月から、シーツやタオルケット外しを始めることにしました。「自分でできるってすごい」「ママ達助かるね」。こんな言葉を励みに、進んで行う姿が見られます。大きな物は、畳むのが大変。「半分こ」のお手伝いをすると、クルクルとロールケーキのように巻いて、でき上がり！　子ども達にありがとうの言葉をかけてあげてください。

P156-07

P156-08

P156-09

P156-10

P156-11

P156-12

P156-13

P156-14

P156-15

P156-16

子どもの紹介

P157-01 **新しいお友達の女の子**
10月からのお友達です。○○ちゃんは、リンゴが大好きで、給食にリンゴが出ると、幸せそうな表情でほお張っています。お友達の名前を覚えるのが得意で、次々に覚えていきました。今ではクラスの人気者です。

P157-02 **カメラに照れちゃう男の子**
カメラを向けるとわざとふざけちゃう○○君。恥ずかしいのかな？　いつもはお友達と一緒にとっても楽しそうな表情で遊んでいます。その笑顔がほしくて…、写真を撮るときは、こっそりと気付かれないように撮ることにしています。

P157-03

P157-04

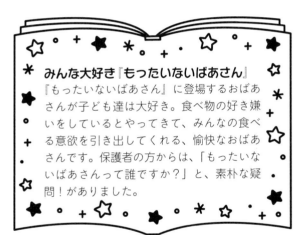

みんな大好き『もったいないばあさん』
『もったいないばあさん』に登場するおばあさんが子ども達は大好き。食べ物の好き嫌いをしているとやってきて、みんなの食べる意欲を引き出してくれる、愉快なおばあさんです。保護者の方からは、「もったいないばあさんって誰ですか？」と、素朴な疑問！がありました。

P157-05

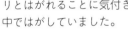

のりに 夢中な2歳児

先月から、のりを使った製作を行ってきました。のりを指にのせ「ひんやり」「とろーり」とした感触を楽しんでいました。手についたのりが乾くと、ペロリとはがれることに気付き、夢中ではがしていました。

P157-06

秋ならではの楽しみを

週末になると、あちらこちらから運動会の音楽が聞こえてくるようになりました。地域ごとの運動会をしているところも多いようです。そうしたイベントに参加したり野や山を散歩したり、スポーツの秋を楽しみましょう。

P157-07

P157-08

P157-09

P157-10

10月

文例／イラスト〈運動会〉

もうすぐ本番！

運動会を○日後に控えて、子ども達も保育者も本番をイメージした練習に取り組んでいます。何より「パパやママに見てもらいたい」という強い思いが、子ども達の原動力になっているようです。当日はたくさんの拍手をお願いします。

P158-01

運動会のお願い
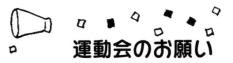

10月○日（△）は運動会です。親子競技では、お子様と一緒に「キャタピラ」をしていただきます。動きやすい服装・靴でお越しください。競技前にご案内しますので、準備運動を済ませて集合をお願いします。お子様と一緒に楽しい一日をお過ごしください。

P158-02

スポーツの日

今まで「体育の日」として親しまれた祝日の名称が、「スポーツの日」に変わりました。「スポーツを楽しみ、健康な心身をつちかう」のが趣旨です。この時期は、体を動かすのに最適な気候です。お休みの日は、ゲームばかり…の声もよく聞きますが、ボールや縄跳びを持参して、ご家族で体を動かしましょう。

P158-03

運動シーズンのお約束

子ども達も保育者も、運動会に向けてとても張り切っています。これから園庭や○○公園での運動遊びが多くなります。
・毎日体操服、運動靴で登園しましょう。
（サイズの確認を忘れずに）
・髪の長いお子様は、ゴムで結んで。
・カラー帽子のゴムを見直しましょう。

P158-04

P158-05 **進化する準備運動**

戸外で運動遊びをする前には、公園の外周を3周走ります。その後、お当番さんの動きに合わせて準備運動をします。年度当初は簡単な動きでしたが、お当番さんの経験を積んでいくと、オリジナルな動きも加わり、準備運動の質が高まっていきます。いつもその日の準備体操が楽しみです。

P158-06

P158-07

P158-08　　　P158-09

P158-10　　　　　　　　　　　　　　P158-11

P159-01

P159-02

P159-05

P159-06

P159-03

P159-04

P159-07

P159-08

P159-09

P159-10

P159-11

P159-12

P159-13

P159-14

P159-15

P159-16

P159-17

P159-18A P159-18B

衣替えから身に付けること

10月1日は衣替え。半袖から長袖へ移行する時期です。しかし、まだまだ暑い日もあり、一日の中でも気温差があります。その日そのときの気温や天気に応じて、衣服の調節ができる力を養っていきたいなと思います。

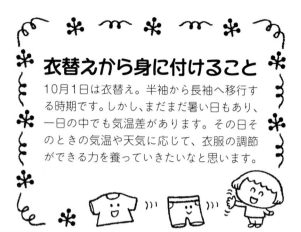

P160-01

制服が冬服になる

10月1日より、制服が夏服から冬服に変わります。夏の間、子ども達は身長が伸び、体重も増えたようです。衣替えを前に、サイズ点検をお願いします。また、ボタンが取れかかっていないか、名前が消えていないかなど、事前にご確認いただき気持ちよく衣替えの日を迎えましょう。

P160-02

イモ掘りから遊びの発展

秋のイモ掘りは、子ども達の大好きな行事の一つです。全身を使って一生懸命土を掘り、大きなイモを掘り上げたときは喜びもひとしおです。葉っぱのドレスや冠で遊ぶこともお楽しみの一つ。そして、焼きイモ会へと思いをつなげ、「おいしくて楽しい」経験を紡いでいきます。

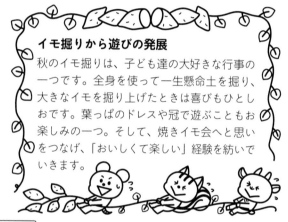

P160-03

イモ掘りでのお願い

○月○日（△）に畑でイモ掘りをします。子ども達がお世話をしたイモが、どのくらい生長したか？　とても楽しみです。子ども用の軍手と長靴をビニールの袋に入れて、○日までに用意をお願いします。雨上がりだと泥だらけになるかと思います。汚れてもよい服装で登園してください。

P160-04

P160-05 **体温調節に長袖を用意！**

衣替えが終わったころから、涼しく感じる日も多くなってきました。朝晩と日中との気温差に対応できるように、薄手の長袖Tシャツがあるといいですね。ロッカーの中を一度見直し、補充をお願いします。子どもには「寒くなったら長袖を着よう、暑い日は半袖でもいいね」と自分で着替えの必要性に気付けるような、声かけをしています。

P160-06 **けんかは大切な生きる力**

園生活で、避けて通れないのが子ども同士のけんかです。けんかはマイナスなイメージがありますが、社会で生きていくための「生きる力」を支える貴重な体験です。けんかを成長につなげていくために、やみくもに止めるのではなく、お子様と一緒に考えましょう。けんかをすることで備わる力とは
・相手にも気持ちがあることに気付く　・自分の思いを言葉で伝える
・勝敗にこだわらない価値観　・気持ちをうまく切り替えられる
「けんか」のイメージ、変えてみませんか？

P160-07

P160-08

P160-09

イラスト〈衣替え・イモ掘り・ハロウィン　など〉

P161-01

P161-02

P161-03

P161-04

P161-05

P161-06

P161-07

P161-08

P161-11

P161-12

P161-09　　P161-10

P161-13

P161-14

P161-15

10月

イラスト〈衣替え・イモ掘り・ハロウィン　など〉

161

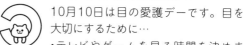

目の健康は毎日の生活から

10月10日は目の愛護デーです。目を大切にするために…
・テレビやゲームを見る時間を決めましょう。
・絵本は正しい姿勢で、明るいところで読みましょう。
・ときどき遠くの景色を見ましょう。

P162-01

目と視力のチェック

6歳ごろまでにほとんどの子どもが、大人と同じくらいの視力（1.0）に達します。それだけに3～6歳は視力の発達にとても大切な時期。視力の低下に十分注意し、斜視や弱視を早期に発見することが重要です。体と同じように目の健康に気を付けましょう。

P162-02

読書週間

10月27日～11月9日は読書週間。絵本は文字を読む力や言葉の発達を促すだけでなく、感性や情緒、想像力も育てます。また、読み手となる人のぬくもりに触れ、心の安らぎを感じることもあります。絵本は心の栄養。素敵な一冊との出合いは人生を豊かにするでしょう。

P162-03

選ぶ絵本から個性を感じて

年長組では、毎週木曜日に園文庫からの貸し出しがあります。たくさんの絵本のなかから選ぶ様子を見ていると、子ども達一人ひとりの興味が見えてきます。図鑑が好きな子ども、昔話が好きな子ども、クラスで読んでもらった本をすぐに選ぶ子ども。どのような本に興味を向けているのか、持ち帰った絵本から感じてみてください。

P162-04

P162-05

P162-06

P162-07

P162-08

P162-09

P162-10

P162-11

P162-12

すっかり定着したハロウィン

日本でも定番になったハロウィン。秋の収穫をお祝いし、ご先祖様の御霊をお迎えする、ヨーロッパから伝わったお盆のような行事です。仮装をしたりお菓子をもらったり、新しい文化として楽しまれています。10月31日は、カボチャのランタンをともしてみませんか？

P163-01

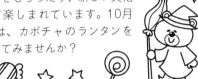

子どもに優しい社会

「トリック・オア・トリート（お菓子をくれなきゃいたずらしちゃうぞ）」。10月31日の夜、子ども達はそう言いながら家々をまわって、お菓子をもらいます。子どもに優しい世界や地域社会を願い、子ども達の楽しくにぎやかな一夜に、平和と幸せを感じたいですね。

P163-02

落ち葉遊びいろいろ

大好きな落ち葉遊びを紹介します！
・落ち葉プール… ビニールプールに落ち葉をたくさん入れて、ダイビング。
・葉っぱのお面… 大き目の葉っぱが見付かったら、目や口の部分をくりぬいて、お面にして遊びます。
・葉っぱのモビール… 拾った枝に、ひもで葉っぱをつるして、ゆらゆらモビールに。この時期だからこその遊びです。

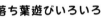

P163-03

ドングリが次々に変身！

お散歩で集めてきたドングリを使って、秋の遊びを満喫しています。紙粘土に埋め込んで顔を作ったり、やじろべえを作ったり。積み木で作ったおうちに人形として登場することもあります。子どものアイデアで、遊びが広がっています。

P163-04

P163-05

P163-06

P163-07

P163-08

P163-09

P163-10

P163-11

P163-12

P163-13

〈乳児〉子どもの姿

P164-01　0歳児

子ども達が大好きな「いないいないばあ！」。クラスの友達や保育者の写真を撮って「いないいないばあ」を絵本風に作ってみました。子ども達は大喜びして「いないいないばあ」の遊びを楽しんでいる様子。「これは○○ちゃん」「○○先生」と、友達や保育者の名前を覚えて呼ぶことにも楽しさを感じているようでした。

P164-02　2歳児

小麦粉粘土の準備をしていると、子ども達が集まってきて小麦粉の中にそーっと指を入れていました。フワフワサラサラの感触に「うわー！」と大喜び。指に付いた粉を払おうとして「ふーっ」と息をかけると…、保育者もテーブルも真っ白！「先生が爆発した！」「なんだか、先生甘いにおいがする」「先生、お着替えだー」と大笑い。その後、「ふーってしたら、飛んでっちゃうから大変だね」と気付き、「ふーっ、しない」と、小麦粉粘土のかわいいお約束ができました。

P164-03　1歳児

園庭や近くの公園でたくさん遊んで、体力もついてきました。最近は、散歩車に乗ることなく、○○公園まで足をのばすことができるようになりました。ドングリやマツボックリの発見が嬉しいようで、夢中になって拾っています。持ち帰ったドングリでリースを作りました。

P164-04　ついに本番を迎えます

お父さん・お母さんと一緒にダンスをしたり、障害物競走ごっこをしたりするのを心待ちにしている○○組の子ども達。これまでは年長組のお兄さん・お姉さん達と一緒に運動会ごっこを楽しんできましたが、当日はどんな表情を見せてくれるでしょうか。楽しみです。

P164-05　自然の変化から学ぶもの

空を見上げると、飛行機や飛行機雲を発見したり、木に実っているドングリに気付いたりしています。また、足元でアリが行列を作って行進するのをじっと観察したりも。自然の移り変わりのなかで、子ども達なりの発見や気付きを楽しんでいるようでした。

P164-06　読書週間をきっかけに

音の響きやリズムを楽しんだり、動物や身近な物の絵を楽しんだり…。お話を理解できない小さな子どもでも、絵本は大好きです。何より、ママやパパのお膝にのって、ぬくもりを感じながらのひと時は、とても幸せな時間です。ぜひお休み前の習慣にしてみてください。

P164-07

P164-08

P164-09

P164-10

P164-11

P164-12

P164-13

P164-14

P164-17

P164-18

P164-19

P164-20

P164-15

P164-16

予防接種の注意点

予防接種はスケジュール表を参考に、計画的に受けるようにしましょう。接種後、子どもによっては発熱や湿疹など副反応が起こる場合があります。接種直後の登園は控えて、少しの間様子を見ましょう。

P165-01

鼻水エチケット

季節の変わり目で鼻水が出る子どもが多くなってきました。鼻水は鼻やのどについたウイルスを排除して体を守ろうとしているための物です。ティッシュでふいたり吸引器で吸い取ったりしましょう。また、鼻水をふき取ったら手を消毒し、ウイルスを広げないように注意する必要があります。

P165-02

手づかみ食べを見守って

子どもが、おいしそうに食事をする姿は、嬉しいものです。食べさせてもらっているうちにスプーンやフォークに興味を示してきます。初めは振り回したり口に入れてみたりするだけですが、やがて食べ物も手づかみしてみたくなります。「自分で食べたい」と思う気持ちを大切に、手に持ちやすい形状になるなど工夫をして見守っていきましょう。

P165-03

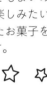

乳児とお菓子の関係

ハロウィンは子どもにとってはお菓子がもらえる特別な日。楽しみな一日と言ってよいでしょう。小さなお子様はその意味合いが理解できるまでは、他の楽しみ方をしてもよいのでは？　一緒にお菓子を楽しみたいと思う時は、甘さを控えたお菓子を用意するのがおすすめです。

P165-04

P165-05

P165-06

P165-07

P165-08

P165-10

P165-11

P165-12

P165-13

P165-09

P165-14

P165-15

意外と手強い「秋バテ」

「秋バテ」という言葉をご存じでしょうか。急に涼しくなる9〜10月にかけて多く見られるようで、夏の間に冷房や冷たい飲み物などで体を冷やしたために、自律神経が乱れて起こる体の不調のことです。だるい・疲れやすい・やる気がでないなどの症状。軽い運動をしたり、ぬるめのお風呂に浸かったりして自律神経を整えましょう。

P166-01

今こそ身につけたい！薄着の習慣

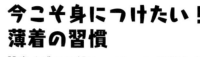

肌寒く感じる朝は、ついつい厚着をさせたくなりますね。しかし、今のうちに薄着の習慣を付けておけば、風邪をひきにくい体になります。外気を直接肌で感じ、自律神経を整え、抵抗力を高めていきましょう。目安は「大人より1枚少なめ」です。

P166-02

予防接種のすすめ

インフルエンザは予防接種をしても、感染することはありますが、症状が軽く済むことが多いようです。また、予防接種後2週間を経過しないとその効果が出ないため、インフルエンザの流行時期より前に予防接種を受けておきましょう。家族全員が受けることをおすすめします。

P166-03

ガラガラうがいできる？

風邪のウイルスは、のどから入ることが多いので、予防をするためにはガラガラうがいが効果的。口に水を含み、上を向いて「アー」と声を出すようにしますが、初めてのときは水を飲んでしまったり、口からあふれてしまったり、ちょっぴり怖かったり…。何回かくり返すうちにできるようになります。朝起きたとき、外から帰ったとき、食事の前に、ぜひ習慣にしてください。

P166-04

P166-05

P166-06

P166-07

P166-08

P166-10

P166-11

P166-13

P166-12

P166-09

はらぺこ星人、大量発生？

午前中、園庭や公園で運動会ごっこをしている
と「おなかすいたー」という声が聞こえます。
一人がおなかをすかせると、次々とはらぺこ
星人が現れます。「空腹は何よりの食育」です。
そして、今日も子ども達の「おか
わり！」の声が、聞こえてきそう
です。

P167-01

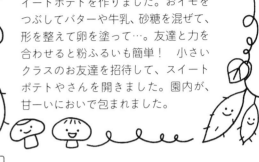

甘ーいスイートポテト

畑で収穫したサツマイモを使って、ス
イートポテトを作りました。おイモを
つぶしてバターや牛乳、砂糖を混ぜて、
形を整えて卵を塗って…。友達と力を
合わせると粉ふるいも簡単！　小さい
クラスのお友達を招待して、スイート
ポテトやさんを開きました。園内が、
甘ーいにおいで包まれました。

P167-02

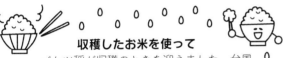

収穫したお米を使って

バケツ稲が収穫のときを迎えました。台風
があったり、日照りがあったり、虫が付いたり
しましたが、お米作りの大変さを子どもと一緒
に実体験しました。収穫したお米は一粒一粒脱
穀し、殻をむいて、玄米のまま白米に混ぜてい
ただきました。全部でお茶碗一杯にも満たない
お米の収穫。給食でご飯を炊く前に使うお
米の量を見せてもらい、その違いに驚
きました。

P167-03

パンプキンカレー！

カボチャを使ったカレーに、ジャックオランタン
に見立てたおにぎりが入っています。目や口はの
りで表現。まるで、カレーの中からジャックが出
てきたみたい。離乳食では、カボチャがゆに、の
りで目と口をのせてジャックオランタン風に仕上
げています。楽しく食べてくれると嬉しいです。

P167-04

P167-05

P167-06

P167-07

P167-08

P167-10

P167-11A　P167-11B

P167-12A　P167-12B

P167-09

たいようぐみ

〇年〇月〇日 〇〇〇〇園
11月のクラスだより

肌に触れる風がだんだん冷たくなり、朝晩の冷え込みが晩秋の気配を感じさせてくれるようになりました。トンボを相手に「よーいドン」と、かけっこをして遊ぶ子ども達は、部屋に戻るころにはうっすらと汗をかいています。衣服の調節をじょうずに行いながら、健康で過ごしたいですね。

11月の予定

■11月〇日（△）生活発表会
■11月〇日（△）身体測定
■11月〇日（△）お誕生日会

衣服についてのお願い

お部屋の中は暖かく、遊んでいると汗ばむこともありますので、薄手の長袖のご用意をお願いします。

＊生活発表会について＊

11月〇日（△）〇時～園の遊戯室において生活発表会を行います。生活発表会は、園生活のなかで取り組んできたことや成長した姿などを発表し、見ていただく会です。子ども達のがんばりに、大きな拍手をお願いします。

■発表中は私語をお控えください。また、発表が終わりましたら、たくさんの拍手をお願いします。
■写真やビデオを撮られる場合には、周りの方にご配慮ください。三脚の使用はお控えください。
■携帯電話は、電源を切るかマナーモードに設定をお願いします。
■遊戯室でのご飲食は、お控えください。
■観覧場所には制限があります。手荷物の持ち込みは極力少なめにお願いします。
■気持ちよく観覧していただけますように、譲り合ってご覧ください。

国旗カード遊びから発展して、数人が国旗カード作りに夢中に。運動会の万国旗を見ながら、本物に近付けようと試行錯誤しています。直線や星、丸は比較的簡単ですが、表現が難しい曲線や微妙な色の違いで、何度もやり直しをしていました。こうした経験からその国の名前が深く記憶に残ったようで、得意になっていました。

おはなしの世界に興味をもって

昼寝前の絵本やおはなしの時間をみんな楽しみにしています。「面白い話がいい」「怖い話がいい」と、リクエストもたくさん。面白かったと感じるか、悲しかったと感じるか、怖かったと感じるかそれぞれ。必要以上に感想を誘導しないように気を付け、余韻のなかで眠りにつけるようにしています。個々の感性を大事にしていきたいです。

異年齢の関わり

異年齢活動「なかよしきょうだい」も、回数を重ねスムーズな関わりがもてるようになりました。自分のパートナー（きょうだい）とすっかりなじみになると、自由遊びの時間も一緒に遊ぶ姿が見られます。保育者が意図せずとも、自然な関わりができるようになりました。

運動会の応援ありがとうございました！

おうちの方々の熱い応援、それに応えようとする子ども達。予想をはるかに超えたパフォーマンスを見せてくれていました。特にリレーは、たくさんの歓声のなか、今までに見たことがないような名勝負となりました。喜ぶ姿、悔しがる姿から、子ども達がどれほど本気になっていたのかを感じていただけたのではないでしょうか。たくさんの応援ありがとうございました。

P168-01
B4サイズ

ポイント

飾り罫を上下に配置し、囲み枠のように活用するとかわいく仕上がります。

アドバイス

行事のお知らせは、当日のお願いや注意事項を箇条書きにして、わかりやすく紹介します。

アドバイス

毎日身に着ける衣類についての呼びかけは、目立つように冒頭に入れるなど位置を工夫しましょう。

アドバイス

ただ行事の日程だけを伝えるのではなく、それにまつわるエピソードを紹介すると喜ばれます。

だいずぐみ通信

〇年〇月〇日 〇〇〇〇園 11月のクラスだより

一雨ごとに寒くなり、冬に近付いている感じがします。それもそのはず、11月〇日は立冬、暦では冬の始まりです。これからどんどん日が短くなり、寒さを感じるようになるでしょう。寒さに負けず、子ども達と楽しく過ごしていきたいです。

厚着になっていませんか？

朝の気温が急激に下がり、登園時の服装選びが難しくなっていますね。「風邪をひかないように」との心配から厚着をさせたい思いはよくわかりますが、子どもの日常は、薄着で十分。今の時期に薄着の習慣に慣れ、風邪や寒さに負けない健康な体づくりをしていきましょう。

＼ 人気のお店やさんは？ ／

お店やさんごっこの計画段階で、何のお店やさんがいいか聞きました。すると…、「1位…ケーキやさん」「2位…お花やさん」「3位…アイスやさん」でした。物の売り買いに縛られがちになりますが、子どもの希望を叶えられるようなアイデア満載のお店やさんごっこができるといいなと思っています。

地域でお世話になっている方々に花のプレゼントをしました。子ども達手作りのティッシュケースとペン立てを添えて。病院、郵便局、駅、商店、自治会…。いつも子ども達を見守っていただいている地域の方々に感謝です。

11月生まれのおともだち

あいざわ まこちゃん
やすい ほだかくん

11月の予定

◆11月〇日（△）お店やさんごっこ
◆11月〇日（△）身体測定
◆11月〇日（△）お誕生日会

P168-02
A4サイズ

テンプレート／作成のコツ

 にこにこぐみだより

○年○月○日 ○○○○園　11月のクラスだより

少しずつ朝夕の冷え込みが厳しくなってきますね。にこにこ組では鼻水や咳の症状を見せる子どもが増えてきました。お子さんの体調の変化に早めに気付き、対応していきましょう。どんな小さなことでも構いませんので、受け入れのときに保育者にお伝えください。

 11月の予定

◆11月○日（△）生活発表会
◆11月○日（△）やきいも会
◆11月○日（△）歯科検診
◆11月○日（△）お誕生日会

 11月の歌

♪どんぐりころころ
♪おおきなくりのきのしたで
♪げんこつやまのたぬきさん

歯科検診についてお願い

歯科検診当日の朝は必ず歯みがきをしてから登園してください。また、歯について相談がありましたら、当日連絡帳に記入をお願いします。

♪♪♪生活発表会♪♪♪

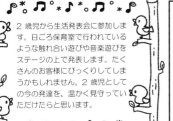

2歳児から生活発表会に参加します。日ごろ保育室で行われているような触れ合い遊びや音楽遊びをステージの上で発表します。たくさんのお客様にびっくりしてしまうかもしれません。2歳児としての今の発達を、温かく見守っていただけたらと思います。

★★★グループ別"ほっこり"エピソード★★★

あおグループ　楽しい落ち葉遊び！

やきいも会に向けて、落ち葉集めをしました。「赤色見付けた」「黄色いの」「これは長いね」「穴が開いてる」と、様々な葉っぱを見つけてはその特徴を口々に知らせていました。自分の顔より大きな葉っぱを見付けたMくん。「見て、大きいよ」と顔を隠すと、その大きさにみんなびっくり大笑いでした。

きいろグループ　お赤飯が木になってる？

園庭に寄り添うように大きな榎の木が立っています。8月ごろから緑の実をつけ、今はきれいな赤い色になっています。子ども達は、榎の実が大好き。たくさん集めて「ごはん、ごはん」と言いながら、ままごとの材料にしています。お椀の中のたくさんの実は、まるで赤飯のようで、おいしそうです。

保湿をしっかりと！

乾燥肌はかきむしって皮膚に傷をつけてしまうと、皮膚トラブルを起こしてしまいます。そうなる前に、日ごろのケアを心がけましょう。朝晩の保湿で乾燥の時期を快適に過ごせるはず。市販品でも十分ですよ。

園外保育について

お忙しいなかお弁当をご用意いただき、ありがとうございました。朝から元気いっぱい公園で遊んだ後、ニコニコしながらお弁当を食べていました。

おやつのとり方

おやつの時間は、子どもにとってとても楽しみな時間です。しかし、三度の食事だけではとれない栄養を補う大事な役割もあります。市販のお菓子に偏ることなく、おにぎりや蒸しいもなど季節のものを取り入れるのもよいですね。また、夕飯に影響がないような量や時間帯を考えることも大切です。

P169-01
B4サイズ

ポイント

行事のお知らせは、飾り枠を使ってかわいく紹介。中に入れる文章の量によって、大きさも変えられます。

アドバイス

この時期の子ども達によく見られる肌トラブルなどを取り上げます。家庭でのケアについてていねいに紹介しましょう。

アドバイス

家庭との連携が大切な食育に関する情報も、積極的に発信しましょう。

11月の"クラスだより"作成のコツ

◆保育者の感想も書き加える

運動会の後はお礼とともに、保育者の感想を盛り込みましょう。行事を通して保育者が感じたことを伝えると、保護者はきちんと向き合ってくれていると感じ、安心感につながります。

◆フォントを統一してまとまり感を

各項目の小見出しのフォントや大きさを統一すると、全体的にまとまりのある印象になり、読みやすさもアップします。

◆グループ別のエピソード紹介

クラスをグループに分けて活動している園では、グループ別にエピソードを紹介してみましょう。グループごとに紹介することで、クラスの様々な一面が見えて、興味深く読んでもらえます。

P170-01A P170-01B

P170-02A P170-02B

P170-03A P170-03B

P170-04A P170-04B

P170-05A P170-05B

P170-06

P170-07

P170-08

P170-09A P170-09B

あいさつ文例

P170-10 **冬の足音が聞こえてきました**
肌に触れる風がだんだん冷たくなり、朝晩の冷え込みが晩秋の気配を感じさせてくれるようになりました。トンボを相手に「よーいドン」と、かけっこをして遊ぶ子ども達は、部屋に戻るころにはうっすらと汗をかいています。衣服の調節をじょうずに行いながら、健康で過ごしたいですね。

P170-11 **秋の終わりをいっぱい味わって**
あふれるほどの落ち葉に包まれ、秋の遊びをたっぷりと楽しんだ後は、みんなが大好きな落ち葉を使った焼きイモ会。冷たい空気の中、熱〜いほくほくのおイモをフーフーしながら、ほお張る子ども達。自然との関わりのなかから、しっかりと季節の移り変わりを感じていることでしょう。そして、あっという間に季節は冬です。冬ならではの楽しみも存分に味わいたいと思います。

P170-12 **生活のなかに感じる秋**
ドングリやマツボックリを使っての遊び、どこからともなく聞こえてくる虫の声、給食の食材など、様々な場面で秋の深さを感じることができます。おうちに帰る頃、近所から漂ってくる焼き魚のにおい、それにつられるような空腹感…食欲の秋ですね。

P170-13 **運動会を終えて**
運動会が終わると今年度も折り返し… そんな気持ちになります。同時に、年度初めはあんなに賑やかだったそれぞれのクラスが、落ち着いた様子を見せて、日々の生活や行事など事あるごとに子ども達の成長を感じています。

P170-14 **寒くなったと思ったら…**
一雨ごとに寒くなり、冬に近付いている感じがします。それもそのはず、11月○日は立冬、暦では冬の始まりです。これからどんどん日が短くなり、寒さを感じるようになるでしょう。寒さに負けず、子ども達と楽しく過ごしていきたいです。

P170-15 **雨上がりの虹**
雨上がりの園庭で虹を見付けました。「この時期に虹？」と思いましたが、時雨虹（しぐれにじ）という言葉があるように、秋から冬にかけてよく見られるそうです。大人も子どもも虹を見付けると、なんだか幸せな気持ちになりますよね。雨上がり、お日様がさして来たら空を見上げてみませんか？

P171-01A P171-01B

P171-02A P171-02B

P171-03

P171-04A P171-04B

P171-05A P171-05B

P171-06A P171-06B

P171-07A P171-07B

P171-08A P171-08B

P171-09A P171-09B

P171-10A P171-10B

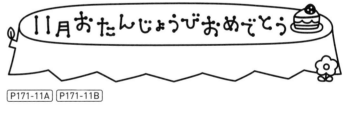

P171-11A P171-11B

P171-12

P171-13A P171-13B

P171-14

P171-15

文例 〈子どもの姿 （3・4・5歳児） など〉 ／イラスト 〈11月のイメージ　など〉

子どもの姿

P172-01 **4歳児**

スポーツの秋を迎え、鉄棒に取り組む子どもが増えてきました。以前のように怖がって泣いてしまう子どもはもういません。前回りや逆上がりをする友達を見て、「わあ、すごい。どうやってやるの？」「わたしもやってみたい」「先生教えてください」という声が多くなってきました。できるようになった喜びが自信につながり、鉄棒以外の事にも積極的な姿を見せるようにもなりました。「やってみたい」「挑戦したい」と思うタイミングは個々に違うかもしれませんが、そのときをしっかり見極め、適切な援助ができればと思います。

P172-02 **運動会での雄姿を胸に**

おうちの方々の熱い応援、それにこたえようとする子ども達。予想をはるかに超えたパフォーマンスを見せてくれていました。特にリレーは、たくさんの歓声のなか、今までに見たことがないような名勝負でした。喜ぶ姿、悔しがる姿から子ども達がどれほど本気になっていたのかを感じていただけたのではないでしょうか。たくさんの応援ありがとうございました。

P172-03 **3歳児**

「き・き・きのこ♪　き・き・きのこ〜♪」と、季節の歌を元気に歌い、踊る子ども達。長雨の後に散歩に行くと、子どもの膝の高さほどもある大きなキノコを見付け、大騒ぎになりました。あまりの大きさに手が出せず、ちょんちょんと指でつついてみるのが精一杯でした。

P172-04 **5歳児**

運動会の余韻を大切にしながら、生活発表会や就学に向けての取り組みが始まりました。お店やさんごっこやライブごっこ、オバケごっこなどの遊びが盛り上がりを見せていますので、子ども達の興味や意欲を維持しながら次へとつなげていきたいと思います。

P172-05 **サツマイモを焼いたらどうなるのかな？**

焼きイモ会の前にじっくりとサツマイモを観察しました。すると…、「さっきのは割れなかったけど、焼いたら割れるね」「硬かったよね」「さっきはにおいしなかったけど、いいにおいがする」「焼いたら熱くて持てないよ」など、子どもの感性と感覚で、いろいろな発見をしていました。もちろん「おいしい！」の声は何度も聞かれました。

P172-06 **異年齢の関わり**

異年齢活動も、回数を重ねスムーズな関わりがもてるようになりました。自分のパートナー（きょうだい）とすっかりなじみになると、自由遊びの時間も一緒に過ごす姿が見られます。保育者が仲立ちをしなくても、少しずつ自然な関わりができるようになるといいですね。

P172-07

P172-08

P172-09

P172-10

P172-11

P172-12

P172-13

P172-14

P172-15

P172-16

子どもの紹介

P173-01　**あやとりが得意なAちゃん**

あやとり名人のAちゃん。一人あやとりで、4段ばしごや東京タワーを作って見せてくれました。「ねえねえ、手をかして」と言われて手を差し出すと、あやとりのひもで切られてしまう手品のようなことをしてくれました。技はどんどん進化しているので、今後も楽しみです。

P173-02　**家族が大好き！　Bくん**

ちょっぴり恥ずかしがりやのBくんですが、パパやママ、妹のCちゃんが大好きで、ご家族のお話をよくしてくれます。今年のクリスマスには、長い時間飛行機に乗っておばあちゃんに会いに行くことを教えてくれました。大好きなおばあちゃんにたくさん甘えられるかな？

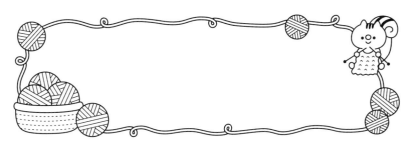

P173-03

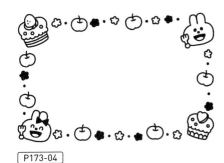

P173-04

カエルと一緒に「ぴょーん」

触れ合い遊びに発展する『ぴょーん』という絵本。ページをめくるたびに動物達が次々にぴょーんと得意なジャンプを見せてくれます。そのたびに、子どももぴょーんとジャンプ。読み終えた後は、高い高いの要領で「ぴょーん」って持ち上げました。

P173-05

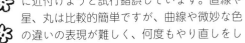

国旗カードが大流行！

国旗カード遊びから発展して、国旗カード作りに夢中。運動会の万国旗を見ながら、本物に近付けようと試行錯誤しています。直線や星、丸は比較的簡単ですが、曲線や微妙な色の違いの表現が難しく、何度もやり直しをしていました。こうした経験からその国の名前が深く記憶に残ったようです。

P173-06

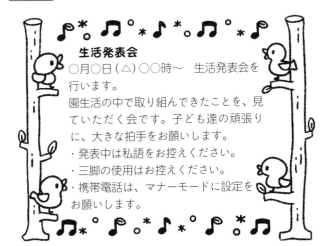

生活発表会

〇月〇日（△）〇〇時〜　生活発表会を行います。

園生活の中で取り組んできたことを、見ていただく会です。子ども達の頑張りに、大きな拍手をお願いします。

・発表中は私語をお控えください。

・三脚の使用はお控えください。

・携帯電話は、マナーモードに設定をお願いします。

P173-07

P173-08

P173-09　　　　P173-10

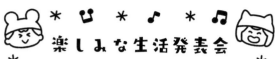

楽しみな生活発表会

昨年度5歳児クラスの劇遊びを間近で見ていた子ども達。今年は、自分達で作り上げる劇遊びを心待ちにしていました。相談の段階からの展開も早く、一人ひとりが得意なことを披露する場面もある、オリジナル劇に決定しました。劇中で使用する大道具、小道具もすべて子ども達の手作りです。どうぞお楽しみに。

P174-01

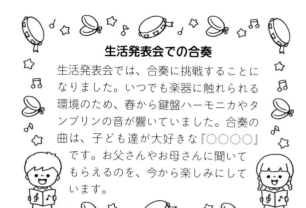

生活発表会での合奏

生活発表会では、合奏に挑戦することになりました。いつでも楽器に触れられる環境のため、春から鍵盤ハーモニカやタンブリンの音が響いていました。合奏の曲は、子ども達が大好きな『○○○○』です。お父さんやお母さんに聞いてもらえるのを、今から楽しみにしています。

P174-02

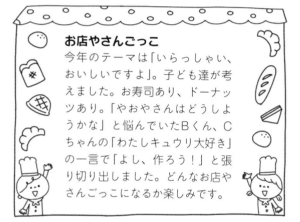

お店やさんごっこ

今年のテーマは「いらっしゃい、おいしいですよ」。子ども達が考えました。お寿司あり、ドーナッツあり。「やおやさんはどうしようかな」と悩んでいたBくん、Cちゃんの「わたしキュウリ大好き」の一言で「よし、作ろう！」と張り切り出しました。どんなお店やさんごっこになるか楽しみです。

P174-03

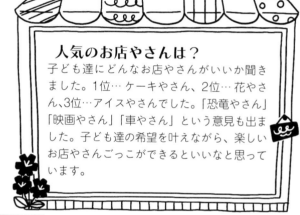

人気のお店やさんは？

子ども達にどんなお店やさんがいいか聞きました。1位…ケーキやさん、2位…花やさん、3位…アイスやさんでした。「恐竜やさん」「映画やさん」「車やさん」という意見も出ました。子ども達の希望を叶えながら、楽しいお店やさんごっこができるといいなと思っています。

P174-04

P174-05　**小さな大冒険！**

待ちに待ったお店やさんごっこ。4・5歳児クラスの子ども達が準備したお店やさんに、それぞれ手作りのお財布とお金を持って買い物に行きました。小さな子ども達には、お金を持ってお買い物に行くことが大冒険のように感じられたことでしょう。お兄さんお姉さんに優しくお手伝いしてもらいながら、楽しい一日を過ごしました。

P174-06

P174-07

P174-08

P174-09

P175-01

P175-02

P175-03

P175-04

P175-05

P175-06

P175-07

P175-08

P175-09

P175-12

P175-13

P175-10

P175-11

P175-14

P175-15

P175-16

11月

イラスト〈発表会・11月の遊び　など〉

11月

文例／イラスト　〈七五三・勤労感謝の日　など〉

恒例の千歳あめ袋作り

園では毎年千歳あめの袋を作り、あめを入れて持ち帰ります。クラスごとに和の雰囲気を取り入れた袋に仕上げます。「千歳あめは食べきれないので…」とお困りの声も聞かれますが、千歳あめに込められた意味をご理解いただき、古の人々の思いに触れてみてください。お子様に与えるのに抵抗がある方は、煮物などに入れるとよいですよ。

P176-01

七五三の由来

七五三は、子どもの健やかな成長をお祝いする行事です。男の子は3歳と5歳の年に、女の子は3歳と7歳の年に。おおよそ350年前の昔から行われてきた、日本の年中行事です。紅葉深まる神社やお寺でのお参りはお子様にとっても特別な経験になりそうですね。

P176-02

身近な人にありがとう！

11月23日は「勤労感謝の日」です。そこで、子ども達と一緒に「身近な人にありがとう作戦」を考えました。どんな形で「ありがとう」を伝えるかは一人ひとり違うようです。楽しみにしていてください。

P176-03

地域の人にありがとう

「わたし達が安心して生活できるのは、地域の方々が一生懸命にお仕事をしてくれるから」。そんな話をすると子ども達から、「道路を直してくれてる人がいたよ」「信号のところにおじさんがいた」「お店の人が頑張ってご飯作っているから」と、意見を出していました。自分達の生活がいろいろな人達に支えられていることに気付いたようです。

P176-04

P176-05 **お世話になっている方々へ**

地域でお世話になっている方々にお花のプレゼントをしました。子ども達手作りのティッシュケースとペン立てを添えて。病院・郵便局・駅・商店・自治会…。いつも子ども達を見守っていただいている地域の方々に感謝です。

P176-06 **お掃除のお礼**

園内でお掃除をする保育者を見つけると、「先生、お掃除してくれてありがとう」そんな言葉がよく聞かれます。時と場面にあった感謝の言葉をもらうと、嬉しくなってしまいます。毎週金曜日には年長組の子ども達が、園内のお掃除をしてくれます。たくさんのありがとうを伝えていきます。「ありがとう」が自然に言える関わり、大事にしたいですね。

P176-07A　P176-07B

P176-08

P176-09

P176-10

P176-11

P176-12

P176-13

保育参観

参観のポイント
・誰と、どんな遊びをするのが好きなのか？
・友達や保育者との関わり方は？
・着替えや食事（スプーンやお箸の使い方）、排泄、椅子の座り方などの様子は？
・自分の思いを伝えられているか？

P177-01

お話の世界に興味をもって

午睡前の絵本やお話の時間をみんな楽しみにしています。「面白い話がいい」「怖い話がいい」と、リクエストもたくさん。面白かったと感じるか、悲しかったと感じるか、怖かったと感じるかはそれぞれ。必要以上に感想を誘導しないように気を付け、余韻の中で眠りにつきます。個々の感性を大事にしていきたいです。

P177-02

数や言葉に興味をもつ

子ども達は毎日の遊びのなかで数や形、大小、長短の他、たくさんの言葉に触れ合っています。大人が意識的に「大きいゾウさんだね」「長い電車だね」「星がぴかぴかしてるね」と伝えていくことで興味を示し、学習していきます。たくさんたくさんお話ししてあげましょう。

P177-03

戦いごっこからルールを学ぶ

「戦いごっこが好きで困っています」という悩みをときどき耳にします。男の子の多くが経験するのではないでしょうか。園では「顔や頭はやめよう」「かたい物は使わない」などの約束事を決めています。むやみに禁止するより、そこから得られる学びを大事にしています。昨日は「これなら痛くないかな？」と言いながら、ソフトな新聞棒を作っていました。

P177-04

P177-05

P177-06

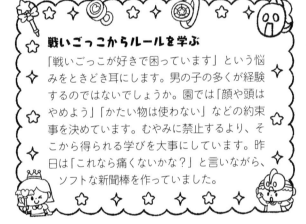

P177-07

P177-11

P177-10

P177-12

P177-08

P177-09

〈乳児〉子どもの姿

P178-01 0歳児

赤ちゃんをこちょこちょするとかわいい笑顔を見せて笑ってくれます。何とも言えない幸せな時間ですよね。この時、赤ちゃんやお母さんからはたくさんの愛情ホルモン・幸せホルモンが出ているのです。その後の赤ちゃんの成長に大きく役立つホルモンです。また、こちょこちょをすると、脳や体の発達を促す効果もあります。かわいいお子様と、幸せな時間をもちましょう。

P178-02 お店やさんごっこに参加

幼児クラスのお兄さん・お姉さんの招待を受けて、お店やさんごっこに参加しました。お店に着くと、保育者の元を離れ、年長さんが個別にお世話をしてくれます。「これはね。折り紙のこまだよ」「クッキー買う?」と聞かれ、「ウン、ウン」と返事をしながら楽しそうでした。年長さんとのやりとりに少々緊張しながら、「○○買ってもらった!」と大喜びでした。

P178-03 1歳児

「自分でしたい」という気持ちが強くなってきました。途中までおろしたズボンや靴下、最後は自分で。頭だけ通したシャツ、最後は自分で。「すごいね、できたね」と声をかけると、自信満々の顔つき、次の「やってみたい」につながっていきます。

P178-04 2歳児

焼きイモ会に向けて、落ち葉集めをしました。「赤色見つけた」「これは長いね」と、様々な葉っぱを見つけてはその特徴を知らせていました。自分の顔より大きな葉っぱを見つけたMくん。「見て」と顔をかくすとその大きさにみんなびっくり、大笑いでした。

P178-05 お赤飯が木になってる?

園庭にエノキの木が立っています。8月頃から緑の実を付け、今はきれいな赤い色になっています。子ども達は、エノキの実が大好き。たくさん集めて「ご飯」と言いながら、ままごとの材料にしています。お椀の中のたくさんの実は、まるでお赤飯のようです。

P178-06 生活発表会

2歳児から生活発表会に参加します。日ごろ保育室で行っているような触れ合い遊びや、音楽遊びをステージの上で発表していきます。たくさんのお客様にびっくりしてしまうかもしれませんが、2歳児としての今の姿を、温かく見守っていただけたらと思います。

P178-07

P178-08

P178-09

P178-10

P178-11

P178-12

P178-13

P178-14

P178-17

P178-18

P178-19

P178-20

P178-15
P178-16

11月

風邪の症状、早めに共有を

少しずつ朝夕の冷え込みが厳しくなってきましたね。○○組では鼻水や咳の症状のある子どもが増えてきました。お子様の体調の変化に早めに気付き、対応していきましょう。どんな小さな事でも構いませんので、受け入れの時に保育者にお伝えください。

P179-01

早寝早起き元気な体！

早寝早起きの習慣が子どもの成長によい事はすでにご存じのことと思います。質のよい睡眠は成長ホルモンの分泌を促します。また脳（学力）の発達や体力の向上にもつながります。早寝早起きは、風邪や感染症の予防に、最も重要だと言えるでしょう。

P179-02

遊び食べの原因

遊びと食事のけじめがつかない、こんな悩みをよく聞きます。
・毎日の食事の時間を決めましょう。
・体を動かしたりおやつを食べ過ぎないようにしたりして、おなかをすかせましょう。
・おもちゃやテレビが気にならない環境を工夫しましょう。

P179-03

焼きイモ会

「トイレ、イヤ」「靴下、イヤ」と、イヤイヤ絶頂期の子ども達も今日ばかりはイヤイヤ返上です。楽しみにしていた焼きイモ会です。「いいにおいがする」「早く行こー」と、保育者をせかします。「先生、シュッシュッ（手指消毒）して」「おイモ　くーだーさーい」と、見事な自主性。おいしい物の力ってすごいですね。

P179-04

P179-05

P179-06

P179-07

P179-08

P179-10

P179-11

P179-12

P179-09

P179-13

P179-14

179

厚着になっていませんか

朝の気温が急激に下がり、登園時の服装選びが難しくなっていますね。「風邪をひかないように」との心配から厚着をさせたい思いはよくわかりますが、子どもの日常は、薄着で十分。今の時期に薄着の習慣に慣れ、風邪や寒さに負けない健康な体作りをしていきましょう。

`P180-01`

風邪の流行り始め

インフルエンザの予防接種を受けるお子様が増えてきました。そろそろ風邪も流行りだすころです。風邪の予防の基本は何と言っても手洗い・うがい。そして、栄養たっぷりの食事と質のよい睡眠。ご家族みなさんで取り組みましょう。

`P180-02`

保湿をしっかりと！

乾燥肌のお子様が増えましたね。エアコンや化繊素材の衣服の影響でしょうか。乾燥肌をかきむしって傷をつけてしまうと、皮膚がトラブルを起こしてしまいます。そうなる前に、日ごろからケアを心がけましょう。朝晩の保湿で、乾燥の時期を快適に過ごせるようにしたいもの。市販の保湿クリームでも十分ですよ。

`P180-03`

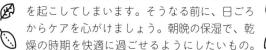

きれいにふけたかな？

園で排便した後は、ふいてあげることが多かったのですが、年中組への進級を前に自分でふけるように、お手伝いをしながら励ましているところです。きれいになっているかどうか不安がる子どももいますが、仕上げをしたり一緒に確認をしたりしながら、少しずつ自信をもたせていきたいと思っています。おうちでの様子もお知らせください。

`P180-04`

`P180-05`

`P180-06`

`P180-07`

`P180-08`

`P180-10`

`P180-11`

`P180-12`

`P180-13`

`P180-09`

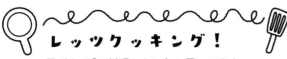

レッツクッキング！

子どもが「お料理したい」と言ってきたら、どのように答えますか？　いろいろ心配なこともあるかと思いますが、子どもの「やってみたい」の意欲を大事にしたいです。台所環境や年齢に合った道具などで、ほめたり自信をもたせるような声かけをしたりしながら、一緒に楽しく食事作りができると素敵ですね。

P181-01

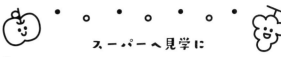

スーパーへ見学に

近くのスーパーにご協力をいただき、お店の見学をさせていただきました。スペースごとに野菜、果物、肉、魚、雑貨、お菓子など見て回りました。子ども達の多くはおうちの方と買い物をした経験があるようで、「こっちにね○○があるんだよ」「この○○おいしいんだよ」「お菓子はね1個までだよ」と、話していました。やはりお菓子のコーナーでは、目を輝かせていました。

P181-02

おやつのとり方

おやつの時間は、子どもにとってとても楽しみな時間です。3度の食事だけではとれない栄養を補う大事な役割もあります。市販のお菓子に偏ることなく、おにぎりや蒸しイモなど季節のものを取り入れるのもよいですね。また、夕飯に影響がないような量や時間帯を考えることも大切です。

P181-03

カミカミ、ゴックン

よくかんで食べていますか？　かたい物を食べていますか？　よくかむことで、こんないいことが！
・満腹中枢が刺激され、食べ過ぎを防いでくれます。
・唾液の分泌が促され、虫歯予防になるとともに、消化吸収を助け胃腸が元気に。
・口の周りの筋肉が鍛えられ、表情がよくなります。
・脳が元気に働き、記憶力や集中力が高まります。
・かたさや形・味などをとらえ味覚が育っていきます。

P181-04

P181-05

P181-06

P181-07

P181-08

P181-09

P181-10

P181-11A P181-11B

P181-12

12月 ひかりぐみ通信

〇年〇月〇日 〇〇〇〇園 12月のクラスだより

運動会の後、季節を楽しむように戸外遊びを満喫した子ども達。木の実や落ち葉、小枝やトンボ、風や空気や空や雲、子ども達を包むように秋が深まってきました。そして冬、これから始まる本格的な冬。「冬の遊びを楽しむ」と同時に「丈夫な体をつくる」そんな目標に向かって、楽しく過ごしましょう。

餅つきを行います

ご家庭で餅つきをする光景がなかなか見られなくなったこのごろ。園では伝統行事に触れる機会を大事にしたいという思いから、年末には子ども達と一緒に餅つきをします。杵や臼を使った餅つきは、園ならでは。鏡餅の意味などにも触れ、楽しんでいきたいと思います。

ありがとうございました！

先日は生活発表会にお越しいただき、ありがとうございました。合奏、ダンス、劇…どれも堂々と披露する子ども達の姿が印象的でした。発表会を通して、さらに一人ひとり自信がついたように感じます。

子ども達と園の掃除

年内、園で過ごす最後の日。みんなで大掃除をします。普段使っているおもちゃやロッカー、整理棚、道具箱などをピカピカに磨き上げます。なかなかぞうきんでお掃除をする経験が少ない子ども達は、ぞうきんを絞ることから苦戦すると思いますが、きれいにする気持ちよさや物に対する感謝の気持ちを育んでいきたいと思います。

 **12月の予定**

- ■12月〇日（△）クリスマス会
- ■12月〇日（△）餅つき大会
- ■12月〇日（△）お誕生日会
- ■12月〇日（△）大掃除

※年末年始は12月〇日（△）〜1月〇日（△）まで休園です。

◆お知らせ＆お願い◆

着替え袋を12月〇日（△）に持ち帰ります。中身を確認していただき、年明け1月〇日（△）に持たせてください。

 12月の歌

- ♪たきび
- ♪あわてんぼうのサンタクロース
- ♪あかはなのトナカイ
- ♪おもちゃのチャチャチャ

 **12月生まれのお友達**

- ささき ういかちゃん
- たち けんとくん
- まつだ るいくん

ほけん情報 ウイルス性胃腸炎 〜嘔吐の後処理について〜

冬場に流行するウイルス性胃腸炎はノロウイルスやロタウイルスによることが多いようです。二次感染予防のために、嘔吐物の処理には十分気を付けてください。

①換気をし、手袋、マスク、エプロンを着け、新聞紙などで嘔吐物をふき取る。
②次亜塩素酸ナトリウム（塩素系漂白剤）を薄めた消毒液で汚れた場所を再度ふく。
③使用した物すべてをポリ袋に入れ、消毒液をかけ入れてから密閉して捨てる。①
④最後に石けんでしっかり手を洗い、うがいをする。

P182-01
B4サイズ

ポイント
メモ帳型の図形に、12月の文字を入れたり、少し傾けたりするとアクセントになり、にぎやかな印象に。

ポイント
クリスマスやもちつきなど、12月にぴったりなイラストや飾り枠で、かわいいおたよりにしましょう。

ポイント
「12月」の飾り文字は、おたよりのタイトルまわりだけでなく、予定や誕生児の紹介にも使えます。

アドバイス
日ごろの何気ないやりとりも、乳児にとっては驚きがたくさん。微笑ましい日常の一コマの紹介は、保護者にも喜ばれます。

 **12月 あかねぐみ**

〇年〇月〇日 〇〇〇〇園 12月のクラスだより

何となく気忙しくなる12月、まさに師走ですね。毎年のことながら気持ちがソワソワしてしまいます。「年内にアレも、コレも」とつい考え、結局何も手につかないなんてことも。何はともあれ、健康が第一。みなさんが笑顔でよい年を迎えられますように。

今月の予定

- ■12月〇日（△）クリスマス会
- ■12月〇日（△）身体測定
- ■12月〇日（△）お誕生日会

上着について

散歩用の上着は、汚れたとき、ビニール袋に入れてロッカーのかばんの中に入れておきます。洗濯をお願いします。

びっくりマークがたくさん

先日の初雪にはびっくり。興味津々の子ども達と一緒にテラスに出てみました。降る雪を不思議そうに眺めては保育者と目をあわせて「！」ままごと用の茶碗にごはんのように入れてみると「！！」小さな雪だるまを作って見せると「！！！」初めて見る雪に、不思議がいっぱい。声にならない「ビックリ」を可愛い目が表現していました。

かむ力を育むために

自分の前歯でかじり、奥歯でかみつぶしてからのみ込む。何気ない一連の動きも小さいころの経験によることが多いのです。硬い物をみみつぶし、呑み込むタイミングも経験から身についていきます。冬根菜や昆布など、かみごたえのある食材を積極的に取り入れていきたいです。

お風呂あがりに 保湿ケア

空気が乾燥する季節。この時季には乾燥のために肌が白く粉をふいた状態になっているお子さんが多いです。一日に何度も手洗いをするため、手の甲も荒れてしまいます。手洗いの後は、しっかり水分をふき取ることがポイント。お風呂あがりに保湿クリームを塗り、ケアしてあげましょう。保湿タイム＝スキンシップタイムと楽しんで。

P182-02
A4サイズ

テンプレート／作成のコツ

にじぐみだより 12月

○年○月○日 ○○○○園
12月のクラスだより

日に日に寒さが厳しくなり、本格的な冬の訪れを感じます。あっという間に過ぎた8か月。子ども達一人ひとりの姿を振り返りながら、その成長をかみしめています。年が明けると進級間近、楽しい行事も盛りだくさん。残す3か月を有意義に過ごしていきたいと思います。今年も大変お世話になりました。来年もどうぞよろしくお願いいたします。よいお年をお迎えください。

12がつの予定

◆12月○日（△）クリスマスお楽しみ集会
◆12月○日（△）餅つき
◆12月○日（△）お誕生日会
◆12月○日（△）大掃除

12月の目標

●防寒着の着脱や手洗い、うがい、鼻かみなどを自ら進んで行い、健康に過ごす。
●クリスマス会や餅つきなど、年末年始の行事に興味や関心をもつ。

マスク着用にご協力を

インフルエンザや感染症流行の兆しがありますため、マスクの着用をお願いします。サイズが合わなかったり、つけ方が間違っていたりすると効果がありませんので、必ずお子ども用を準備し、鼻と口を覆うようにお子さんとつけ方の確認をしましょう。

P183-01
B4サイズ

ポイント
12月ならではの飾り枠に、おたよりのタイトルを入れて。月は丸い図形で囲んで目立たせます。

毎日こんなことをして過ごしています！

●集団遊びの楽しさに気づき、外での遊びはまず鬼ごっこから。もちろん保育者も参加します。鬼から逃げ続けヘトヘトになりますが、「もう一回やろう」と言われてしまいます。最後には「みんなで先生三人をつかまえる」という新バージョンへ。一斉に追いかけてきた子ども達は少々怖かったですが、簡単につかまるわけにはいかず、何とか三人とも逃げ切りました。日々体力をつけていく子ども達…いやいや、負けないように頑張ります。

一年を振り返って

今年も、最後の月になりました。進級したばかりの4月の様子を思いうかべながら、子ども達が自分のペースでたくましく成長してきたことを嬉しく思っています。何度失敗してもあきらめずに挑戦する姿には本当に感動しました。春になると、子ども達はまた一つ大きくなります。その日まで、「いまの学び」を大事にし、さらなる自信をつけていってほしいなと願います。新年もどうぞよろしくお願いします。

●「物を大切に」「丁寧な片付け」をテーマに子ども達と力を入れて取り組んでいます。部屋の中を見回すと…「ブロックが落ちてる」「絵本がさかさま」「人形がはだかんぼ」などなど子ども達からの気付きがありました。ではどうしたらいいのか。そんな話し合いからテーマが決まりました。おうちの方からも励ましを！

友達と協力し合ってできたツリー

クラスごとに、段ボールを使ってクリスマスツリーを製作しました。まずはツリーの形に切ることから。硬い段ボールをはさみで切るのは大変でしたが、友達と力を合わせてようやく切り終えました。次は大きな段ボールを立たせるために四苦八苦。積み木を支えにしてみると、上の方が倒れてしまう。芯を入れるために新聞紙で棒を作ったり、段ボールをつなぎ合わせたり、試行錯誤をくり返した末に見事なクリスマスツリーが完成。大きな紙を立たせるために、たくさん考えた経験は必ず次にいかされるでしょう。

アドバイス
日ごろのエピソードは、何本か集めて見出しをつけてコーナーのように紹介すると、読みごたえたっぷり！

アドバイス
一年の園生活を振り返って感じたことなど、保育者目線の感想を載せると、興味深く読んでもらえます。

12月の"クラスだより"作成のコツ

◆健康に関する呼びかけもしっかりと

冬ならではの感染症や健康に関する情報と共に、家庭での対処法も詳しく紹介。箇条書きにして紹介すると、分かりやすくなります。

◆行事の楽しさが伝わるイラストを使って

年末はクリスマスやもちつきなど、子ども達が大好きな行事が盛りだくさん。楽しさが伝わるようなイラストや飾り枠を使ってレイアウトしましょう。

◆製作の過程を詳しく紹介

クリスマスに向けたツリーなどの製作は、ただその事実だけを載せるのではなく、子ども達が試行錯誤する様子や、保育者が側で見て感じたことを紹介すると、成長を感じてもらうきっかけになります。

P184-01A P184-01B

P184-02A P184-02B

P184-03A P184-03B

P184-04A P184-04B

P184-05

P184-06

P184-07A P184-07B

P184-08A P184-08B

P184-09A P184-09B

あいさつ文例

P184-10　子ども達が成長していく姿

今年も、最後の月になりました。進級したばかりの4月の様子を思いうかべながら、子ども達が一人ひとりのペースでたくましく成長してくれたことを嬉しく思っています。何度失敗してもあきらめずに挑戦する姿には本当に感動しました。春になると、子ども達はまた一つ大きくなります。その日まで、「今の学び」を大事にし、さらなる自信をつけていってほしいなと願います。

P184-11　新年を気持ちよく迎えましょう

年末年始の休みがもうすぐ始まります。いつもお仕事で忙しいお父さん・お母さん、たまにはお寝坊もいいですね。ぜひ有意義にお過ごしください。楽しく過ごして…仕事始めの日が近づいてきたら…。さあ、お子様と一緒に切り替えをしましょう。「明日から新学期」、前日までには生活リズムを整えて、早めにお布団に入りたいものです。そして、新しい年を気持ちよくスタートさせましょう。

P184-12　宝探しならぬ…汚れ探し?

幼児クラスの子ども達がほうきやぞうきんを持って大掃除をする姿を見ると、年末が近いなと感じます。長い休みの前には、お部屋をきれいに掃除するのが習慣となり、その手付きはなかなかのものになってきました。宝探しをするかのごとく「汚れている場所探し」を楽しみながら、お部屋も心もきれいになりました。気持ちよく新年が迎えられそうです、ありがとう。

P184-13　クリスマスムード満点

クリスマスツリーが飾られると、園内の雰囲気がクリスマス一色になります。色とりどりに光る電飾は、子ども達にはとても魅力的にうつるようで、うっとりと見つめています。12月、誰もが忙しくなる時期ですが、子ども達と一緒にクリスマスの雰囲気に癒やされてください。

P184-14　昔ながらのもちつき

昔からお祝い事があるとおもちをついて食べてきました。最近では、もちつきをする様子を見ることが少なくなってきましたが、園では昔ながらの伝統行事に触れるため、もちつきを行います。おもちの感触やでき上がるまでの様子を子ども達に伝えていきたいと思います。

P184-15　よいお年を

日に日に寒さが厳しくなり、本格的な冬の訪れを感じます。あっという間に過ぎた8か月。子ども達一人ひとりの姿を振り返りながら、その成長をかみしめています。年が明けると進級間近、楽しい行事も盛りだくさん。残す3か月を有意義に過ごしていきたいと思います。今年もお世話になりました。来年もどうぞよろしくお願いします。

P185-01A P185-01B

P185-02A P185-02B

P185-03A P185-03B

P185-04A P185-04B

P185-05A P185-05B

P185-06A P185-06B

P185-07A P185-07B

P185-08A P185-08B

P185-09A P185-09B

P185-10

P185-11A P185-11B

P185-14

P185-12

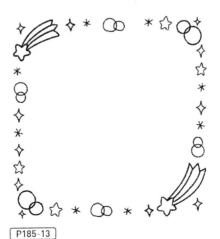

P185-13

P185-15

縦書き左側：

子どもの姿

P186-01 **3歳児**

集団遊びの楽しさに気付き、外での遊びはまず鬼ごっこから。もちろん保育者も参加します。鬼から逃げ続けヘトヘトになりますが、「もう一回やろう」と言われてしまいます。最後には「みんなで先生三人をつかまえる」という新バージョンへ。一斉に追いかけてきた子ども達は少々怖かったですが、簡単につかまるわけにはいかず、何とか三人とも逃げ切りました。日々体力をつけていく子ども達…いやいや、負けないように頑張ります。

P186-02 **5歳児**

秋の初旬から始まった「こま回し」。給食前のひと時、こま回しをして過ごすことが多くなりました。回せるようになるためには何度も失敗し、何度も何度も練習することが必要だと知っている子ども達。多くのアドバイスは必要とせず、ただくり返すのみ。ある時、急に回り始めたこまを見て、自分自身がびっくり。回せたときの気持ちよさ・喜びは、頑張った本人だけのもの。その姿に刺激を受けた友達が、こま回しに挑戦し始め、輪が広がってきています。

P186-03 **4歳児**

友達との遊びは毎日変化しています。昨日までは意見がぶつかり合い、なかなか遊びが決まらなかったのに、今日は「何鬼しようか？」「多数決で決めよう」「順番にやろっか！」と、覚えたばかりの言葉を使いながら進めています。友達と一緒に遊ぶと楽しいという経験が、折り合いのつけ方を教えてくれているようです。

P186-04 **子どもは風の子**

寒さに負けず、戸外遊びを満喫する子ども達。木の実や落ち葉、小枝、風や空気や空や雲、子ども達を包むように秋が深まってきました。そして始まる本格的な冬。「冬の遊びを楽しむ」と同時に「丈夫な体をつくる」そんな目標に向かって、楽しく過ごしましょう。

P186-05 **もうすぐ冬休み**

終業式が終わると、いよいよ冬休みです。子ども達は2学期の間に様々な経験をして、心も体もたくましくなりました。これから長い休みに入りますが、これまで身につけてきた生活習慣やこれまでの成長を見守り、支えていただければと思います。

P186-06 **物を大切にしよう**

先月後半から「物を大切に」「丁寧な片付け」をテーマに、子ども達と力を入れて取り組んでいます。お部屋のなかを見回すと…「レゴが落ちてる」「絵本がさかさま」「人形がはだかんぼ」などなど子ども達からの気付きがありました。ではどうしたらいいのか。そんな話し合いからテーマが決まりました。おうちの方からも励ましを！

P186-07

P186-08

P186-09

P186-10

P186-11

P186-12

P186-13

P186-14

P186-15

P186-16

子どもの紹介

P187-01　**3歳のうどん通**
うどん大好き○○くん。ままごと遊びをしていても「うどんをお願いします」と注文していました。好きな具は「かまぼこ」と「卵」。シンプルな味のよさがわかる○○くん、なかなかのうどん通ですね。

P187-02　**前回り、できた！**
鉄棒遊びが大好きな○○ちゃん。前回りができるようになると、くり返しくり返し取り組んでいました。お友達が逆上がりをするのを見て、「やりたい」と意欲を見せ、一生懸命に練習し、できるようになったときは、嬉しさで顔が輝いていましたね。

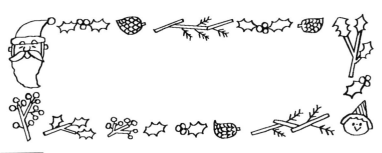
P187-03

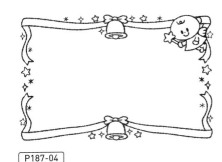
P187-04

タマネギをむくと涙が出るの？
『ちいさな　たまねぎさん』の絵本を読み終えると、「ぼくも涙が出るかな？」と、早速タマネギむきに挑戦。まずは観察。ヒゲが生えていたり、皮をむくと色が変わったりすることに気付きます。「茶色だったのに黄色になった」と、大盛り上がり。肝心の涙は… なぜか保育者だけが涙ポロポロでした。

P187-05

友達と協力し合ってできたツリー
段ボールを使ってクリスマスツリーを製作しました。まずはツリーの形に切ることから。段ボールをはさみで切るのは大変でしたが、友達と力を合わせてようやく切り終えました。次は大きな段ボールを立たせるために四苦八苦。積み木を支えにしてみると、上の方が倒れてしまう。芯を入れるために新聞紙で棒を作ったり、段ボールをつなぎ合わせたりして、ようやく完成しました。たくさん考えた経験は必ず次にいかされるでしょう。
P187-06

P187-07

P187-08

P187-09

P187-10

文例〈子どもの紹介・絵本・製作　など〉／イラスト〈絵本・製作　など〉

クリスマス発表会

今年のクリスマス発表会は、幼児クラス全員で劇に挑戦します。異年齢での役割分担を意識し、一緒に取り組めるようにしてきました。劇の後は、みんなで合唱です。年長組のお兄さんお姉さんは、楽器演奏も披露してくれます。年齢ごとの成長にもご注目ください。

P188-01

サンタさんはお見通し

サンタさんからのプレゼントとして、みんなが園で遊べるような玩具を持ってきてくれました。遊戯室でお楽しみ会をしている間にこっそりとお部屋に来て、置いていってくれたようです。大きな包みを見た子ども達は、大喜び。「これほしかったんだよねー」と言いながら、友達と遊び始めました。子ども達の気持ちやほしい物はちゃんとわかっているサンタさんでした。

P188-02

幸せを運ぶモミの木

モミの木は常緑樹と言い、葉を落とさないことから、「永遠の命の象徴」とされています。また、小人が住むという逸話もあり、「幸せを運ぶ木」とするところもあるようです。幸せの象徴であるモミの木に、もうすぐ子ども達が手作りのオーナメントを飾ります。楽しみにしていてください。

P188-03

P188-04A P188-04B

P188-05

P188-06

P188-07

P188-08

P188-09

P188-10

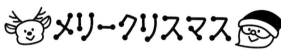

P188-11

P188-12

P188-13

P188-14

大掃除で運を呼び込む!?

大掃除の初まりは「すすはらい」という神様にまつわる行事から。本来は12月13日ですが、今では学校やお仕事がお休みになった年末に家族みんなで行うのが一般的なようです。大掃除をすると、ストレスが解消されたり、試験に合格できたりするという説もあります。すっきりと片付いた部屋での勉強は効率が上がるという考えからでしょう。ご家族みんなで大掃除をして、歳神様を迎えて幸運を呼び込みましょう。

P189-01

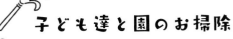

子ども達と園のお掃除

年内、園で過ごす最後の日。みんなで大掃除をします。普段使っているおもちゃやロッカー、整理棚などをピカピカにみがき上げます。ぞうきんで掃除をする経験が少ない子ども達は。ぞうきんを絞ることから苦戦すると思いますが、きれいにする気持ちよさや物に対する感謝の気持ちを育んでいきたいと思います。

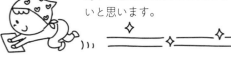

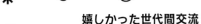

P189-02

もちつきを行います

ご家庭でもちつきをする光景がなかなか見られなくなったこの頃。園では伝統行事に触れる機会を大事にしたいという思いから、年末には子ども達と一緒に、もちつきをします。杵や臼を使ったもちつきは、なかなかできない体験。鏡もちの意味などにも触れながら、楽しんでいきたいと思います。

P189-03

嬉しかった世代間交流

地域のおじいちゃんおばあちゃんを招いて、一緒に遊びました。おじいちゃんおばあちゃんを「○○くん」「○○ちゃん」と呼び、オセロやカルタなどをしました。後半は、クリスマスのオーナメント作り。手先が器用なおばあちゃんの手を借りたり、「物が見えづらい」というおじいちゃんを手伝ったり、自然な関わりがもてる子ども達の力に感動しました。

P189-04

P189-05

P189-06

P189-07

P189-08

P189-09

P189-10

イラスト　〈12月のイメージ　など〉

P190-01

P190-02

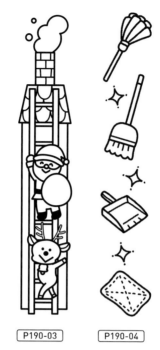

P190-03　　P190-04

P190-05

P190-06

P190-07

P190-08

P190-09

P190-10

P190-11

P190-12

P190-13

P190-14

P190-15

P190-16

P190-17

文例／イラスト〈冬至・年末年始　など〉

冬至の楽しみ、カボチャ

冬至に夏野菜であるカボチャを食べるのには訳が…。カボチャは収穫した後寝かせた方がよりおいしくなり、栄養分も増えるのです。また、体を温め免疫力を高める働きがあるといわれています。冬本番に向けて、ぜひ食べたい食材ですね。

P191-01

冬至ってどんな日？

夏至に対して、一年で一番昼が短く夜が長い日が冬至です。そして春分と秋分は、一日の夜と昼の長さがほぼ同じ日。二至二分（にしにぶん）というのだそうです。冬至を境に徐々に昼の時間が長くなり、春に近付いていくことになります。しかし、まだまだ冬の厳しさはこれからです。

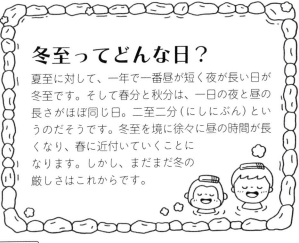

P191-02

大みそかの過ごし方

12月31日、大みそかの夜にちょっと提案…。今年の重大ニュースや来年の抱負、家族一人ひとり良いところ・好きなところを発表するのはどうでしょう。来年挑戦したい事、やりたい事などを口に出してみるのもいいですね。「言霊（ことだま）」の力を信じて。素敵な年越しを！

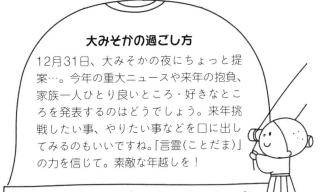

P191-03

来年、元気に会いましょう！

何となく気忙しくなる12月、まさに師走ですね。毎年の事ながら気持ちがソワソワしてしまいます。「年内にアレも、コレも」とつい考え、結局何も手につかないなんてことも。何はともあれ、健康が第一。みなさんが笑顔でよい年を迎えられますように。

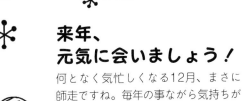

P191-04

P191-05

P191-06

P191-07

P191-08

P191-09

P191-10

P191-11

P191-12

P191-13

191

12月
文例／イラスト〈年賀状・新年　など〉

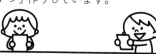

園から年賀状を送ります

近ごろは、年賀状を送る方が減ってきたといわれます。一年の初めのあいさつや旧年中のお礼、また久しい方には近況報告などをする風情のある習慣です。園からは、保護者とお子様のお名前宛で出させていただきます。干支や季節を感じていただけるような物を一枚ずつ手作りしています。

P192-01

新年を迎えるにあたって

「お正月が来る前に…」。新年を迎えるための準備は家庭や地域ごとに違うもの。それぞれの習慣で大掃除をしたり、おせちを準備したり、おもちをついたりするようです。家族がみんな揃うお正月、すがすがしい気持ちでお迎えしたいですね。

P192-02

P192-03

P192-04

P192-05

P192-06

P192-07

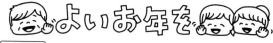

一年を振り返って
P192-08

よいお年を
P192-09

P192-10

P192-11

P192-12

P192-13

P192-14

P192-15

P192-16

P192-17

P192-18

P192-19

P192-20

P192-21

〈乳児〉 子どもの姿

[P193-01] **2歳児**

白い息を吐きながら、ほっぺを真っ赤にして戸外遊び
を楽しんでいます。かくれんぼをすると、鬼から逃げ
るドキドキ、ぞろぞろと保育者の後ろに回り込みかく
れるドキドキ、「鬼来るかな」「見つかっちゃう」とま
たドキドキ。息をひそめながら、見つかるまで我慢で
きず「ここだよー」と出てきてしまうのも2歳児なら
では。かわいいかくれんぼが続きます。

[P193-02] **お化粧してあげる！**

お化粧ごっこに興味が出てきた子ども達。お化粧の道
具を手に持ち、にこにこしているA子ちゃんに「お化
粧してくださーい」と言うと「はーい！どれがいいで
すか」「ちょっと待っててくださいね」と言いながら、
あれやこれや化粧をしてくれました。「できた！」と
自信満々なA子ちゃん。「どう、かわいくできました
か？」と言うと、「鬼みたい！」とまさかの返事が返っ
てきました。

[P193-03] **0歳児**

先日の初雪にはビックリ。興味津々の子ども達と一緒にテラスに出てみ
ました。降る雪を不思議そうに眺めては保育者と目を合わせ「！」。ま
まごと用の茶碗にご飯のように入れてみると「！！」。小さな雪だるまを
作って見せるとつついてゴロン「！！！」。初めて見る雪に、不思議がいっ
ぱい。声にならない「ビックリ」をかわいい目で表現していました。

[P193-04] **1歳児**

おやつのにぼしが苦手なAくん。ある日、Aくんがにぼしを手に取り、
頭をちぎりました。これで、魚と目が合うこともありません。でも食
べません。また別の日、にぼしの頭を取ってじーっとにらんでいます。
にぼしとの戦いはまだ続きそうです。いつか食べられますように。

[P193-05] **初めてのクリスマス**

初めて見たクリスマスツリーに、「きらきら」と言いながら思わず手が
伸びていました。泣きながら登園した子どもも「きらきら」を見ると、
不思議と泣き止むのです。

[P193-06] **冬至の日の出来事**

冬至の日の給食時間、「冬至の日に食べると風邪をひかない物を、入れ
てくれてるね」と話していると、「これが冬至？」と、お椀を指さす子ど
も。奇しくも今日は豚汁の日、「トウジとトンジル！」の言葉遊びの
発見に大笑いの給食時間でした。

P193-07　P193-08　P193-09　P193-10　P193-11
P193-13
P193-12　P193-14
P193-17　P193-18　P193-19　P193-20　P193-15　P193-16

193

〈乳児〉イラスト〈12月のイメージ　など〉

P194-01

P194-02

P194-03

P194-04

P194-05

P194-06

P194-07

P194-08

P194-11

P194-12

P194-09

P194-10

P194-13

P194-14

来年もよろしくおねがいします

P194-15

〈乳児〉 文例／イラスト〈保健・食育　など〉

ガラガラうがいで風邪予防

気温が下がり湿度が低くなると、インフルエンザや胃腸炎のウイルスが活発になってきます。手や口から体内に入ることが多いため、感染予防には手洗い・うがいが最も効果的です。お子様の年齢に関係なく、ガラガラうがいができるようになったら生活習慣として、ご家族みなさんで行っていきましょう。

P195-01

保湿ケア

空気が乾燥する季節。この時季には乾燥のために肌が白く粉をふいた状態になっているお子様が多いです。一日に何度も手洗いをするため、手の甲も荒れてしまいます。手洗い後は、しっかり水分をふき取ることがポイント。お風呂上りに保湿クリームを塗り、ケアしてあげましょう。保湿タイム＝スキンシップタイムと楽しんで。

P195-02

離乳食にも便利なカボチャ

冬のカボチャは、体を温め免疫力を高めるなど、栄養たっぷりの食材です。ゆでたカボチャをつぶし、片栗粉をまぜ、さっと焼くとカボチャだんごになります。ゆでたホウレンソウを入れたりするのもいいですね。手で持って食べられるように成形すると、食への意欲も高まります。

P195-03

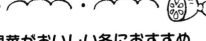

根菜がおいしい冬におすすめ

自分の前歯でかじり、奥歯でかみつぶしてから飲み込む。何気ない一連の動きも小さいころの経験によることが多いのです。かたい物をかみつぶし、飲み込むタイミングも経験から身についていきます。かみ応えのある食材を積極的に取り入れていきましょう。

P195-04

P195-05

P195-06

P195-07

P195-08

P195-10

P195-11

P195-12

P195-09

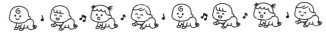

P195 13

P195-14

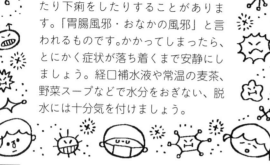

嘔吐を伴う風邪について

寒くなってくると、子どもが急に吐いたり下痢をしたりすることがあります。「胃腸風邪・おなかの風邪」と言われるものです。かかってしまったら、とにかく症状が落ち着くまで安静にしましょう。経口補水液や常温の麦茶、野菜スープなどで水分をおぎない、脱水には十分気を付けましょう。

P196-01

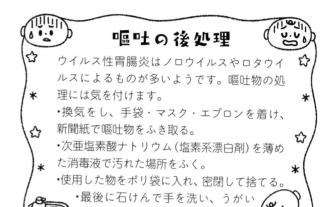

嘔吐の後処理

ウイルス性胃腸炎はノロウイルスやロタウイルスによるものが多いようです。嘔吐物の処理には気を付けます。
・換気をし、手袋・マスク・エプロンを着け、新聞紙で嘔吐物をふき取る。
・次亜塩素酸ナトリウム（塩素系漂白剤）を薄めた消毒液で汚れた場所をふく。
・使用した物をポリ袋に入れ、密閉して捨てる。
・最後に石けんで手を洗い、うがいをする。

P196-02

インフルエンザ流行の兆し

「インフルエンザでお休みします」との連絡が入ってきます。急な発熱や咳、頭痛や嘔吐など、風邪に似た症状で早退するお子様も多くなり、インフルエンザの流行とみてよいでしょう。お子様の健康状態をしっかり観察し、心配な場合は早めの受診をお願いします。また、インフルエンザの診断が出ましたら園にも必ずご連絡をお願いします。

P196-03

幼児クラスはマスク着用にご協力を

インフルエンザや感染症流行の兆しがあるため、3・4・5歳児クラスのお子様は、マスクの着用をお願いします。サイズが合わなかったり、つけ方が間違っていたりすると効果がありませんので、必ず子ども用マスクを準備し、鼻と口を覆うようにお子様とつけ方の確認をしましょう。

P196-04

P196-05

P196-06

P196-07

P196-08

P196-09

P196-10

P196-11

P196-12

P196-13

冬至はユズでポッカポカ

ユズには、血の巡りをよくして体を温める働きがあり、風邪の予防にも効果的です。そのままお風呂に浮かべても、半分に切って浮かべてもよし。冬至の日にはゆっくりユズ湯につかって、心も体もリラックス。そして、体をしっかり温めていきましょう。

P197-01

鏡もちの飾り付け

新年を迎える準備で、鏡もちの飾り付けをしました。毎年見ている子ども達がお手伝いをしてくれました。一つひとつの飾りに名前があり、飾る理由があることを知らせると、「そうなんだ」と、聞いていました。一年に一度の鏡もち。それでも子どもたちの記憶にはしっかりと残っています。

P197-02

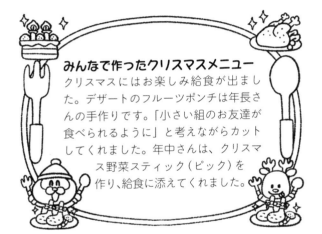

みんなで作ったクリスマスメニュー

クリスマスにはお楽しみ給食が出ました。デザートのフルーツポンチは年長さんの手作りです。「小さい組のお友達が食べられるように」と考えながらカットしてくれました。年中さんは、クリスマス野菜スティック（ピック）を作り、給食に添えてくれました。

P197-03

年越しそばの由来

そばは、長くのばしてから細く切って作ります。細く長いその様子から「健康長寿」の縁起を担ぎ、大みそかに食べるようになったのが年越しそばの始まりと言われます。薬味のネギには一年の労を「ねぎらう」という意味があるそうです。

P197-04

P197-05

P197-06

P197-07

P197-08

P197-09

P197-10

P197-11

P197-12A P197-12B

はつらつ まつぐみ 1月

〇年〇月〇日 〇〇〇〇園 1月のクラスだより

新年あけましておめでとうございます

年末年始の休みは、いかがお過ごしでしたでしょうか？普段会えない人に会ったり、なかなか行けないところに行ったり、珍しい物を食べたり…。お正月って、やっぱり特別感がありますよね。年が明けて、元気な子ども達の声が響く園はやはりよいですね。本年もよろしくお願いします。

1月の予定

■1月〇日（△）新年お楽しみ会
■1月〇日（△）会食スタート
■1月〇日（△）身体測定
■1月〇日（△）お誕生日会

1月のうた

♪ゆき
♪きたかぜこぞうのかんたろう
♪じゅうにしのうた

早起きから始めよう

日中、あくびをする子どもが目立ちます。長い休みで、就寝の時間が遅くなってしまったのかもしれません。夜更かしの習慣を改善するなら、「早寝、早起き」ではなく「早起き、早寝」がいいですよ。何日か、早起きにチャレンジしてみてください。自然に就寝時間も早くなると思いますよ。

園長室での会食

今月から、園長室での会食が始まります。二名ずつが園長先生と一緒に給食を食べるのです。食事の姿勢やマナーにも気をつけなければいけません。「わー楽しみ」「緊張するなー」「こぼさないようにできるかな」と、その日が来るのを楽しみにしています。食育の集大成として、個々に意義深いひとときになればと思っています。

> 緊張？ 楽しみ？

5歳児クラスから学ぶこと

5歳児クラスさんと過ごすのもあと3か月。まつ組さんは、「もっと足が速くなりたい」「じょうずにこまを回したい」「一緒にパラバルーンやりたい」「クッキングやりたい」と、5歳児クラスさんから学ぶべく、一緒の時間を過ごしています。先日は、絵本の借り方を教えてもらいました。今は、ともに遊ぶ時間を心から楽しんでほしいと思います。

＊＊＊お願い＊＊＊

来月から、全員揃った日にクラス写真を撮りたいと思います。園児服に名札を付けてお持ちください。よろしくお願いします。

じゃんけんで解決だ！

子どもの遊びには、じゃんけんがつきもの。順番を決めるときも、友達との譲れない場面になったときも、じゃんけんは平等に解決してくれるはず。泣いて我を通そうとしていた子どもからも「じゃあ、じゃんけんしよ」という提案がよく聞かれるようになりました。どんな結果になろうとじゃんけんで決めたことは絶対。涙をのまなければいけないこともあります。こうして社会性が育っていきます。

『こんとあき』

子ども達の大好きな絵本です。何度読んでもお話のなかに引き込まれてしまいます。あきがこんのことを大事に思う気持ち、こんがあきを守ろうとする気持ちが子ども達にも伝わります。そして、二人でおばあちゃんに会いに行くドキドキ旅にも感情を移入して、お話の終わりには何とも言えない安堵の表情を見せていました。

P198-01
B4サイズ

アドバイス

年末年始の長いお休みで、生活リズムが崩れがちな家庭も多いもの。早寝早起きを促す呼びかけも忘れずに。

アドバイス

子ども達に人気の絵本の紹介は、家庭でも読むきっかけや会話のきっかけになります。

ポイント

おたよりのタイトルを囲みのラインの中に入れると、全体的にまとまりのある印象になります。

アドバイス

氷や霜柱など、冬ならではの自然物への興味や好奇心について取り上げて紹介しましょう。

しんめちゃん通信

〇年〇月〇日 〇〇〇〇園 1月のクラスだより

久しぶりに登園した子ども達。休み中、大好きなお父さんやお母さん、おじいちゃんやおばあちゃんとゆっくり過ごせたのでしょう、みんな笑顔でスタートできました。いつものように遊んでいると、部屋のあちらこちらでおしゃべりする声が聞こえてきます。「あれ、こんなにお話じょうずだったかな…？」と、休み中の成長に驚き感動しました。今年もどうぞよろしくお願いします。

1月の予定

■1月〇日（△）防災訓練
■1月〇日（△）身体測定
■1月〇日（△）お誕生日会

1月のねらい

◆手を添えて保育者と一緒に石けんをつけて、手をこすって洗う。

1月生まれのお友達

◆てらうち かえでくん

綿毛布のご用意をお願いします

本格的に寒くなってきましたので、綿毛布か、薄手の毛布のご用意をお願いします。寝覚めのときに、バスタオルの上からかけて使用します。尚、大きくはっきりと記名をお願いします。

冬の散歩は発見がいっぱい！

散歩に行くと、水たまりの氷や霜柱を見付けることが多くなりました。霜柱を手に取って、「チクチクしてるねー」と感触を楽しんでいました。保育者が霜柱を集めてかき氷やさんを始めると、「こっちもかき氷やさんでーす」とどんどん増え、いつの間にかお客さんはいなくなってしまいました。

注意！ 溶連菌が流行っています

寒い時期になると、溶連菌感染症にかかるお子さんが増えてきます。突然高熱が出て、風邪のような症状と似ていますが、数日たって熱やのどの痛みが治まらないときは溶連菌を疑いましょう。医師から処方された薬を服用し、症状が回復したとしても途中で薬をやめることは厳禁です。再発したり、より重症化したりすることがあります。注意しましょう。

P198-02
A4サイズ

こあらぐみだより

○年○月○日 ○○○○園 1月のクラスだより

朝晩の冷え込みがぐんと厳しくなり、いよいよ冬本番という感じになりました。登園時の寒さが、身に応えますね。日中には気温も上がり始め、元気に走り回る子ども達の姿が見られます。園庭に出る前は、「寒そう…」と言いながらジャンパーを着るのですが、動き出すと「暑いよ」「ジャンパー脱ごう」という状態です。たくさん動いて、体の中から温める。風邪をひかない丈夫な体づくりの秘訣ですね。

全力疾走の凧揚げ

手作りの凧を持って公園に出かけて行った日のこと。本来、風に乗ってあがる凧ですが、子ども達の凧は風なんてお構いなし。とにかく走る。一生懸命に走ると空気を含んだビニール袋凧が、ふわりと浮かびます。「揚がった、揚がった」と手ごたえを感じ、また走ります。凧揚げの日は、体もポカポカになります。

ガラガラうがいに挑戦

効果的なうがいはブクブクうがい＋ガラガラうがいです。まずブクブクうがいをして口の中をきれいにします。次にのどの奥の方の菌まで水が届くように、上を向いてガラガラをして、吐き出します。これを三回くり返しましょう。

雪、雪、雪の銀世界！

道路も園庭も公園も真っ白になった朝。雪を見てテンション上々の子ども達が次々登園してきました。9時30分には○○○組の子ども達が雪遊びスタート。その後次々に園庭に出てきて、嬉々として遊んでいました。「数年に一度の大雪！ 遊ばにゃソンソン」ですね。

1月の予定

◆ 1月○日（△）伝承遊び
◆ 1月○日（△）避難訓練
◆ 1月○日（△）体操教室
◆ 1月○日（△）お誕生日会

1月生まれのお友達

★ あいかわ ひまりちゃん
★ きざき みいなちゃん
★ たちもと しりゅうくん

懇談会のお知らせ
2月○日（△）○時～○時

上記の日程で懇談会を行います。一年間の子ども達の成長を保護者の方々と共有できる場となればと思います。お忙しいとは思いますが、ぜひご参加ください。

1月の歌

♪こんこんくしゃんのうた
♪ゆきのべんきやさん
♪おすもうくまちゃん

ご報告

担任の○○○○○が1月○日（△）をもって、産休に入らせていただきます。代わりに、主任の○○○○が入ります。よろしくお願いします。

＼作品展／
子ども達の宇宙を楽しみにしてください

作品展のテーマは「宇宙」。6月のプラネタリウム見学がきっかけとなり、宇宙に興味をもち始めた子ども達の様子からテーマが決まりました。折りに触れ、星や空に関する絵を描いたり作品を作ったりしてきました。一年間の成長も見ていただけると思います。どうぞお楽しみに。

P199-01
B4サイズ

●ポイント

凧揚げなど、お正月の遊びに親しむ姿は、写真がある場合は掲載するとよいでしょう。より伝わりやすくなります。

アドバイス

産休などで担任が代わる場合は、保護者も把握しておきたいはず。知らない間にお休みに入っていた、ということがないように、きちんとお知らせしましょう。

アドバイス

作品展など準備期間が長い行事は、様々なエピソードが生まれやすいもの。積極的に取り上げて紹介しましょう。

1月の"クラスだより"作成のコツ

◆新年の挨拶はしっかりと

年が明け、新しい一年がスタートする1月。書き出しは、改めて新年の挨拶を伝えるとともに、伝承遊びなどこの時期ならではの内容を盛り込みます。

◆タイトルのひと工夫で楽しい紙面に

袋文字にしたり、傾けたり、月を飾り枠に入れたりして、タイトルまわりにひと工夫するだけで、読むのが楽しくなるおたよりになります。

◆冬でも元気な子ども達の姿を伝える

1月の寒い時期でも、屋外で元気に体を動かして遊ぶ子ども達。その様子を具体的に紹介しながら、その大切さについても伝えましょう。一方で、室内遊びの様子を伝えると、いろいろな子どもの姿が見られて楽しめます。

P200-01A P200-01B

P200-02

P200-03A P200-03B

P200-04A P200-04B

P200-05A P200-05B

P200-06A P200-06B

P200-07A P200-07B

P200-08A P200-08B

P200-09

あいさつ文例

P200-10 新年のごあいさつ

新年あけましておめでとうございます。園生活のなかで最も長いお休みになりました。家族みんなで除夜の鐘を聞いたり、少し早起きをして初詣に行ったり、初日の出を見たり、お正月ならではの経験をたっぷりしたのではないでしょうか。何より、健康で新年を迎えられたことに感謝ですね。ちょっぴり崩れた生活リズムは、これからゆっくり整えていきましょう。

P200-11 寒さもいよいよ本番です

朝晩の冷え込みが厳しくなり、いよいよ冬本番という感じになりました。登園時の寒さが、身にこたえますね。日中には気温も上がり、元気に走り回る子ども達の姿が見られます。園庭に出る前は、「寒そう…」と言いながらジャンパーを着るのですが、動き出すと「暑いよ」「ジャンパー脱ごう」という状態です。たくさん動いて、体の中から温めることが風邪をひかない丈夫な体づくりの秘訣ですね。

P200-12 年明けから元気な子ども達

年末年始、いかがお過ごしでしたでしょうか？　ふだん会えない人に会ったり、なかなか行けない所に行ったり、珍しい物を食べたり…。お正月って、特別感がありますよね。年が明けて、子ども達の声が響く園は、やはりいいですね。本年もよろしくお願いします。

P200-13 新年度に向けて

今年度も残すところ3か月となりました。4月以降、一人ひとりが学び、もてる力を発揮しながら過ごしてきました。1・2・3月には、進級に向けた取り組みが多くなってくると思います。保護者の皆様もご協力をよろしくお願いします。

P200-14 子ども達からのごあいさつ

登園時、「おめでとうございます」「今年もよろしくお願いします」の言葉と一緒にぴょこっと頭を下げてくれる子ども達。ちょっぴり照れたように、でもしっかりあいさつをしてくれました。「今年も、頑張ろう」、そんな気持ちにさせてくれる朝の風景でした。

P200-15 廊下から春の訪れ

「もち花」や「まゆ玉」という名前で知られるお正月飾り。今年は年長組の子ども達と一緒に作りました。しだれ柳の枝に色とりどりのもち花をつけていくと、きれいな花が咲いたよう。壊れやすいもち花を優しく手に取り、しっかりとつける手付きはやはり年長でした。廊下に飾ると、一足早い春が来たみたいです。

P201-01A P201-01B

P201-02A P201-02B

P201-03

P201-04A P201-04B

P201-05A P201-05B

P201-06A P201-06B

P201-07

P201-08A P201-08B

P201-09A P201-09B

P201-10A P201-10B

P201-11

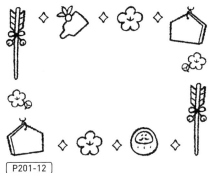

P201-12

P201-13A P201-13B

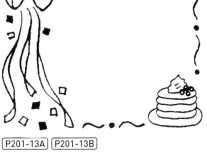

P201-14

P201-15

1月

文例〈子どもの姿（3・4・5歳児）など〉
イラスト〈1月のイメージ　など〉

03_class ▶ 01gatsu ▶ P202

子どもの姿

P202-01　**4歳児**
積み木を組んで、建物を作ろうとしていたS君。1段目を終えて2段目に取り掛かろうとしたとき、近くを通った友達がぶつかってしまい、積み木は崩れてしまいました。これまでのS君なら友達に対して怒りをぶつけているところですが、黙々と作り直しを始めたのです。なかなかうまく作れず「んーもぅ、どうしてぇー（泣）」と言いながら格闘する時間が続きます。自分と戦い、乗り越えていく姿を見せてくれました。

P202-02　**5歳児**
新年も絶好調でスタートした○○組。年末年始のお休み中の出来事を、「次はぼく、次私」と、話してくれます。そのキラキラした瞳は、それぞれがおうちの人たちと充実した時間を過ごせたことを物語っていました。年明けの初日には、欠席もなく全員そろったことをことのほか喜んでいました。園生活もあと3か月。これからその団結力にみがきをかけ、有意義に過ごしていきたいと思います。

P202-03　**3歳児**
散歩の途中にあるイチョウの木、特徴的な葉っぱの形が人気で、すぐに名前を覚えました。緑から黄緑へ、さらに黄色に変わり、とうとう全部の葉が落ちてしまいました。それを見た子どもが「…冬になったんだよ」と一言。冬の寂しさをみんなで感じた気がしました。

P202-04　**文字や数字への興味**
オセロやカルタ、トランプなどの机上遊びがとても盛んになってきました。ルールを理解して、勝った嬉しさや負けた悔しさも味わえるようになりました。椅子に座って一定時間集中する力、ルールを理解して遊ぶ力、子ども達の成長が感じられます。

P202-05　**なわとびに挑戦！**
年末からなわとびをしてきました。最初は誰にとっても難しいもの。なかなか跳べないため「やりたくないな」という子どももいましたが、コツコツと練習するうちに1回、2回…5回、10回と跳べるように。頑張ればできる！　その輪が広がっています。

P202-06　**ドロケイに見る子どもの成長**
冬の寒さをものともせず、園庭に飛び出しドロケイを始める子ども達。ドロケイは協調性が養われる遊びの一つです。これまでは逃げたり捕まえたりを楽しんでいましたが、「はさみうちしてどろぼうを捕まえる」「おとりになって仲間を助ける」など巧妙な作戦を練ることでより楽しくなっています。仲間を信じ、ドロケイ遊びの面白さ・醍醐味を満喫中です。

P202-07　P202-08　P202-09　P202-10　P202-11　P202-12　P202-13　P202-14

ことしのもくひょう
P202-15A　P202-15B　P202-16

202

子どもの紹介

P203-01 見習いたいSちゃんの「ありがとう」

どんな小さなことにでも「ありがとう」と言えるSちゃん。相手が誰であっても「○○してくれた」と感じたら「ありがとう」の言葉が素直に出てきます。困っている友達に対しても自然に手を差し伸べられる、優しい女の子です。

P203-02 Nくん得意の耳たぶ触り

耳たぶが大好きなNくん。ときどき、保育者の耳たぶを背中の方からそっと触りに来るので、「Nくんの耳たぶも触りたいな」と言うと、「くすぐったいからやだー」と逃げてしまいます。甘えじょうずなNくんです。

P203-03

P203-04

『こんとあき』

子ども達の大好きな絵本です。何度読んでもお話のなかに引き込まれてしまいます。あきがこんのことを大事に思う気持ち、こんがあきを守ろうとする気持ちが子ども達にも伝わります。そして、二人でおばあちゃんに会いに行くドキドキする旅にも感情を移入して、お話の終わりには何とも言えない安堵の表情を見せていました。

P203-05

P203-06

保育室が水族館に！

お休み中に水族館に出かけた子どもの影響を受け、水族館作りが始まりました。空き箱やトレーを使って、魚・クラゲ・イルカなどを作っていきました。ブルーのポリ袋で水槽を表現し、魚を泳がせます。受付やお土産やさんも登場。ごっこ遊びに必要な物を次々に作り出す力を見せていました。

P203-07

P203-08

P203-09

P203-10

全力疾走の凧揚げ

手に手作りの凧を持って公園に出かけていきます。本来は風に乗って揚がる凧ですが、子ども達の凧は風なんてお構いなし。とにかく走る。一生懸命に走ると空気を含んだビニール袋凧が、ふわりと浮かびます。「揚がった、揚がった」と手ごたえを感じ、また走ります。凧揚げの日は、体がポカポカになります。

P204-01

ちょっと照れちゃうお休み明け

長い休み明け、友達に会うのが○日ぶりという子どももいました。久しぶりの再会で「おはよう」のあいさつも照れくさそうに済ませていましたが、好きなコーナーに向かうとすぐにいつもの様子で遊び始めていました。遊びながらお休み中の事をあれこれ話し、共通の話題を見付けては、盛り上がっていました。

P204-02

楽しみな初夢

休み明け、「初夢見た？」と子ども達に尋ねてみました。「初夢って何？」と聞き返され、「お正月に見た夢のことだよ」と答えましたが、子ども達は果たして夢を覚えているのかな？　多くの子どもが「見てない、わかんない」と言います。記憶に残るという意味での初夢、素敵な夢だといいですね。

P204-03

大熱戦のなわとび大会

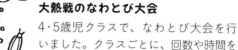

4・5歳児クラスで、なわとび大会を行いました。クラスごとに、回数や時間を競います。一生懸命練習して、優勝者の表彰台をねらう子ども達。なかには自分の力の限界まで見せてくれた子や、自信満々で挑むも負けてしまった子もいました。勝ち負けだけではない、心の育ちを見せてくれた大会でした。

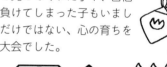

P204-04

P204-05 **こまのカップル**

こま遊びが流行中。男の子のこまと女の子のこまが仲良く隣同士並んで回っていると、「この子達、仲良しだね！」「付き合っているみたい！」なんてことを言っていました。おませでかわいらしい一コマでした。

P204-06 **冬こそ水分補給**

冬は夏のように汗をかくことがないため、体内の水分が減っていく感覚はありませんよね。ですが、空気が乾燥しているため、水分をしっかりとらないと、風邪をひきやすくなったり、乾燥肌や便秘気味になったり、体温調節機能が働かなくなることもあります。じょうずに水分をとって、水分不足による体調不良を防いでいきましょう。

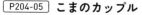

P204-07

P204-08

P204-09

P205-01

P205-02

P205-03

P205-04

P205-05

P205-06

P205-07

P205-08

P205-09

P205-12

P205-13

P205-10

P205-11

P205-14

P205-15

P205-16

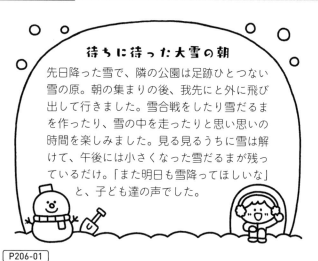

待ちに待った大雪の朝

先日降った雪で、隣の公園は足跡ひとつない雪の原。朝の集まりの後、我先にと外に飛び出して行きました。雪合戦をしたり雪だるまを作ったり、雪の中を走ったりと思い思いの時間を楽しみました。見る見るうちに雪は解けて、午後には小さくなった雪だるまが残っているだけ。「また明日も雪降ってほしいな」と、子ども達の声でした。

P206-01

春を待つ植物達

まだまだ寒いなーと思いながらお散歩に行く途中、公園で素敵な発見をしました。桜の木をふと見上げると、小さな小さな芽が出ていたのです。ギュッと閉じたその姿を見て、厳しい寒さに耐えながら春を待つ自然の強さを感じました。他にも梅の木やタンポポもつぼみがスタンバイ。暖かい日差しが待ち遠しいのは、わたし達と同じですね。

P206-02

年長組さんから学ぶこと

年長組さんと過ごすのもあと3か月。年中組さんは、「もっと足が速くなりたい」「じょうずにこまを回したい」「一緒にパラバルーンやりたい」「クッキングやりたい」と、年長組さんから学ぶべく、一緒の時間を過ごしています。先日は、絵本の借り方を教えてもらいました。今は、ともに遊ぶ時間を心から楽しんでほしいと思います。

P206-03

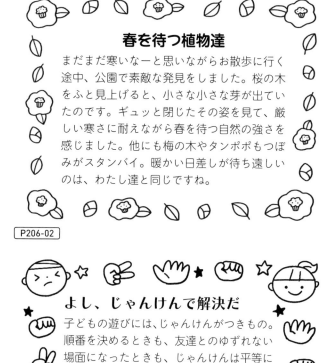

よし、じゃんけんで解決だ

子どもの遊びには、じゃんけんがつきもの。順番を決めるときも、友達とのゆずれない場面になったときも、じゃんけんは平等に解決。泣いて我を通そうとしていた子どもからも「じゃあ、じゃんけんしよう」という提案がよく聞かれるようになりました。涙をのまなければいけないこともありますが、こうして社会性が育っていきます。

P206-04

P206-05 **雪、雪、雪の銀世界！**

道路も園庭も公園も真っ白になった朝。雪を見てテンションの上がった子ども達が登園してきました。9時30分には○組の子ども達が雪遊びをスタート。その後次々に子ども達が園庭に出てきて、嬉しそうに遊んでいました。「数年に一度の大雪！　遊ばにゃソンソン」ですね。

P206-06 **持ち主さんを待ってます**

落とし物や忘れ物が、多くなってきました。名前がなく、申し出もないため持ち主のところへ帰れず、困っています。靴下やハンカチ、大人の帽子まで。自分の持ち物に意識を向けましょう。落としたこと、忘れたことで不便を感じ、探す意識をもちましょう。

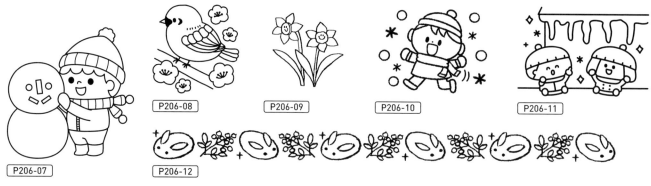

P206-07

P206-08

P206-09

P206-10

P206-11

P206-12

もうすぐ幼児クラス

自分で着替えをするようになった子ども達。多くの子ども達が衣服には前と後ろがあることがわかってきました。「ポッケがついている方が後ろだよ」「絵が前だね」と、絵柄などを手掛かりに意識するようになっています。何より、自分で着替えたときの満足感が、自信になるようです。

P207-01

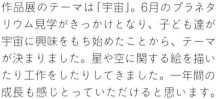

子ども達の宇宙を楽しみにしてください

作品展のテーマは「宇宙」。6月のプラネタリウム見学がきっかけとなり、子ども達が宇宙に興味をもち始めたことから、テーマが決まりました。星や空に関する絵を描いたり工作をしたりしてきました。一年間の成長も感じとっていただけると思います。どうぞお楽しみに。

P207-02

ドキドキ！　小学校訪問

先日、地域の小学校で交流会がありました。一年生が校内を案内してくれたり、小学校での過ごし方を紹介してくれたりしました。一年生の席に座り、ランドセルや筆箱、鉛筆を借りて、疑似体験もできました。交流会以降「小学校」という言葉が会話のなかに多く出てくるようになりました。

P207-03

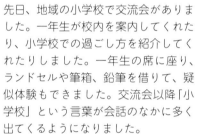

もうすぐ1年生

小学校訪問後、気付いたことの話し合いをしました。「机が大きかった」「校庭が広かった」「ランドセルが重かった」「みんな静かにしてた」「大きなお兄さんがいた」など。小学校の様子を思い出す子ども達の目はキラキラしていて、一年生になることを楽しみに待つ気持ちが伝わってきました。

P207-04

P207-05

P207-06

P207-07

P207-08

P207-11

P207-12

P207-13

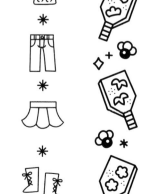

P207-09

P207-10

1月

文例／イラスト 〈作品展・年度末に向けて　など〉

207

〈乳児〉子どもの姿

P208-01 0歳児

「自分の○○」という意識をもち始め、食事用のエプロンを自分でつけたり、靴を手にして「はかせて！」と渡してきたりします。個々の持ち物についているマークシールは、名前と同じくらいの意味をもち、「自分の○○」はもちろん「Aちゃんの○○」と、お友達の持ち物まで覚えるようになりました。

P208-02 2歳児

散歩に行くと、水たまりの氷や霜柱を見付けることが多くなりました。霜柱を手に取って、「チクチクしてるねー」と感触を楽しんでいます。保育者が霜柱を集めてかき氷やさんを始めると、「こっちもかき氷やさんでーす」とお店がどんどん増え、いつの間にかお客さんはいなくなってしまいました。

P208-03 1歳児

オムツに排便したことを知らせる子どもが増えてきました。ある日のCくん、排便した後で「先生、座ったらハンバーグになっちゃうよー！」と教えてくれました。Cくん流の報告に、思わず笑ってしまいました。

P208-04 休み明け恒例の姿

長い休み明け、「もっともっとパパやママと一緒にいたいよ」という気持ちを精一杯の泣き声に込めて訴える姿が見られました。これからまた少しずつ園生活を思い出し、慣れていくことでしょう。微笑ましい、新年の始まりですね。

P208-05 いつの間こんなに…？

久しぶりに登園した子ども達。お休み中、大好きなパパやママ、おじいちゃんやおばあちゃんとゆっくり過ごせたのでしょう、みんな笑顔でスタートできました。いつものように遊んでいると、部屋のあちらこちらからおしゃべりする声が聞こえてきます。「あれ、こんなにお話じょうずだったかな…？」と、休み中の成長に驚き感動しました。

P208-06 タコ違い!?

お正月の遊びといえば凧揚げ。保育者の「凧を作ろう」という声に興味津々で集まってきました。ビニール袋にシールをはって装飾を続けますが、「ねえ先生、いつになったら赤くなるの？」と、疑問がうまれました。「もう少ししたら、赤くなるんじゃない！？」すると、「違うよ、このたこは凧、タコじゃないよ！」と、素晴らしい回答が聞かれましたが、子ども達にとって謎は深まるばかりでした。

P208-07
P208-08
P208-09
P208-10
P208-11
P208-12
P208-13
P208-14
P208-17
P208-18
P208-19
P208-20
P208-15
P208-16

子どもの嘔吐

子どもが突然吐くというのはあまり珍しいことではありません。「食後や授乳後にたくさん動いた」とか「たくさん泣いた」などでも吐くことがあります。しかし嘔吐の他に、熱・下痢・腹痛がある、顔色・機嫌が悪いなどがある場合には、無理をせず、園をお休みして受診をするようにしてください。

P209-01

溶連菌感染症が流行っています

溶連菌感染症にかかるお子様が増えています。突然高熱が出て、風邪のような症状が現れますが、数日たっても熱やのどの痛みが治まらないときは溶連菌を疑いましょう。医師から処方された薬を服用し、症状が回復しても自分の判断で薬をやめることは厳禁です。

P209-02

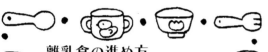

離乳食の進め方

「〇か月なので、後期食にした方がいいのでしょうか」という相談を受けます。歯の生え方や食べる様子がそれぞれ違うように、離乳食の進み方も一人ひとり違います。月齢で判断するのではなく、個々の食事の様子を見て段階を進めていきたいと思っています。

P209-03

鏡開きに興味津々

お正月中お供えしていた鏡もちをみんなで開きました。園長先生がお部屋に運んできてくれて、順番に木槌でコンコンとしてみました。硬くなった鏡もちはびくともしませんでしたが、みんなの健康を願いつつ何度も木槌でたたきました。

P209-04

 P209-05
 P209-06
 P209-07
 P209-08
 P209-09

 P209-10
 P209-11
 P209-12
 P209-13

 P209-14
 P209-15

風邪は万病のもと

風邪とは「風邪症候群」と言われ、鼻やのどに起こる炎症のことです。「ただの風邪」と軽く考えてしまいがちですが、悪化すると気管支炎や肺炎、中耳炎などになることもあります。体調が悪いときは決して無理をせず、安静にしましょう。

P210-01

ガラガラうがいに挑戦

手洗いとうがいを効果的に行って、菌が体の中に入るのを防ぎましょう。効果的なうがいはブクブクうがいとガラガラうがいです。まずブクブクうがいをして口の中をきれいにします。次にのどの奥の方まで水が届くように、上を向いてガラガラをして、吐き出します。これを3回くり返しましょう。

P210-02

早起きから始めよう

日中、あくびをする子どもが目立ちます。長い休みで、就寝の時間が遅くなってしまったのかもしれません。夜更かしの習慣を改善するなら、「早寝・早起き」ではなく「早起き・早寝」がいいですよ。何日か、早起きにチャレンジしてみてください。自然に就寝時間も早くなると思いますよ。

P210-03

早めの感染症対策を

本格的に寒い季節に入り、鼻水や咳、熱などの症状でお休みするお子様が増えてきました。「風邪だと思っていたら…」ということがよくあります。インフルエンザや溶連菌感染症が流行る時期でもありますので、体調が悪いなと思ったら早めに受診をし、長引かせないようにしましょう。

P210-04

P210-05

P210-06

P210-07

P210-08

P210-10

P210-11

P210-12

P210-13

P210-09

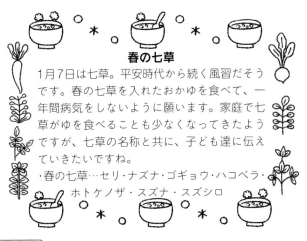

春の七草

1月7日は七草。平安時代から続く風習だそうです。春の七草を入れたおかゆを食べて、一年間病気をしないように願います。家庭で七草がゆを食べることも少なくなってきたようですが、七草の名称と共に、子ども達に伝えていきたいですね。
・春の七草…セリ・ナズナ・ゴギョウ・ハコベラ・ホトケノザ・スズナ・スズシロ

P211-01

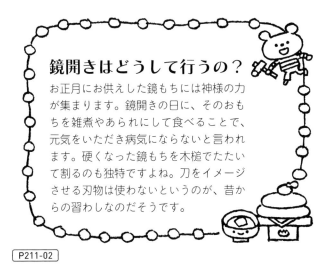

鏡開きはどうして行うの？

お正月にお供えした鏡もちには神様の力が集まります。鏡開きの日に、そのおもちを雑煮やあられにして食べることで、元気をいただき病気にならないと言われます。硬くなった鏡もちを木槌でたたいて割るのも独特ですよね。刀をイメージさせる刃物は使わないというのが、昔からの習わしなのだそうです。

P211-02

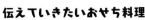

伝えていきたいおせち料理

おせち料理とは、お正月や節句などの節日に食べる料理のことを言います。代表的なのがお正月のおせち。一つひとつに意味があり、先人の思いが込められた料理が並べられます。作ることも食べることも少なくなってきたおせち料理ですが、折に触れて伝えていけたらいいですね。

P211-03

緊張？　園長室での会食

今月から、園長室での会食が始まりました。2名ずつ、園長先生と一緒に給食を食べます。食事の姿勢やマナーにも気を付けなければいけません。「わー楽しみ」「緊張するなー」と、その日が来るのを楽しみにしています。食育の集大成として、意義深いひとときになればと思っています。

P211-04

P211-05

P211-06

P211-07

P211-08

P211-10

P211-11A P211-11B

P211-12

P211-09

211

つくしぐみ

〇年〇月〇日　〇〇〇〇園
2月のクラスだより

日中でも寒さが厳しくなってきましたが、外に出ると保育者や友達と追いかけっこが始まります。保育者がしっぽをつけているのを見付けると、力いっぱい走ってしっぽを取ろうとします。ところが急にしゃがみこんだSくん、疲れちゃったかな…と思って近付くと、小さな手で一生懸命ファスナーを外し、上着を脱ごうとしていました。そしてSくんへのがんばれコール！　心も体もほっこりとあたたかくなりました。春も近いですね。

2月の予定

- ■2月〇日（△）節分の会
- ■2月〇日（△）作品展
- ■2月〇日（△）身体測定
- ■2月〇日（△）お誕生日会

2月の歌

- ★ゆき
- ★おにのパンツ
- ★おおきくなったらなんになる
- ★そうだったらいいのにな

お願い

玄関のドアの開閉は、子どもが飛び出したり、指を挟んだりすることがないよう、必ず保護者の方が行ってください。園でも日ごろから「大人がやること」と、子ども達に伝えています。ご協力をお願いします。

絵本から遊びへ発展

『14ひきのさむいふゆ』の絵本が大好きで、読み聞かせの後はいつも「ねずみくんのそり、楽しそう」「いいなあ」とうらやましそうにしていました。そこで、段ボールの芝滑りへ。バランスを保ち、スピードを楽しむAくん。黙々と滑るBちゃん。列に並んで「よーいドン」と競争するCくん達。終始子ども達の口から「わあ、サンタさんみたい」という言葉が聞こえてきていました。楽しかったね、またみんなでサンタさんごっこしようね。

調理室からお知らせ

栄養満点

～豆のお話～

鬼が嫌いな豆は「畑の肉」ともいわれるほど栄養たっぷり。豆腐は離乳食のお子さんでも食べやすい食材ですね。納豆や枝豆ご飯なども、子ども達には人気ですよ。節分には、油揚げが入った炊き込みご飯と、イワシのつみれだんごが出ます。

これって好き嫌い？

「離乳食のときには食べていたのに…」気付くと好き嫌いが始まっているということありませんか？　これまで感じなかった苦みや酸味を感じるようになる＝味覚の発達によるもので、成長の証です。「おいしい」と感じるには味そのものもありますが、一緒に食べる人の影響も大きいのです。親子や兄弟の好みが似るのもそのため。大人が「このニンジンおいしいね」と食べると、食べてみようとまねします。食べられたらほめ、このくり返しのなかで「おいしい」は育ちます。たくさんの「おいしい」に出会えますように。

ご相談が多い「寝かしつけ」について

「夜なかなか寝ない」という悩みは結構聞かれます。夜だけでなく、一日の生活を見直してみましょう。

- ◆起床時間は何時かな？
- ◆日中は、たくさん身体を動かして遊びましょう。
- ◆昼寝の時間を見直そう
  16時以降に眠くなったら、短い時間で切り上げて。
- ◆就寝前の流れをいつもと同じに

ご飯を食べて、お風呂に入って、水分をとって、絵本を読んで…いつもの流れをつくりましょう。必要なら部屋を暗くして一緒に寝ることもあり。子どもの睡眠習慣は、大人の配慮が必要。根気強く寝る雰囲気をつくることが大切です。

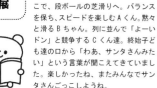

P212-01
B4サイズ

アドバイス

食育に関する情報は、クラスだよりの中に、コーナーのように盛り込みましょう。内容が充実した読みごたえのあるおたよりになります。

アドバイス

保護者から特に相談が多い事柄を取り上げてみましょう。具体的な対処法など、わかりやすく紹介すると、同じような相談ごとを抱えた保護者に興味をもってもらえます。

ポイント

2月にぴったりの季節感のある飾り枠の中に、おたよりのタイトルを入れて、かわいくレイアウトします。

ポイント

爪切りなど保護者にお願いをする場合は、目に留まりやすいように、イラストを添えましょう。

かえでぐみ通信

〇年〇月〇日
〇〇〇〇園
2月のクラスだより

2月

どんなに気温が低くなっても、外遊びが大好きな子ども達。「寒いよ…」なんて言いながら走っていると「あったかくなってきたね」「上着脱いでいい？」と、元気いっぱい、すっかり風の子ですね。先日降った雪が忘れられなくて、「寒くなったら雪降るんだよね」「いっぱい降ってほしいな」と、空にお願いをしていました。

2月の予定

- ◆2月〇日（△）節分集会
- ◇2月〇日（△）生活発表会
- ◆2月〇日（△）身体測定
- ◇2月〇日（△）お誕生日会

★生活発表会★
2月〇日（△）〇時～

一年間、子ども達が生活や遊びのなかで培ってきたこと、身につけてきたことを、形にして発表する会です。例えば、「人前で話をする」「必要な物を準備する」「友達と相談して決める」「自分で考えて行動する」「友達と一緒に楽しむ」「身支度を自分でする」などなど、一人ひとりが違う目標をもって一年間過ごしてきました。その成果を一つの形にして見ていただきます。わずか数分の発表でお伝えするのは難しいですが、趣旨をご理解いただきながら楽しんでいただきたいと思います。

お風呂あがりに爪の手入れ

冬は空気の乾燥から、皮膚がカサカサになり、かゆみを伴うことがあります。白く粉を吹いたような様子やかゆむしったような痕はありませんか。寝ている間など、知らないうちにかいてしまうこともあります。お風呂あがりの保湿と一緒に爪の手入れをして、気持ちよく過ごしましょう。

朝ごはんに温かい汁をプラス

朝ごはんを聞くと「パン、牛乳、ヨーグルト、果物」というお子さんがとても多いです。そこへ、ぜひ味噌汁やスープを添えてみませんか？　朝、温かい物を食べると、おなかの中からポカポカになり、力がわきます。冬を元気にのり切るために、食のひと工夫してみませんか？

P212-02
A4サイズ

 **らいおんぐみだより　2月**

〇年〇月〇日　〇〇〇〇園 2月のクラスだより

 先月末ごろから冷たい北風も吹き、一年のなかで最も寒さが厳しい時期がやってきたのを感じています。天気予報では「冬将軍」の名前がよく聞かれるようになりました。しかし、寒ければ寒いなりの季節の遊び方を子ども達はよく知っています。体をたくさん動かすと暖かくなってくること、そして霜柱探しはお手のもの！　バケツや空き容器を持ち出して氷作りに挑戦します。

キラキラしている物は？

空気が冷え込んだ日、散歩先で霜柱を見付けました。「あっ、霜柱だ」と言いながら手のひらにのせると、陽の光が当たりキラキラ輝いていました。「キラキラー」「つめたーい」と大喜び。霜柱がたくさんできているところでは、「ここ、キラキラしてて、宝の山みたーい！」子ども達の表情はそれ以上に輝いていました。

小学校訪問を終えて

先月の小学校訪問以来、小学校への憧れをより強く抱くようになり、随所にその姿が見られるようになりました。時計を見て「もうすぐ集まる時間」「今は静かに遊ぶ時間」「外に行く時間だから片付けて用意しよう」といった様子です。自ら進んで行動する子ども、その姿を見て動き出す子ども。もちろん個人差はありますが、みんなそれぞれの姿で小学生になる自覚を見せています。

 一人ひとりの思いのこもった作品や、友達と一緒に作り上げた協同製作を展示していきます。製作過程の写真も同時に展示します。一年間の子ども達の成長を感じ取っていただけるのではないでしょうか。写真と作品を見て、当時の思い出などをお話ししながらご覧ください。

日時▼2月〇日（△）〇時〜〇時
場所▼ホール、各保育室、廊下、園庭
※スリッパをお持ちください。
※ 写真撮影は、ご遠慮ください。
※作品を触らないようにご注意ください。

人気のあやとり遊び

 毛糸遊びのなかの一つ、あやとり。あやとりが好きな子ども達のポケットにはいつも毛糸が入っているようです。あやとりの醍醐味は何と言っても難しい技を習得したとき、誇らしげに「見て見て」と見せてくれます。友達から「教えて」と言われると、これがまた難しく四苦八苦する姿が見られます。友達に伝わるよう説明する難しさも感じているようです。何とも言えない達成感に導かれて、新しい技に挑戦です。

子どものつぶやき

 早くみんなで…

インフルエンザの流行で、欠席する友達が多くなりました。すると「みんな大丈夫かな」「昨日よりも少なくなっちゃったね」「手洗いうがいしてるのね。もっとちゃんとやらなきゃ」と、いろいろ感じることがあるようです。ドロケイだってリレーだってドッジボールだって、みんなでやるから楽しい、そうだよね。

 2月の予定

- ■2月〇日（△）節分の会
- ■2月〇日（△）作品展
- ■2月〇日（△）避難訓練
- ■2月〇日（△）お誕生日会

お願い

上着をフックにかけていますが、後ろの襟の部分にかけるところがない方は、子どもが引っかけられるよう、輪っかを付けてください。お手数をおかけしますが、よろしくお願いします。

P213-01
B4サイズ

アドバイス
子ども達の成長がわかるエピソードは、特に喜ばれるのでおすすめ。保育者の視点で感じたことも添えると、表現の幅が広がります。

ポイント
行事にぴったりな飾り文字を選んで、目を引くレイアウトにしましょう。

アドバイス
日頃の子ども達のつぶやきなどを紹介。年度の後半を迎えたクラスの様子がより伝わり、興味深く読んでもらえます。

2月の"クラスだより"作成のコツ

◆ 遊びが広がっていく様子を紹介
人気の絵本をきっかけに、ダイナミックな遊びへと広がっていく様子はストーリー性があり、保護者にとっても面白いエピソードです。積極的に発信して共有しましょう。

◆ いろいろな図形を使って
囲みのラインを点線にしたり、カッコの中に見出しを入れたり、いろいろな形の図形を活用してレイアウトすると、メリハリが出ます。

◆ プロセスを取り上げて行事の意味を伝える
作品展や発表会など行事のお知らせは、当日まで子ども達がどのように取り組んできたか、プロセスを紹介したり、見てもらいたいポイントを載せたりすることが大切。当日の出来映えだけではない、行事の"意味"を伝えましょう。

P214-01A P214-01B

P214-02A P214-02B

P214-03A P214-03B

P214-04A P214-04B

P214-05A P214-05B

P214-06A P214-06B

P214-07

P214-08A P214-08B

P214-09A P214-09B

あいさつ文例

P214-10 冬将軍到来とともに

先月末頃から冷たい北風が吹き、一年の中で最も寒さが厳しい時期がやってきたのを感じています。天気予報では「冬将軍」の名前がよく聞かれるようになりました。しかし、寒ければ寒いなりの遊び方を子ども達はよく知っています。体を温めるためにたくさん動いて遊ぶこと。なかでも、霜柱探しはお手のもの！　バケツや空き容器を持ち出して氷作りにも挑戦です。

P214-11 節分から春が始まります

2月になるとすぐに節分です。節分は、冬が終わる日。次の日（立春）からは、暦の上ではもう春です。季節の節目となる節分ですが、子ども達が関心をもっているのはもっぱら鬼のこと。一つひとつの行事を通して季節を感じていくのも園生活ならではです。「豆まきが終わるともうすぐ春」、そんな気持ちで、今年の豆まきも子ども達を応援しています。どんな一日になるか楽しみですね。

P214-12 お空にお願いごと

どんなに寒くても、外遊びが大好きな子ども達。走っていると「暖かくなってきたね」と、元気いっぱい風の子ですね。先日降った雪が忘れられなくて、「また降ってほしいな」と、お空にお願いをしていました。

P214-13 冬から春へ成長を見守って

気がつけばもう2月。「大きくなったね」「じょうずになったね」「頑張ったね」「力がついたね」という言葉を自信にかえて、子ども達は少しずつ次年度へ向かっていくことでしょう。もうすぐやってくる年度末〜新年度に備えつつ、子どもの成長をじっくり感じ、そして楽しんでいきたいと思います。

P214-14 小さい春見ー付けた！

散歩の途中、梅のつぼみを見付けました。小さな小さなつぼみですが、ほんのりピンク色なのがわかります。これから少しずつ暖かくなっていくと、つぼみが膨らんでいくことでしょう。足元には色鮮やかなフクジュソウやオオイヌノフグリが。これから「春探し散歩」が増えそうです。

P214-15 春よ、早く…！

暖かい日が多くなりました。天気予報でも「4月並みの気温」という言葉が聞かれます。暖冬といわれた今年、雪遊びの機会がなくて残念に思っているのは私だけでしょうか？　ですが、花壇の花々が芽吹き、色づく様を見ていると、「春よこい！」という思いが強くなります。

イラスト〈2月の予定・お誕生日・歌　など〉

03_class ▶ 02gatsu ▶ P215

P215-01A　P215-01B

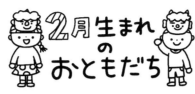
P215-02A　P215-02B

P215-03A　P215-03B

P215-04A　P215-04B

P215-05

P215-06A　P215-06B

P215-07

P215-08A　P215-08B

P215-09A　P215-09B

P215-10A　P215-10B

P215-11

P215-14

P215-12

P215-13A　P215-13B

P215-15

子どもの姿

P216-01 **5歳児**

先月の小学校訪問以来、小学校への憧れをより強く抱くようになり、随所にその姿が見られるようになりました。時計を見て「もうすぐ集まる時間」「今は静かにする時間」「外に行く時間だから片付けて用意しよう」といった様子です。自ら進んで行動する子ども、その姿を見て動き出す子ども。もちろん個人差はありますが、それぞれの姿で小学生になる自覚を見せています。

P216-02 **めざせ！　ノーバウンドキャッチ**

昼食前のひと遊び、オリジナルドッジボールを楽しんでいます。「味方がノーバウンドでキャッチしたら全員復活」とか「相手の男子だけ外野」など。キャッチされないように当てる工夫をする子どもがいる一方、ノーバウンドでキャッチする子どもも増えてきました。当ててもキャッチしても友達からの称賛の声は、間違いなくチャレンジするパワーにつながっているようです。みんなの生き生きした表情が素敵です。

P216-03 **3歳児**

豆まきの前日、鬼が来たらどうするかを考えました。「鬼をこちょこちょする」「怖い顔をして脅かす」、そう言って迎えた当日… どうやら豆まきをやり切ったことに自信をつけたようでした。「泣いたかどうかは関係ない、鬼を迎えうった」そんな凛々しい姿を見ました。

P216-04 **4歳児**

毛糸遊び流行中！　指編みやあやとり、ポンポン作りなど。どれもコツコツと丁寧に続けるものばかりで、根気がいります。興味のなかった子ども達も、でき上がった友達の作品を見ると、やりたい気持ちをくすぐられ、遊びの輪が広がりました。

P216-05 **園行事から学ぶこと**

この時期になると、会話の中に自然と豆まきの話題が入ってきます。「先生、今日鬼来る？」「全部まとめてやっつけてやる」と、昨年にも増してみんな気合十分です。鬼の話題ばかりではありません。年の数だけ豆を食べることやヒイラギやイワシの頭を飾ることも知っていました。

P216-06 **早くみんなが揃うといいね**

インフルエンザの流行で、欠席する友達が多くなりました。すると「みんな大丈夫かな」「昨日よりも少ないね」「手洗いうがい、もっとちゃんとやらなきゃ」と、いろいろ感じることがあるようです。ドロケイだってリレーだってみんなでやるから楽しい、そうだよね。

P216-07　　P216-08　　P216-09

P216-10　　P216-11　　P216-12　　P216-13　　P216-14

P216-15　　P216-16

文例〈子どもの紹介・製作　など〉
イラスト〈絵本・製作　など〉

子どもの紹介

P217-01 **Fちゃんの好きなもの**

ピアノが大好きなFちゃん。ピアノが開いていると、嬉しそうに近付いて弾き始めます。「じょうずだね」とほめると、「お姉ちゃんはもっとじょうずだよ」と教えてくれます。ピアノ愛、お姉ちゃん愛がたっぷり伝わってきますよ。

P217-02 **Nくんは魔法使い!?**

「大丈夫　大丈夫」が口癖のNくん。友達と一緒の製作がうまくいかないときも、転んだときも、先生が忘れんぼしたときも「大丈夫　大丈夫」と癒やしてくれます。魔法のような言葉で、みんな元気になれます！

P217-03

P217-04

いつだって鬼は怖い

2月に必ず読む『泣いた赤鬼』。赤鬼と青鬼の友情を題材にした絵本です。3・4歳児とくり返し読み、5歳児でようやく青鬼の真意に触れることができるようになりました。「鬼は悪者」という見方も変わる本ですが、子ども達にはやはり鬼は怖いもの。年齢によって受け取り方が違い、大人になるまで忘れられない一冊になります。

P217-05

素敵になるドールハウス

大きな空き箱を使って、ドールハウスを製作中のEちゃん。小さめの菓子箱はテーブルやベッドに、プリンカップはお風呂に。手ごろな大きさの容器がないときは、画用紙を器用に切り、家具などを作り上げていました。2階建てにしようかな…と意欲をたぎらせていました。

P217-06

自己肯定感を育てましょう

一度は聞いたことがある「自己肯定感」。自己肯定感が高い子どもは、自分に自信をもち、強い精神力で意欲的に行動することができます。「愛されている」「認めてもらえている」「わかってもらえている」という感情のなかで育つ、自己肯定感。たくましく生き抜く力を育てていきましょう。

P217-07

P217-08

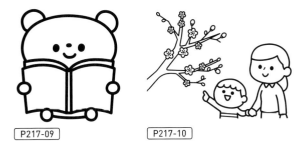

P217-09

P217-10

作品を通して成長する姿を

もうすぐ作品展です。一人ひとりの思いのこもった作品や、友達と一緒に作り上げた共同製作を展示していきます。製作過程の写真も同時に展示します。一年間の子ども達の成長を感じ取っていただけるのではないでしょうか。当時の思い出などお話ししながらご覧ください。

P218-01

作品展のお知らせ

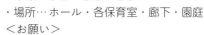

・日時…〇月〇日（△）
　〇〇：〇〇〜〇〇：〇〇
・場所…ホール・各保育室・廊下・園庭
＜お願い＞
・スリッパをお持ちください。
・写真撮影は、ご遠慮ください。
・作品を触らないようにご注意ください。

P218-02

生活発表会

一年間、子ども達が生活や遊びのなかで培ってきたこと、身につけてきたことを、形にして発表する会です。例えば、「人前でお話をする」「友達と相談して決める」「自分で考えて行動する」など、一人ひとりが違う目標をもって一年間過ごしてきました。その成果を一つの形にして見ていただきます。趣旨をご理解いただきながら楽しんでいただきたいと思います。

P218-03

ポケットに手を入れると

ポケットに手を入れていると転んだときに手が出ず、顔や頭などをけがしてしまいます。両手が出ていればバランスを取りやすく、転倒を防止できます。また手を入れることが習慣になると、背中が丸まり姿勢が悪くなってしまいます。寒いときは、手袋をして手はちゃんと出しましょう。

P218-04

P218-05 **不思議に思う心を育もう**

「なぜだろう…」「どうして？」日々の生活のなかで、子ども達はたくさんの不思議と出合っています。「なぜ氷は冷たいの？」「なぜ雪は白いの？」こうした不思議から興味・関心が広がり、好奇心につながり、考える力が育ちます。不思議って大人になると見えなくなってしまうのかも。でも子どもの目にはキラキラ輝いて見えているのかも。不思議に思う心を育んでいきましょう。

P218-06

P218-07

P218-08

P218-09

イラスト 〈2月のイメージ　など〉

P219-01

P219-02

P219-03

P219-04

P219-05

P219-06

P219-07

P219-08

P219-11

P219-12

P219-09

P219-10

P219-13

P219-14

P219-15

2月

イラスト　〈2月のイメージ　など〉

219

豆まきで願うこと

2月に入るとすぐに節分がやってきます。翌日の立春からは春、一年の始まりです。節分の豆まきには、一年間健やかに過ごせますようにとの願いが込められています。子ども達との豆まきでは、無病息災を願いつつ、苦手なことに挑戦したり克服したりする心を育てていきたいと思います。

P220-01

節分の由来

節分とは、季節の変わり目のこと。立春・立夏・立秋・立冬から季節が変わるように、その前日をそれぞれ節分といいます。つまり立春の前の節分は、長い冬が終わる日ということで、一年の始まりとして大事にされてきました。そして一年の健康を願ったり、邪気を払ったりする意味で豆まきが行われるようになりました。

P220-02

うるう年

地球が太陽の周りを365日かけて回っているのはご存じでしょう。でも、ぴったり365日ではないのです。約6時間のずれがあるため、4年に一度24時間(つまり一日)分加えることでずれを調整しているのです。今年は、そのうるう年。2月29日まであることをお忘れなく。

P220-03

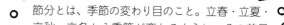 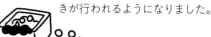   

バレンタインクッキング

子どもにも大人にもおなじみのバレンタインに、親子クッキングはいかがでしょうか。チョコレートならぬクッキー作り。小麦粉と溶かしバター、卵、砂糖をボウルに入れて混ぜ合わせ、好きな形に成形して焼くだけの簡単な物ですが、親子のコミュニケーションにはもってこいです。

P220-04

P220-05 **いくつ芽が出た？**

花壇に植えた、ヒヤシンスの芽が出てきました。毎年、いち早く春の訪れを知らせてくれます。朝夕の登降園時、芽がいくつ出てきたか数えるのが子ども達の日課になっているようです。「8個あったよ」「10個になってる」。日に日に増えていくヒヤシンスの芽の数に驚き、喜んでいます。今年もたくさんのヒヤシンスが咲きそうです。もうすぐ春ですね。

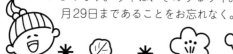

 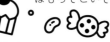

P220-06

P220-07

P220-08

P220-09

P220-10

P220-11

P220-12

220

文例／イラスト〈人気の遊び・冬の自然　など〉

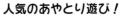

人気のあやとり遊び！

毛糸遊びの一つ、あやとり。あやとりが好きな子ども達のポケットには、いつも毛糸が入っています。あやとりの醍醐味は何といっても難しい技を習得した時、誇らしげに「見て見て」と見せてくれる時。友達から「教えて」と言われると、伝えることがまた難しく、四苦八苦する姿が見られます。何ともいえない達成感に導かれて、新しい技に挑戦です。

P221-01

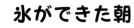

氷ができた朝

寒い朝、隣の空き地には大きな氷が張っていました。長靴をはいて空き地に出ると、「すごーい」「きれい」「冷たーい」と大きな歓声が上がりました。足で氷を割って、その感触を楽しむ子ども、できるだけ大きな氷を持ち上げようとする子ども。日が高くなると溶けてしまった氷、寒い朝の出来事でした。

P221-02

霜柱の後には春が

空気が冷え込んだ日、散歩先で霜柱を見付けました。「霜柱あった」と言いながら手のひらにのせると、日の光が当たりキラキラ輝いていました。ここは、春になると一面つくしが生えてきます。子ども達はそのことも思い出して「霜柱の後には、つくしだね」の声が聞こえてきました。春の訪れも待つ子ども達です。

P221-03

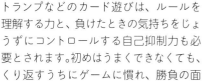
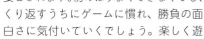

カード遊び流行中

トランプなどのカード遊びは、ルールを理解する力と、負けたときの気持ちをじょうずにコントロールする自己抑制力も必要とされます。初めはうまくできなくても、くり返すうちにゲームに慣れ、勝負の面白さに気付いていくでしょう。楽しく遊びながら、自分と向き合うひと時です。

P221-04

P221-05

P221-06

P221-07

P221-10

P221-11

P221-12

P221-08

P221-09

〈乳児〉子どもの姿

P222-01 0歳児

ますます行動範囲を広げていく○○組さん。廊下に飛び出すと「手・手・足」と、ハイハイで移動してどこまでも行きます。階段が怖くて登れなかったKくんもしっかり手足を使って登っていくようになりました。踊り場まで来ると窓から電車を見付け、見えなくなるまで手を振るかわいい姿が。お兄さん、お姉さんのお部屋に到着すると、珍しい物がたくさんあり、目を輝かせて遊んでいました。

P222-02 1歳児

園庭でのHくん。鉄棒までの距離約30m。足腰のバランスと、絶妙な力加減でビールケースを押します。鉄棒の下に着くと、ビールケースの上にゆっくりのり、頭をぶつけないようにそーっと立ち上がり、鉄棒にぶら下がります。足はケースにつかないようにしっかり曲げて、「ぶーらん、ぶーらん」。約10秒間ぶら下がって、ビールケースを押して戻りました。バランス・握力・筋力・危険察知能力など、様々な育ちが隠れた素晴らしい一場面でした。

P222-03 2歳児

日中でも寒さが厳しくなってきましたが、外に出ると保育者や友達と追いかけっこが始まります。保育者がしっぽをつけているのを見付けると、力いっぱい走ってしっぽを取ろうとします。ところが急にしゃがみこんだSくん。疲れちゃったかな…と思って近付くと、小さな手で一生懸命ファスナーを外し、上着を脱ごうとしていました。Sくんすごいです。

P222-04 0歳児のかくれんぼ

みんなで園庭に行ったはずなのに、誰もいない。「どこかなどこかな」と探しているとすべり台の下から「ばあ！」と出てきました。みんなににこにこ押し合いへし合いしながら隠れる姿がとってもかわいかったです。

P222-05 雨上がりの園庭で

前の日に降った雨で少しぬかるんだ園庭。「Bくんの足〜」と、何やら楽しそう。見てみると、Cちゃんが地面についたBくんの足跡を見付けたようです。Bくんも「Cちゃんの足〜」と言いながら、足跡を並べていました。「おっきい！！」と言いながら、足跡比べをしていました。

P222-06 絵本の後の芝滑り

『14ひきのさむいふゆ』の読み聞かせの後はいつも「ねずみくんのそり、楽しそう」「いいなあ」とうらやましそうにしていました。そこで、段ボールの芝滑りへ。スピードを楽しむA君。黙々と滑るBちゃん。「よーいドン」と競争するC君達。読み聞かせから遊びが広がります。

P222-07
P222-08
P222-09
P222-10
P222-11
P222-12
P222-13
P222-14
P222-17
P222-18
P222-19
P222-20
P222-15
P222-16

寝かしつけの工夫

「夜寝ない」という悩みはよく聞かれます。
一日の生活を見直してみましょう。
・起床時間は何時ですか？
・体を動かして遊んでいますか？
・16時以降のお昼寝は短めですか？
・就寝前の流れを決めていますか？
お風呂に入って、水分をとって、絵本を読んで寝るなどご家庭でリズムを作りましょう。

P223-01

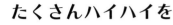

たくさんハイハイを

ハイハイをして、立っちして、そして歩き始め… その成長に感動しますね。赤ちゃんも、どんどん視界が変わり、発見もあり嬉しいときです。園では安定した体幹やバランス感覚を育てるために、ハイハイを十分に取り入れています。長い廊下やトンネルをハイハイ、階段もハイハイ登りで。頭を支えながらのハイハイは筋力もつき、赤ちゃんにもってこいの遊びです。

P223-02

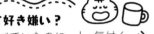

これって好き嫌い？

「離乳食のときには食べていたのに…」。気付くと好き嫌いが始まっているということはありませんか？　これまで感じなかった苦みや酸味を感じるようになる＝味覚の発達によるもので、成長の証です。一緒に食べる人の影響も大きいようです。大人が「ニンジンおいしいね」と食べると、食べてみようとまねをします。食べられたらほめ、このくり返しのなかで「おいしい」は育ちます。

P223-03

栄養満点！　豆のお話

鬼が嫌いな豆は「畑の肉」ともいわれるほど栄養たっぷり。豆腐は離乳食のお子様でも食べやすい食材ですね。納豆や枝豆ご飯なども、子ども達には人気ですよ。節分には、豆腐を揚げた油揚げが入った炊き込みご飯と、イワシのつみれだんごが出ます。

P223-04

P223-05

P223-06

P223-07

P223-08

P223-10

P223-11

P223-12

P223-13

P223-09

P223-14

P223-15

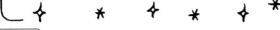

お風呂あがりに爪のお手入れ

冬は空気の乾燥から、皮膚がカサカサになり、かゆみを伴うことがあります。白く粉を吹いたような様子やかきむしったような跡はありませんか。寝ている間など、知らないうちにかいてしまうこともあります。お風呂あがりには保湿と一緒に爪の手入れをして、気持ちよく過ごしましょう。

P224-01

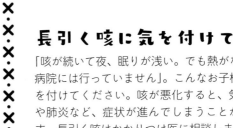

長引く咳に気を付けて

「咳が続いて夜、眠りが浅い。でも熱がないので病院には行っていません」。こんなお子様は、気を付けてください。咳が悪化すると、気管支炎や肺炎など、症状が進んでしまうことがあります。長引く咳はかかりつけ医に相談しましょう。

P224-02

インフルエンザが流行っています

急に流行り始めたインフルエンザA型。年長から年中、年少へとすごい勢いで広がりを見せていきました。早めのお迎えや受診にご協力くださり、感謝しております。近隣の小学校では、インフルエンザB型が発症したという情報も聞こえてきています。今しばらく注意が必要です。

P224-03

大切なうんちチェック

子どものうんちを毎日観察しましょう。自分で排便する習慣がつくと、なかなか見る機会がなくなりますが、うんちを見ることで健康状態を知ることができます。
□回数　□時間　□タイミング　□色
□状態　□におい
⇒いつもと違ったら、気にかけてください。
酸っぱいにおいの白い下痢便は、感染症の可能性があります。受診をしましょう。

P224-04

P224-05

P224-06

P224-07

P224-08

P224-10

P224-11

P224-12

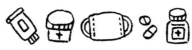

P224-13

P224-09

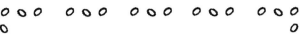

鬼除け知ってる？

節分には鬼除けとして、やいかがし(焼い嗅がし)を飾ります。ヒイラギで鬼の目をさし、イワシの頭のにおいで追い払うと言われています。鬼の嫌いな大豆の殻を一緒にさすところもありますね。家のなかの邪気を払い、外から鬼が入ってこないようにと、古くは、平安時代の記録にも残る伝統行事です。

P225-01

オリジナル恵方巻！

ご飯に卵やキュウリ、かんぴょうやエビなどの具材をのせてのりで巻く恵方巻。最近は、いろいろなレシピも出ていますね。ご飯にウインナーやレタス、カニカマ、スライスチーズなど、子どもの好きな具材を入れてラップでクルクルッと巻くだけで、オリジナル恵方巻の完成！ 子どもと一緒に作ってみてはいかがですか？

P225-02

朝ご飯に温かい汁物をプラス

朝ご飯を聞くと「パン・牛乳・ヨーグルト・果物」というお子様がとても多いです。手軽に食べられるため、忙しい朝にはいいですね。ぜひ味噌汁やスープを添えてみませんか？　朝、温かい物を食べると、おなかのなかからポカポカになり力がわきます。冬を元気に乗り切るために、食のひと工夫をしてみましょう。

P225-03

栄養たっぷり冬野菜

ダイコンやカブ、ネギやハクサイなどは、気温が低くなることでどんどん味がよくなります。また、根菜といわれるダイコンやゴボウ、サトイモ、レンコンなどは、体を温めてくれます。たくさんの冬野菜を鍋や豚汁にして食べると、元気もりもりになりますよ。

P225-04

P225-05

P225-06

P225-07

P225-08

P225-09

P225-10

2月の献立

P225-11

2月のこんだて☆

P225-12A　P225-12B

クラスだより

〈3月〉テンプレート

たんぽぽ通信 3月

〇年〇月〇日 〇〇〇〇園
3月のクラスだより

少しずつ春の日差しが感じられるようになってきました。〇〇公園ではナズナ、ホトケノザ、オオイヌノフグリなどの春の草花が顔を出し始め「久しぶり!」と、思わず笑顔になってしまいます。冬を越え、たくましく育つ草花に、子ども達の姿が重なりますね。進級への期待が膨らむ時期、少しずつ心の準備も始めていきます。

3がつの予定

◆3月〇日（△）ひな祭りお楽しみ集会
◆3月〇日（△）お別れ会
◆3月〇日（△）進級式&卒園式
◆3月〇日（△）身体測定
◆3月〇日（△）お誕生日会

在園児代表
たんぽぽ組さんへのお知らせ

3月〇日（△）、令和〇年度の卒園式が行われます。たんぽぽ組さんは、在園児の代表として式に参列します。5歳児クラスさんの姿を心に焼き付けることで、次年度への見通しや励みになっていくことと思います。卒園をお祝いする歌も練習しています。きっと見事に果たしてくれるでしょう。

新年度に向けてサイズの確認を!

進級を前に洋服や靴のサイズを確認しておきましょう。衣服の着脱や靴の脱ぎはきを自分で行っています。新年度からの園生活が、気持ちよくスタートできるようにぜひ見直してください。小さくなった衣服や靴は、子ども達が大きくなった証です。一緒に喜びましょう。

たんぽぽ組 HOT TOPICS

◆絵本の引き継ぎ

年長組さんからの引き継ぎをうけて、絵本の貸し出しが始まりました。「これとこれ、どっちにしよう」と腕組みをして絵本の前で悩んでいます。また、園長先生のお話も集中し、想像力を働かせていきます。これまでずっと年長組さんがしてきたこと。今は、ちょっぴり背伸びをしてその優越感に浸っているようです。

◆鬼ごっこから鬼退治へ?

遊戯室で遊んでいたときのこと。みんなで何度か鬼ごっこを楽しみ、最後は保育者が鬼に。すると子ども達が何やら作戦会議。どこからかボールを持ちだしたかと思うと「鬼は外、福は内」と鬼退治が始まりました。一月遅れで鬼退治を成功させ、とても満足そう。心置きなく5歳児クラスに進級できそうです。

◆たんぽぽ組が中心となって

たんぽぽ組が主催のお別れ会があります。これまで様々な行事をリードしてくれた5歳児クラスに代わって、プレゼントを考えたり進行の方法を考えたり、出し物も予定しています。5歳児クラスさんに、喜んでもらえるといいですね。

ひな祭りスペシャル給食

ひな祭りには、お楽しみ給食が出ます。ちらし寿司は年長組の子ども達がピックで顔をつけてくれます。給食プレートが春色に染まります。みんなの喜ぶ顔が楽しみです。

◆お内裏様とおひな様ちらし寿司
◆ハマグリの潮汁
◆ひし餅風ゼリー

見てね!
ひな祭り製作

ひな祭りに向け、製作を行いました。本物のひな段飾りを見て、好きな材料を使って思うようにおひな様を作りました。紙コップや紙皿で作る子ども、空き箱で作る子ども、絵を描いて切り抜き、紙コップに貼り付ける子ども。一人ひとり、味のあるおひな様ができました。最後に「階段を作って並べてみよう」という発案があり、段ボールでひな段を作って飾りました。26人分のおひな様、とても圧巻ですよ。

P226-01
B4サイズ

ポイント

保護者が把握しておきたい毎月の予定は、目につきやすい冒頭などにレイアウトします。

アドバイス

子どもの食事について気になる保護者は多いもの。どんなものを、どのように食べるのか、行事食の大切さなどについても伝えましょう。

ポイント

誕生月の子どもの紹介は飾り枠の中に入れて、お祝いの気持ちを表します。

アドバイス

特に乳児クラスでは、新年度に環境や担任が変わり、不安定な姿が見られる場合も。園として移行期間を設けている場合は、しっかりとお知らせします。

3月 こいぬぐみ通信

〇年〇月〇日
〇〇〇〇園
3月のクラスだより

日中のポカポカ陽気から春を感じたり、朝晩の冷え込みから冬の戻りを感じたり…。雪遊びがたくさんできると期待した今冬でしたが、気がつけばもう春。インフルエンザの猛威に脅かされながら、瞬く間に冬が過ぎてしまいました。これからどんどん戸外遊びの機会が増えていきます。どんな春が見付けられるかな?

3月の予定

■3月〇日（△）ひな祭りの集い
■3月〇日（△）進級のお祝い
■3月〇日（△）お誕生日会

3月生まれのおともだち

★みやた ゆうあちゃん
★わくい きりのちゃん

「大きくなったよ」エピソード

子ども達自身で遊びの環境をつくる姿が見られるようになりました。ボールで遊んでいると、「坂道作ったら転がるね」と言いながら、坂道になりそうな場所を探し出して設置していました。園庭では、古タイヤに乗ってみたいけど…とビールケースを押してきて、支えにする工夫も。自分達で考えて遊ぶ子ども達が増えてきました。

登園できない感染症の確認を!

新学期を前に、改めて「登園できない感染症」を確認しておきましょう。学校保健法で定められた第二種と第三種（※）に感染してしまうと、一定の期間登園できなくなります（出停）。医師による適切な治療の後、登園が可能になりますが、集団生活のため、他のお子さんへの影響がある場合には家庭保育をお願いすることもあります。予め、ご理解ください。

※第二種…インフルエンザ、水痘、麻しんなど
※第三種…コレラ、細菌性赤痢、腸チフスなど

移行期について

新年度に向けて、部屋の引っ越しなどがあり、環境が変わることへの不安を感じる子も。園では今月から移行期間を設け、子ども達の気持ちに寄り添っていきたいと思います。お子さんの様子で気になることがありましたら、声をかけてください。

P226-02
A4サイズ

テンプレート／作成のコツ

ふじぐみ 3月号

〇年〇月〇日 〇〇〇〇園
3月のクラスだより

卒園式に向けての取り組みが始まりました。昨年度末、卒園式に参列した子ども達は、そのときの様子を思い出し、心の準備をしているようです。卒園証書を受け取り、感謝の言葉を伝え、心を込めて歌を歌う。子ども達にとってすばらしい集大成となることでしょう。一定時間集中した後は、外での遊びを満喫する。そんなメリハリのある日々を送っています。

話題の中心は「小学校！」

卒園を間近に控え、子ども達の関心は小学校のこと。「わたしのランドセル、何色でしょうか？」「ぼくの筆入れ、何（の絵が描いてある）でしょうか？」と、真新しい入学用品の話題でもちきりです。どの子どもも小学校を楽しみと言い、入学するのを心待ちにしているようです。ちょっぴり寂しい気持ちになりつつ、子ども達が前を向いて進もうとする姿に頼もしさと嬉しさを感じています。

 3月〇日（△）

もうすぐ卒園式

長い長い園生活もいよいよ卒園式をもって終了です。お子さんと一緒に保護者の方々も卒園ですね。お仕事と園への送迎、本当にお疲れさまでした。子ども達は、たくさんの遊びや行事を経験し、心も体も大きくたくましくなりました。卒園式では、立派な姿を見せてくれることでしょう。

3月の予定

- ■3月〇日（△）お別れ遠足
- ■3月〇日（△）卒園式
- ■3月〇日（△）お別れ会
- ■3月〇日（△）お誕生日会

3月のおたんじょうびおめでとう！

- ・〇日　うえの　たいせいくん
- ・〇日　かきもと　あさひくん
- ・〇日　つしま　しおりちゃん

お別れ遠足

最後の異年齢交流

年長組さんとのお別れの前に、みんなでお別れ遠足に行きます。お別れ遠足が最後の異年齢交流となります。仲よし兄弟が一緒に手をつないで歩き、花をつみ、虫を追いかけ、たくさん遊んだ後おいしいお弁当を食べる。よい思い出ができるといいね。

今月のねらい

- ■様々な活動に主体的に取り組む。
- ■成長を喜び合い、就学への期待をもって生活する。
- ■春の自然に興味、関心をもつ。

給食室の皆さん、一年間ありがとう

今年度もあとわずかになりました。今年一年、おいしい給食を作っていただいた給食の先生方に5歳児クラスさんから感謝を込めて手作りのプレゼントが渡されました。いつもみんなの健康を考えて、献立を作ってくださり、本当にありがとうございます。今年は、世界の料理ということで、各国の料理も紹介していただきました。来年の給食も楽しみにしています。

P227-01
B4サイズ

アドバイス

5歳児は卒園の時期です。別れを惜しむだけでなく、進学への期待が膨らむような素敵なエピソードを前向きに伝えます。

ポイント

吹き出し型の図形の中に行事の日程を入れると、目に留まりやすくなります。

アドバイス

5歳児の場合、卒園に向けた日々の取り組みが行われます。子ども達の様子について触れ、一年の成長を感じてもらえるような書き出しにしましょう。

3月の"クラスだより"作成のコツ

◆日々の出来事を集めて紹介

3月は卒園、進級の時期。一年を通して、子ども達にどのような成長があったのかを具体的に書きましょう。日頃から子どもの姿や会話を集めておくとよいです。

◆余白を入れて項目の高さを揃える

項目と項目の間を少し空けたり、高さをなるべく揃えて配置したりすると、紙面にまとまりが出て、読みやすくなります。

◆年度末のお知らせはしっかりと伝える

お別れ遠足や卒園式、進級など行事が多い3月。行事のお知らせや、新しいクラスへの引き継ぎ、新年度に向けて持ち物や衣類のサイズ確認など、保護者との共有が必要なお知らせは、忘れずに伝えましょう。

P228-01A P228-01B

P228-02A P228-02B

P228-03A P228-03B

P228-04A P228-04B

P228-05A P228-05B

P228-06A P228-06B

P228-07A P228-07B

P228-08A P228-08B

P228-09

あいさつ文例

P228-10　春を楽しみましょう

日中のポカポカ陽気から春を感じたり、朝晩の冷え込みから冬の戻りを感じたり…。雪遊びがたくさんできると期待した今年の冬でしたが、あまり降らないまま気が付けばもう春。インフルエンザの猛威にさらされながらも、瞬く間に冬が過ぎてしまいました。子ども達は、これからどんどん戸外遊びの機会が増えていきます。園庭やお散歩先の公園で、どんな春が見付けられるかな？

P228-11　お部屋の引越しを行います

3月○日(△)から順番にクラスのお引越しをします。子ども達の荷物やなじんだ玩具を、進級するお部屋にお引越しするのです。送迎時に戸惑われることもあるかと思いますが、子ども達の「大きいクラスになるんだ」という晴れやかで頼もしく、誇らしげな顔に免じてご容赦ください。「お引越ししたんだね」「もうすぐ○○組だね」と、一緒に喜んであげてください。

P228-12　年度末に感じる子ども達の成長

3月に入り、柔らかな日差しが心地よく感じられるようになりました。今年度も残り3週間。入学や進級を間近に控え、子ども達の目は期待と喜びでキラキラ輝いているようです。おうちの方も、一年を振り返り、子ども達の大きな成長を感じているのではないでしょうか。

P228-13　春を運ぶひな祭り

2月までの寒さも遠のき、風が桃の花の香りと一緒に春を運んできたかのような陽気が続いています。○○公園では、桃の花が咲き誇っています。3月3日はひな祭り、桃の節句です。子ども達の健やかな成長を願って、みんなでお祝いしたいと思います。

P228-14　卒園児からの引き継ぎ

昨年の初冬に植えた球根から可愛い花が咲き始め、子ども達の卒園に素敵な色を添えています。卒園する子ども達から在園児へ、園生活での様々なことが引き継がれました。カブトムシのお世話の仕方、ビー玉の使い方、絵本の借り方、人数当番のやり方など。年長としての役割を伝え、引き継ぎを完了すると、いよいよ本当の卒園です。

P228-15　春の草花のようにたくましく

少しずつ春の日差しが感じられるようになってきました。○○公園ではナズナ・ホトケノザ・オオイヌノフグリなどの春の草花が顔を出し「久しぶり！」と、思わず笑顔になってしまいます。冬を越え、たくましく育つ草花に、子ども達の姿が重なりますね。進級への期待が膨らむ時期、少しずつ心の準備も始めていきます。

P229-01A　P229-01B

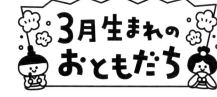

P229-02A　P229-02B

P229-03

P229-04A　P229-04B

P229-05A　P229-05B

P229-06A　P229-06B

P229-07A　P229-07B

P229-08A　P229-08B

P229-09A　P229-09B

P229-10

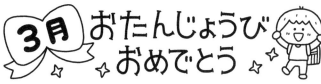

P229-11A　P229-11B

P229-13A　P229-13B

P229-14

P229-12

P229-15

229

子どもの姿

P230-01　3歳児

ある日、片付けをしていたときのこと、友達が忘れた玩具も積極的に片付けている男の子がいました。〝気付いてくれてありがとう〟という思いで見ていたら、「これで年中さんになれる〜♪」とニヤニヤ嬉しそうに小声でつぶやいていました。普段の生活のなかでお兄さんやお姉さんと楽しく関わっていましたが、そんな思いを抱いていたことにびっくりしました。どんな年中さんになるのでしょうね。

P230-02　話題の中心は「小学校！」

卒園を間近に控え、子ども達の関心は小学校のこと。「わたしのランドセルは何色でしょうか？」「ぼくの筆入れ、何の絵が描いてあるでしょうか？」と、真新しい入学用品の話題でもちきりです。どの子どもも小学校に行くのが楽しみと話し、入学を心待ちにしているようです。ちょっぴり寂しい気持ちになりつつも、子ども達が前を向いて進もうとする姿に頼もしさと嬉しさを感じています。

P230-03　4歳児

年長組さんからの引き継ぎを受けて、絵本の貸し出しが始まりました。「これとこれ、どっちにしよう」と腕組みをして絵本の前で悩んでいます。また、園長先生のお話も集中して静かに聞いています。これまでずっと年長さんがしてきたこと。今は、ちょっぴり背伸びをしてその優越感に浸っているようです。

P230-04　5歳児

卒園式に向けての取り組みが始まりました。昨年度末、卒園式に参列した子ども達は、そのときの様子を思い出し、心の準備をしているようです。卒園証書を受け取り、感謝の言葉を伝え、心を込めて歌を歌う。子ども達にとってすばらしい集大成となることでしょう。一定時間集中した後は、外での遊びを満喫する。そんなメリハリのある日々を送っています。

P230-05　ダンゴムシ見ー付けた！

啓蟄近くになると、花壇のあちらこちらからダンゴムシが出てきます。春が来るのを待っていたかのようです。動き出したダンゴムシを見付けると、子ども達は嬉しそうに報告してきます。子ども達のなかで「春を見付けた」は、ダンゴムシのことなのかもしれませんね。

P230-06　鬼ごっこから鬼退治へ？

遊戯室で遊んでいたときのこと。みんなで何度か鬼ごっこを楽しみ、最後は保育者が鬼に。すると子ども達が何やら作戦会議。どこからかボールを持ちだしたかと思うと「鬼は外、福は内」と鬼退治が始まりました。節分からひと月遅れで鬼退治を成功させ、とても満足そうです。

P230-07　　P230-08　　P230-09

P230-10　　P230-11　　P230-12　　P230-13　　P230-14

P230-15　　P230-16A　P230-16B

子どもの紹介

P231-01 **Sちゃんの将来の夢**

お友達がけんかをしていると、間に入って気持ちを聞いてあげるSちゃん。保育者のまねをして絵本の読み聞かせをする様子は、小さな保育者そのものです。「大きくなったら○○園の先生になりたい」という言葉を聞いてびっくり、とても嬉しかったですよ。

P231-02 **家族大好きRくん**

お昼の時間になると、いつも家族のお話をたくさんしてくれるRくん。お出かけしたこと、お兄ちゃんと遊んだこと、お風呂に入ったことなどを笑顔で話します。お父さんやお母さん、お兄ちゃんのことが大好きなんだと伝わってきます。Rくんの優しいところはお兄ちゃんに似ているのだということも！

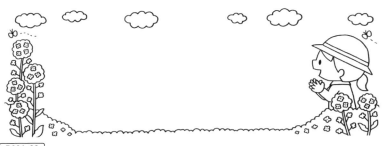

P231-03

P231-04

『**おおきくなるっていうことは**』

今年度4月、進級後に一度この本の読み聞かせをしました。そのとき、子ども達に、「大きくなるって、どういうことなのか」を聞いてみました。一年後の年度末、もう一度この本を読みました。さて、みんなはどんな思いで聞いてくれたでしょうか。ご家庭でも気持ちを聞いてみてください。

P231-05

ひな祭り製作

ひな祭りに向け、製作を行いました。本物のひな段飾りを見てから、好きな材料を使ってひな飾りを作りました。紙コップや紙皿で作る子ども、空き箱で作る子ども、絵を描いて切り抜き、紙コップにはり付ける子ども。一人ひとり、味のあるおひな様ができました。個性あるおひな様、ぜひ見てください。

P231-06

P231-08

新年度の準備（進級）について

年度末が近付くにつれて、一年を振り返ることが多くなってきました。子ども達の一年間の成長を思いつつ、次の年度の準備を進めていきます。保護者の皆様にも進級時の用品などのご準備をお願いします。まずは、記名の確認から！！新しいクラスに向けて、お子様の進級への意識を高めていきましょう。

P231-07

P231-09

P231-10

231

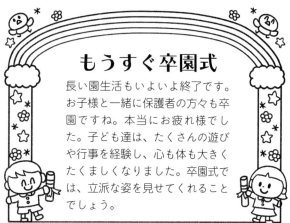

もうすぐ卒園式

長い園生活もいよいよ終了です。お子様と一緒に保護者の方々も卒園ですね。本当にお疲れ様でした。子ども達は、たくさんの遊びや行事を経験し、心も体も大きくたくましくなりました。卒園式では、立派な姿を見せてくれることでしょう。

P232-01

ありがとうございました

子ども達の笑顔が大好きでした。悩んだときには、「子ども達のためにどうするのがよいか」を一番に考えてきました。至らない点も多く、ご心配をおかけしたこともありましたが、そのたびごとに支えていただき、保護者の皆様には感謝の気持ちでいっぱいです。ありがとうございました。

P232-02

在園児代表・年中組さんへのお知らせ

◇ 3月○日（△）は、○○○○年度の卒園式です。年中組は、在園児の代表として、一緒に晴れの日をお祝いします。4月になれば年長組です。式に出席し卒園児の姿や歌声を心に焼き付けることで、次年度への見通しが立ち、励みにもなることと思います。卒園をお祝いする歌も練習中です。
・ きっと見事に役割を果たしてくれるでしょう。

P232-03

卒園式のご案内

暖かい陽気に誘われて、花壇の花が色とりどりに咲き始め、子ども達の卒園をお祝いしています。いよいよ卒園の時期を迎えました。「令和○年度　卒園式」をプログラムのように行います。お忙しい時期とは思いますが、ぜひご出席いただき、晴れの日を祝福していただければと思っています。

P232-04

P232-05 登降園風景

朝夕、おうちの方と一緒に歩くと、園での散歩の時間とは別の視線で自然に目を向け季節を感じることができるでしょう。歩くことで体力アップにもつながります。交通ルールを身につける絶好のチャンスでもありますね。車道と歩道の区別、横断歩道の渡り方、とび出し注意など。毎日の経験が習慣になるので、そのつど話しながら歩くとよいでしょう。多くの方が自転車を利用されているようです。お子様を自転車に乗せるときは、必ず幼児用のヘルメットを着用しましょう。

P232-06

P232-07

P232-08

P232-09

P232-10

そつえんおめでとう

P232-11

最後の異年齢交流

年長組と、お別れ遠足に行きます。「なかよし兄弟」として、一年間異年齢交流を続けてきました。一緒に遊んでいい思い出ができますように。

P233-01

お別れ遠足のお知らせ

3月○日（○）は、最後の遠足。年長組さんは、電車に乗って水族館に行きます。「お兄さん、お姉さんになったら電車に乗って遠足に行ける」と、ずっと憧れてきました。きっと特別な一日になることでしょう。

P233-02

年中組が中心となって

年中組主催のお別れ会があります。これまで行事をリードしてくれた年長組に代わって、プレゼントを考えたり進行を考えたり、出し物も予定しています。年長組さんに、喜んでもらいたいです。

P233-03

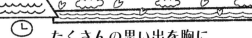

たくさんの思い出を胸に

卒園する年長組さん、転園・退園するお友達、そして退職する先生方とのお別れ会を行います。それぞれの年月を一緒に過ごし、楽しい思い出がたくさんできました。園とお別れするみんなが次の場所でたくさんたくさん活躍することを、心から願っています。

P233-04

P233-05

P233-06

P233-07

P233-08

P233-09A P233-09B

P233-10

P233-11A P233-11B

P233-12A P233-12B

233

P234-01

P234-02

P234-03　　P234-04

P234-05

P234-06

P234-07

P234-08

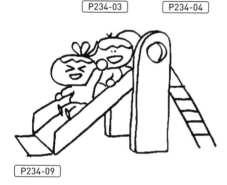

P234-09

P234-10

P234-11

P234-12

P234-13

P234-14

P234-15

P234-16

P234-17

P234-18

園全体が華やいで

ひな人形の飾り付けを行います。年長組の女の子たちが手際よくお手伝い。玄関前に7段飾りのおひな様がお目見えします。最近では見ることが少なくなった三人官女や五人ばやし、右大臣や左大臣。子ども達ばかりでなく、大人も見入ってしまいますね。

P235-01

オリジナルひな人形は必見です

3月3日、遊戯室においてひな祭り会を行います。ステージには、各学年で製作したひな人形を飾り、園特製のひな段飾りができ上がりました。個性豊かで、子どもの着眼点がよくわかるひな人形、なかには桜や橘、たんすや長持ち、牛車に注目した子どももいました。しばらくの間、遊戯室に展示しています。どうぞご覧ください。

P235-02

ひな祭りスペシャル給食

ひな祭りには、お楽しみ給食が出ます。お内裏様とおひな様に見立てたちらし寿司。年長組の子ども達がピックで顔をつけてくれます。子ども達も大好きなハマグリの潮汁、それとひしもち風ゼリー。給食プレートが春色に染まります。みんなの喜ぶ顔が楽しみです。

P235-03

3月3日は耳の日です

耳の健康のために気を付けておきたいこと
・普段からテレビの音や声の大きさに気を付け、大きな音で耳に負担をかけない。
・はなをかむときは片方ずつ交互にかむ。
・「音が聞こえにくい」「耳が痛い」など、気になることがあれば耳鼻科に相談を。

P235-04

P235-05

P235-06

P235-07

P235-08

P235-09

P235-10

P235-11

P235-12

耳の日
P235-13

P235-14

235

春分の日

3月〇日は春分の日。その前後約一週間を春のお彼岸とも言います。「暑さ寒さも彼岸まで」という言葉があるように、朝晩の冷え込みもこのころまでといっていいでしょう。花が咲き、虫達が戯れる、まさに自然をたたえ生命をいつくしむ季節がやってきます。

P236-01

園庭開放を行います

3月〇日に、「園庭開放」を行います。子ども達と一緒に園庭で思いきり遊んでみませんか？　砂場やボールで遊んだり、シャボン玉をとばしたり。他の保護者とお話しするチャンスもあります。お誘い合わせの上、ぜひお越しください。

P236-02

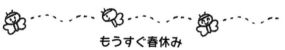

もうすぐ春休み

修了式が終わると、春休みです。ちょっぴり長い休みを子ども達はウキウキして待っています。特に春休みは、一つ大きくなる自信にあふれ開放的になります。生活リズムが乱れないように、見守っていただければと思います。そして、進級式には元気な笑顔に会えるのを、楽しみに待っています。

P236-04

P236-03

P237-05

P236-06

P236-07

P236-08

P236-09

P236-10

P236-11

P236-12

P236-13

P236-14

春、みーっけ!

P236-15

P236-16

〈乳児〉子どもの姿

P237-01 **0歳児**
散歩からの帰り、散歩車には乗らずに、みんなで歩いて帰ることにしました。一人ひとり歩く速さが違うので、少しずつ子ども達の間が広がっていきました。一番後ろでは、芝生の根元をのぞき込み、動かなくなってしまったAくん。「一緒に帰ろう」と声をかけても、なかなか立ち上がろうとしません。そのとき、散歩帰りの2歳児さん達が通りかかり、Aくんにそっと手を貸してくれました。お兄さんの手をとり、満面の笑顔で園まで戻ってきました。

P237-02 **1歳児の言葉のやりとり**
友達同士で「これ！」「○○ねえ」と、簡単な言葉を使ってやりとりをする姿が見られるようになりました。言葉と一緒に指差しやしぐさ、表情にまでも思いを込めて、一生懸命伝えようとしています。気持ちが通じ合って嬉しいときもあれば、思いが伝わらずに怒ったり泣いたりするときもあります。様々な思いを経験しながら、社会性を身につけてほしいと思います。

P237-03 **1歳児**
子ども達自身で遊びの環境をつくる姿が見られるようになりました。ボールで遊んでいると、「坂道作ったら転がるね」と言いながら、坂道になりそうな板を探し出して設置していました。自分で考えて遊ぶ子ども達の姿を見守っていきたいと思います。

P237-04 **2歳児**
卒園を控えた年長組さんと一緒にお散歩に行きました。お兄さん、お姉さんに手をつないでもらい、『さんぽ』の歌を歌いながら歩く子ども達はみんなにこにこです。芝滑りでは段ボールのそりを引いてもらい、年長組さんの優しさに包まれた一日でした。

P237-05 **外遊び大好き！**
保育者が外に出るそぶりを見せ始めると、いち早く察知して玩具を片付けるHくん。その速いこと！　あっという間に片付けを終わらせ、身支度を整え「まだ行かないの？」と言わんばかりに待っています。一年前のことを思い出しながら、たくましく成長した姿を嬉しく見ています。

P237-06 **いよいよ幼児クラスへ**
3歳児クラスへの引っ越しを済ませて、「あと何回寝たら○○組？」と聞いてきます。これまでのお部屋とは少し様子が違うので、保育者と一緒にお部屋の探検をして「ここにかばんをかけて」「ここで手を洗って」「トイレはどこ？」とイメージトレーニングをしました。気分はすっかり3歳児です。

P237-07　　P237-08　　P237-09　　P237-10

P237-11　P237-12　P237-13

P237-16　P237-17　P237-18　P237-19　P237-14　P237-15

237

登園できない感染症の確認を！

新学期を前に「登園できない感染症」を確認しておきましょう。学校保健安全法で定められた病気に感染してしまうと、一定の期間登園できなくなります。医師による治療の後、登園が可能になりますが、他のお子様への影響がある場合には家庭保育をお願いすることもあります。
第二種…インフルエンザ、水疱、麻しんなど。第三種…コレラ、細菌性赤痢、腸チフスなど。

P238-01

こんなに大きくなりました

今年度最後の身体測定を終え、子ども達の一年の成長を振り返ってみました。ねんねばかりだった子も、おすわり・ハイハイ・あんよ、と大きくなりました。離乳食が進まなかった子も、おかわりをするように。子ども達の成長を心から嬉しく思っています。

P238-02

食事の時間の過ごし方を第一に

この時期は、一緒に食事をする人の影響を受けやすい時期です。食べ物の嗜好もその一つ。甘い・からい・苦い・酸っぱいなどの言葉も一緒に食事をして味の共有をすることで覚えていきます。言葉のやりとりを楽しみながら食事をし、「おいしいね」という感覚を身につけていきたいですね。

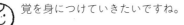

P238-03

少食が心配

一人ひとりの体の大きさが違うように、食べる量にも個人差があって当たり前です。大人が食べてほしいと思う量と、子どもがちょうどよいと感じる量に差があるのかもしれません。他の子どもと比較をするのではなく、お子様の様子をしっかり見ましょう。

P238-04

P238-05

P238-06

P238-07

P238-08

P238-10

P238-11

P238-12

P238-13

P238-09

P238-14

P238-15

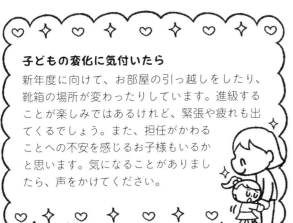

子どもの変化に気付いたら

新年度に向けて、お部屋の引っ越しをしたり、靴箱の場所が変わったりしています。進級することが楽しみではあるけれど、緊張や疲れも出てくるでしょう。また、担任がかわることへの不安を感じるお子様もいるかと思います。気になることがありましたら、声をかけてください。

P239-01

体調を崩しやすい時期です

朝夕の気温がまだまだ低く、日中の気温との差が大きい時期です。外では、「お日様、お日様」と、日が当たるところを探して遊ぶ姿もあります。汗をかいて遊んだ後は風邪をひかないように、汗の始末を適切にしていきたいですね。季節の変わり目、体調を崩さないように元気に過ごしましょう。

P239-02

子どももつらい花粉症

最近、子どもの花粉症が増えています。緑が豊かなのは、戸外遊びにとてもよい環境ではありますが、花粉症があるとつらいですね。目の充血やかゆみ、鼻水などの症状が見られたら耳鼻科の受診をお勧めします。鼻づまりで眠れず睡眠不足、目がかゆくて集中できないなど、日常生活に支障が出る場合もあります。早めの対応を。

P239-03

新年度に向けてサイズの確認を！

進級を前に洋服や靴のサイズを確認しておきましょう。衣服の着脱や靴の脱ぎはきを自分で行っています。新年度からの園生活が、気持ちよくスタートできるようにお願いします。小さくなった衣服や靴は、子ども達が大きくなった証です。一緒に喜びましょう。

P239-04

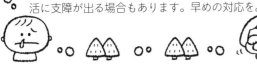

P239-05

P239-06

P239-07

P239-08

P239-10

P239-11

P239-12

P239-13

P239-14

P239-09

239

3月

〈食育〉文例／イラスト　〈リクエストメニュー　など〉

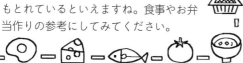

赤、黄、緑、バランスよく

毎日の食事に赤、黄、緑色の食品が入っていると、目にも鮮やかで食欲をそそりますね。また、食べ物が体の中に入るとどんな働きをするのかを、赤、黄、緑の色別で表すことで理解も深まります。三色がまんべんなく入ると栄養のバランスもとれているといえますね。食事やお弁当作りの参考にしてみてください。

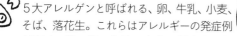
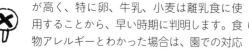

`P240-01`

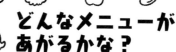

どんなメニューがあがるかな？

年度末最後の給食は、年長組さんのリクエストメニューになります。先月末に聞いたときには「カレー」「ミートソース」「エビフライ」「ハンバーグ」「唐揚げ」など、食べたい物を伝えてきました。さあ、みんなのリクエスト給食、何になるかな？
楽しみに待ちましょう。

`P240-02`

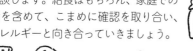

食物アレルギーとは

5大アレルゲンと呼ばれる、卵、牛乳、小麦、そば、落花生。これらはアレルギーの発症例が高く、特に卵、牛乳、小麦は離乳食に使用することから、早い時期に判明します。食物アレルギーとわかった場合は、園での対応をご相談します。給食はもちろん、家庭での食生活を含めて、こまめに確認を取り合い、食物アレルギーと向き合っていきましょう。

`P240-03`

給食室の皆さん、一年間ありがとう

今年度もあとわずかになりました。一年間、おいしい給食を作ってくださった給食の先生方に年長組さんから感謝を込めて手作りのプレゼントが渡されました。いつもみんなの健康を考えて、献立を考えてくださり、本当にありがとうございます。今年度は、世界の料理ということで、各国の料理も紹介してもらいました。来年の給食も楽しみにしています。

`P240-04`

`P240-05`

`P240-06`

`P240-07`

`P240-08`

`P240-09`

`P240-10`

`P240-11`

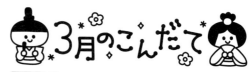

`P240-12`

園行事のプログラム&お知らせ作成のポイント

 Point 1 前年度などを参考に、事前に保護者に伝えることをまとめておきましょう。

 毎年よく聞かれる質問内容などを、各クラスであげておき、園全体のお知らせに盛り込むと充実した内容に。

 **Point 2** 用意するものが多い場合は、お知らせのタイミングに余裕を持たせます。

 保護者の負担になりそうな場合、代用案なども示すようにします。

Point 3 行事の当日に渡すプログラムは、見どころや練習の様子なども伝えると、興味深く読んでもらえます。

 当日に配られるため、文章は簡潔に！ 見やすく！レイアウトしましょう。

役立つテンプレートやイラスト、文例はp.242から！

入園式

テンプレート（プログラム）

ポイント

サクラや新入園児など、入園式にぴったりな、春らしいイラストや飾り文字を使ってレイアウトしましょう。

アドバイス

当日の保護者へのお願いごとは、囲みのラインの中に入れるなどしてお知らせします。箇条書きにするとわかりやすく、おすすめです。

お願い

■当日はお子様の上履きとスリッパ、外履きを入れるビニール袋をお持ちください。

■写真撮影やビデオ撮影は、保護者席から立たずに座ってお願いします。

■式終了後、クラスごとに記念撮影をします。担任がお声がけしますので、保護者席でお待ちください。

 ○年度　第○回

日時：○年○月○日（△）○時〜○時
場所：○○○○園 ホール

○○○○園

P242-01
A4サイズ（外側）

ポイント

Wordの「挿入」→「図形」で、セレモニーにぴったりなリボン型の囲みが作れます。

アドバイス

入園に対する保護者の不安や期待に寄り添うようなお祝いの言葉を伝えましょう。春らしい飾り枠を使うと、やわらかい印象になります。

式次第

1. はじめの言葉
2. 理事長あいさつ
3. 園長あいさつ
4. 来賓あいさつ
5. 職員紹介
6. 職員による出し物
7. プレゼント
8. 終わりの言葉

ご入園
おめでとうございます

子ども達の入園を待っていたかのように、桜が咲き誇っています。これから、お友達や先生とたくさん遊び、いろいろなことを一緒に経験していきましょう。園生活のなかで、子ども達の心のねっこが太くたくましく、健やかに伸びていくように願い、職員一同頑張りますので、よろしくお願いします。

○○○○園 園長
○○○○○

P242-02
A4サイズ（内側）

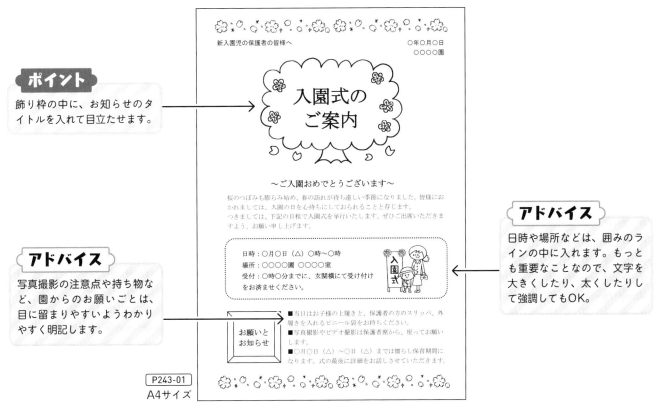

ポイント

飾り枠の中に、お知らせのタイトルを入れて目立たせます。

アドバイス

写真撮影の注意点や持ち物など、園からのお願いごとは、目に留まりやすいようわかりやすく明記します。

アドバイス

日時や場所などは、囲みのラインの中に入れます。もっとも重要なことなので、文字を大きくしたり、太くしたりして強調してもOK。

P243-01
A4サイズ

あいさつ文例

P243-02 **入園おめでとう**

入園おめでとうございます。
今日から○○園（○○組）での生活が始まります。子ども達も保護者の方々もきっとドキドキしていることでしょう。○○園には、「外で元気に遊ぶのが大好き」、「楽しいことが大好き」、「食べることが大好き」、そして「困っていたら助けてくれる」、そんな子ども達、先生達がたくさんいます。心配なことがあったら何でも相談してくださいね。一緒に考えていきましょう。

P243-03 **よろしくお願いします**

子ども達の入園を待っていたかのように、桜の花が咲きほころんでいます。これから、友達や先生とたくさん遊び、いろいろなことを一緒に経験していきましょう。園生活の中で、みなさんの心の根っこが太くたくましく、健やかに伸びていくように、職員一同頑張ります。

P243-04 **きっと大丈夫**

入園したばかりのお子様にとっては、初めてのことばかり。毎日がドキドキで、泣いちゃうこともあるでしょう。でも安心してください、必ず笑顔で過ごせるようになります。ゆったりとした気持ちで見守ってあげてください。

P243-05　　　　　P243-06　　　　　P243-07　　　　　P243-08

入園式

イラスト

P244-01A P244-01B

P244-02A P244-02B

P244-03

P244-04

P244-05

P244-06

P244-07

P244-08

P244-09

P244-10

P244-11

P244-12

P244-13

P244-14A P244-14B

P244-15

P244-16

P244-17

文例／イラスト

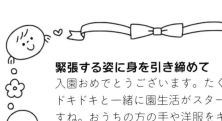

緊張する姿に身を引き締めて
入園おめでとうございます。たくさんの
ドキドキと一緒に園生活がスタートしま
すね。おうちの方の手や洋服をギュッ！
と握る姿を見ていると、「子ども達にとっ
て一日も早く園が楽しい場所になります
ように」という思いを強くもちました。

P245-01

準備万全、ついに入園です
お忙しい中、入園に関わる物や園生活のため
の準備、いろいろとありがとうございました。
名前を書いたりマークを付けたりしながら、
お子様の園生活について思いを馳せられたの
ではないでしょうか。おうちの方々の心のこ
もった準備のおかげで、子ども達は安心して
園生活をスタートさせることでしょう。

P245-02

新入園児の保護者の方にお願い
●玄関にスペースがないため、保護者の方は外履
き用のビニール袋を各自お持ちください。
●20日までは午前保育とさせていただきます。
●9時になりましたら、安全確保のために門を閉
めます。正門が閉まった後に登園した場合は、イ
ンターホンにてその旨をお話ししていただ
き、職員室に届け出をしてください。

P245-03

P245-04

P245-05

P245-06

P245-07

P245-08

P245-09

P245-10

P245-11

P245-12

P245-13

入園式

文例／イラスト

アドバイス

雨天時の対応や連絡について、必ず読んでほしいお知らせは、強調するために見出しに下線部を引いて。

ポイント

日時や場所は、表紙の目につきやすい場所に配置するとよいでしょう。

必ずお読みください

■雨天で開催できない場合は、〇月〇日（△）に延期します。

■延期となる場合は、当日朝〇時までに、園連絡メールにてお知らせします。ご確認をお願いします。

■閉会は〇時〇分の予定です。

〇〇〇〇園

〇年度　第〇回

日時：〇年〇月〇日（△）〇時～
　　　（雨天延期）
場所：〇〇〇〇園　園庭

P246-01
A4サイズ（外側）

アドバイス

保護者へのメッセージは、飾り文字と共に、運動会のワクワクドキドキ感を伝えましょう。

ポイント

当日のお願い事項は、囲みに入れるなどして目立たせると効果的です。

フレー！フレー！みんな

新緑が眩しく感じられるころになりました。新年度になって約ひと月、子ども達は少しずつ落ち着きを見せてきています。さて、〇〇〇〇園春の運動会のご案内です。子ども達の頑張りを温かく見守っていただき、そして大きな声援をお願いしたいと思います。保護者の皆様も子ども達と一緒にぜひお楽しみください。

〇〇〇〇園　園長
〇〇〇〇〇

～当日のお願い～

◆車でのご来場はご遠慮ください。
◆写真撮影やビデオ撮影は、競技、進行の妨げにならないようにご協力をお願いします。
◆園内は禁煙です。喫煙はご遠慮ください。
◆ゴミは、お持ち帰りをお願いします。
◆当日、遊具で遊んではいけません。特に小さなお子様は、けがのないようご注意ください。

プログラム

1　開会式
2　親子競技（〇〇〇組）
3　かけっこ＆親子ダンス（〇〇〇組）
4　かけっこ（〇〇〇組）
5　かけっこ＆ダンス（〇〇〇組）
6　保護者競技
7　かけっこ＆障害物競走（〇〇〇組）
8　かけっこ＆玉入れ（〇〇〇組）
9　ワクワク冒険隊（〇〇〇組、〇〇〇組）
10　パラバルーン（〇〇〇組、〇〇〇組）
11　紅白リレー（〇〇〇組）
12　閉会式

P246-02
A4サイズ（内側）

保護者の皆様へ

〇年〇月〇日
〇〇〇〇園

運動会のお知らせ

つい戸外に出て体を動かしたくなるような、さわやかな日が続いています。まさしくスポーツの秋ですね。〇月〇日（△）は待ちに待った運動会。おうちの方々も楽しみにしているのではないでしょうか。子ども達の頑張りの源は、何といっても来てくださった皆様の声援と笑顔。当日は、たくさんの応援と拍手をお願いします。保護者競技や親子競技も予定しています。子ども達と一緒にぜひ楽しい時間をお過ごしください。

日時：〇月〇日（△）　第1部　〇時～〇時／第2部　〇時～〇時
第1部　〇〇〇組、〇〇〇組、〇〇〇組
第2部　〇〇〇組、〇〇〇組、〇〇〇組
場所：〇〇〇〇小学校　グラウンド（〇〇〇市〇〇〇 〇T目〇）
持ち物：水筒（麦茶か水）、レジャーシート、子どもの着替え一式
※当日、〇〇〇組と〇〇〇組は、半袖長ズボンの動きやすい服装で、それ以外の子どもは体操服着用で来てください。

お願い

■スペースに限りがございますので、ご来場は各ご家庭二名まででお願いします。
■運動しやすい服装、靴でお越しください。
■写真撮影やビデオ撮影は、決められた場所で、周りの方に迷惑にならないよう譲り合ってお願いします。
■〇〇〇〇小学校内は禁煙、禁酒です。喫煙、飲酒はご遠慮ください。また、ペットの出入りも禁止です。

P247-01
A4サイズ

ポイント
飾り文字と入力文字を組わせて、タイトルにするとアクセントになって目立ちます。

ポイント
囲みの枠の上に、飾り罫を重ねるようにして配置しても、楽しい運動会のイメージが伝わります。

ポイント
当日のお願いは、飾り文字を使うと、目を留めやすくなり、おすすめです。

アドバイス
当日の子どもの服装など、決まりがある場合は漏れがないよう、ていねいに伝えます。

あいさつ文例

P247-02　運動会まであと〇日！
さわやかな秋晴れの日が続いています。まさしくスポーツの秋ですね。10月〇日は待ちに待った運動会。おうちの方々も楽しみにしているのではないでしょうか。子ども達の頑張りの源は、何といってもお父さん、お母さんの声援と笑顔。当日は、たくさんの応援と拍手をお願いします。親子競技も予定しています。子ども達と一緒にぜひ楽しい時間をお過ごしください。

P247-03　ついに本番を迎えます
お父さん・お母さんと一緒にダンスをしたり、障害物競走ごっこをしたりするのを心待ちにしている〇〇組の子ども達。これまでは年長組のお兄さん・お姉さん達と一緒に運動会ごっこを楽しんできましたが、当日はどんな表情を見せてくれるでしょうか。楽しみです。

P247-04　運動会のお願い
10月〇日（△）は運動会です。親子競技では、お子様と一緒に「キャタピラ」をしていただきます。動きやすい服装・靴でお越しください。競技前にご案内しますので、準備運動を済ませて集合をお願いします。お子様と一緒に楽しい一日をお過ごしください。

P247-05　　P247-06　　P247-07　　P247-08

247

P248-01A P248-01B

P248-02A P248-02B

P248-03

P248-04

P248-05

P248-06

P248-07A P248-07B

P248-08

P248-09

P248-10

P248-11

P248-12

P248-13

P248-14

P248-15

P248-16

応援 よろしくお願いします

P248-17

文例／イラスト

お手伝いをお願いします
○月○日（△）に開催する運動会に向け、子ども達の意識も少しずつ変わり、成長を感じています。さて、運動会当日の朝、会場設営をお手伝いしていただける方を募っております。万国旗の取り付けやテントの設営、園児椅子やテーブルを出すことなどが主なお仕事になります。お手伝いいただける方は、○時○分に園庭にお集まりください。

P249-01

運動会のご案内
新緑が眩しく感じるころになりました。新年度になって約ひと月、少しずつ落ち着きを見せてきています。さて、○○○園　春の運動会のご案内です。子ども達の頑張りを見守っていただき、大きな声援をお願いしたいと思います。保護者の皆様も子ども達と一緒にぜひお楽しみください。

P249-02

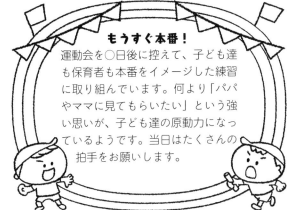

もうすぐ本番！
運動会を○日後に控えて、子ども達も保育者も本番をイメージした練習に取り組んでいます。何より「パパやママに見てもらいたい」という強い思いが、子ども達の原動力になっているようです。当日はたくさんの拍手をお願いします。

P249-03

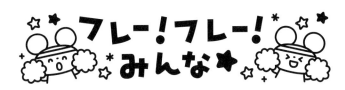

P249-04

P249-05

P249-06

P249-07

P249-08

P249-09

P249-10

P249-11

P249-12

P249-13

発表会

テンプレート（プログラム）

ポイント

保護者へのお願いは、飾り枠に入れてわかりやすく。

ポイント

発表会にぴったりなイラストをふんだんに使って、楽しい雰囲気が伝わるプログラムに。

お願い
- ■スリッパか上履きをお持ちください。
- ■写真撮影やビデオ撮影は、保護者席で座って行ってください。
- ■路上駐車は禁止です。自転車の駐輪は、園庭にお願いします。

感想をお聞かせください
アンケート用紙をお渡ししますので、発表会の感想をご記入いただき、〇月〇日（△）までに担任へお渡しください。次年度の参考にさせていただきます。

〇年度　第〇回

はっぴょうかい

日時：〇年〇月〇日（△）〇時〜
場所：〇〇〇〇園　遊戯室

〇〇〇〇園

P250-01
A4サイズ（外側）

アドバイス

見てもらいたいポイントや、当日を迎えるまでの子ども達の様子を紹介すると、発表会を見る保護者の意識も変わります。

ポイント

囲みのラインや飾り枠、イラストを組み合わせてアレンジすると、にぎやかな印象に。

プログラム

1　オープニング『はじまりのうた』
2　楽器遊び『わいわいワールド』（〇〇〇組）
3　楽器遊び『ヒヨコちゃんの行進』（〇〇〇組）
4　楽器遊び『みんな元気っこ』（〇〇〇組）
5　保育者によるハンドベル
　　〜ちょっとひといき　手遊び〜
6　劇遊び『タマゴはどこ？』（〇〇〇組）
7　劇遊び『音楽隊がやってきた』（〇〇〇組）
8　劇遊び『友達ほしいな』（〇〇〇組）
9　エンディング『おひさまになりたいね』

注目ポイント！

乳児クラス（〇〇〇組、〇〇〇組、〇〇〇組）は、楽器遊びに取り組みます。一年を通して楽器に触れやすい環境のため、春から鍵盤ハーモニカやタンブリンの音が響いていました。おうちの方々に聞いてもらえるのを、今から楽しみにしています。そして、幼児クラス（〇〇〇組、〇〇〇組、〇〇〇組）は、前年度の発表会が強く印象に残っているため、自分達で作り上げる劇遊びを心待ちにしていました。相談の段階からの展開も早く、それぞれが得意とすることを披露する場面を盛り込んだ、オリジナル劇に決定しました。劇中で使用する大道具、小道具はすべて子ども達の手作りです。どうぞお楽しみに！

〇〇〇〇園　園長
〇〇〇〇〇

P250-02
A4サイズ（内側）

250

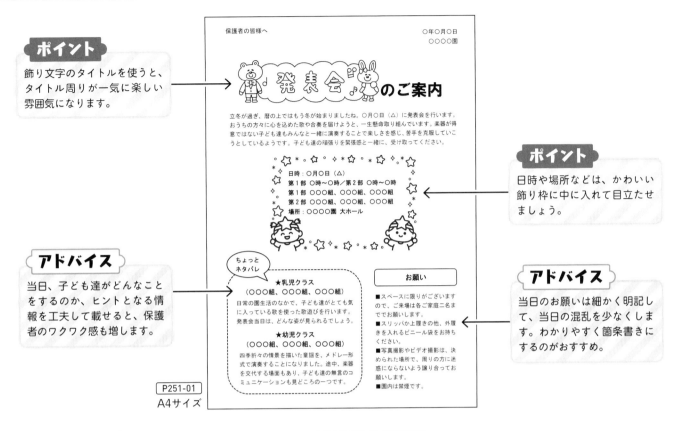

ポイント

飾り文字のタイトルを使うと、タイトル周りが一気に楽しい雰囲気になります。

ポイント

日時や場所などは、かわいい飾り枠に中に入れて目立たせましょう。

アドバイス

当日、子ども達がどんなことをするのか、ヒントとなる情報を工夫して載せると、保護者のワクワク感も増します。

アドバイス

当日のお願いは細かく明記して、当日の混乱を少なくします。わかりやすく箇条書きにするのがおすすめ。

P251-01
A4サイズ

あいさつ文例

P251-02 **生活発表会**

一年間、子ども達が生活や遊びのなかで培ってきたこと、身につけてきたことを、形にして発表する会です。例えば、「人前でお話をする」「友達と相談して決める」「自分で考えて行動する」など、一人ひとりが違う目標をもって一年間過ごしてきました。その成果を一つの形にして見ていただきます。趣旨をご理解いただきながら楽しんでいただきたいと思います。

P251-03 **生活発表会**

2歳児から生活発表会に参加します。日ごろ保育室で行っているような触れ合い遊びや、音楽遊びをステージの上で発表していきます。たくさんのお客様にびっくりしてしまうかもしれませんが、2歳児としての今の姿を、温かく見守っていただけたらと思います。

P251-04 **子ども達の頑張りを見守りましょう**

立冬が過ぎ、暦の上ではもう冬が始まります。11月○日（△）は、音楽発表会です。おうちの方々に、心を込めた歌や合奏を届けようと一生懸命取り組む子ども達。楽器が苦手な子もみんなと一緒に演奏することで楽しさを感じ、苦手を克服していこうとしているようです。子ども達の頑張りを、緊張感と一緒に受け取って下さい。

P251 05　　　P251-06　　　P251-07　　　P251-08

発表会 イラスト

P252-01A P252-01B

P252-02

P252-03

P252-04

P252-05

P252-06

P252-07

P252-08

P252-09

P252-10

P252-11

P252-12

P252-13

P252-14

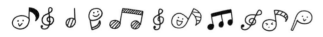

P252-15

P252-16

P252-17

文例／イラスト

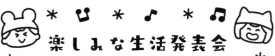

楽しみな生活発表会

昨年度5歳児クラスの劇遊びを間近で見ていた子ども達。今年は、自分達で作り上げる劇遊びを心待ちにしていました。相談の段階からの展開も早く、一人ひとりが得意なことを披露する場面もある、オリジナル劇に決定しました。劇中で使用する大道具、小道具もすべて子ども達の手作りです。どうぞお楽しみに。

P253-01

乳児クラスの演目

○○クラスの子ども達は、『おかいものごっこ』の歌遊びを行います。日常の保育で子ども達がとても気に入っている歌です。毎日買い物の中身が変わるのですが、「今日はなにかな」と、ワクワクして待つ表情がいつも新鮮でかわいいです。発表会当日は、どんなお買い物が見られるかな？

P253-02

演奏以外の見どころもお楽しみに

発表会では、四季折々の童謡をメドレー形式で演奏することになりました。途中、楽器を交代する場面もあり、子ども達の無言のコミュニケーションも見どころの一つです。楽器を準備したり、片付けたりする姿からも、物を大事にする気持ちが育ってきていることが伝わります。

P253-03

P253-04A P253-04B

P253-05

P253-06　　P253-07　　P253-08　　P253-09　　P253-10

P253-11

P253-12

P253-13

作品展

テンプレート（プログラム）

ポイント

「ワードアート」の機能で、文字をアーチ状にすることも。いろいろとアレンジしても楽しい雰囲気になります。

ポイント

作品展にのぞむ、子ども達の姿が想像できるようなイラストや飾り枠を活用しましょう。

◆◆◆お願い◆◆◆

◆スリッパか上履きをお持ちください。
◆路上駐車は禁止です。自転車の駐輪は、園庭にお願いします。
◆写真撮影はしていただけますが、個人情報保護の観点から、SNS などにアップロードするのはご遠慮ください。

○○○○園 ○年度

第○回
作品展の
ご案内

日時：○年○月○日（△）～○日（△）
○時～○時
場所：○○○○園

P254-01
A4サイズ（外側）

アドバイス

作品展は製作過程やエピソードをぜひ紹介しましょう。製作過程の子どもの姿に成長を感じ、会話のきっかけにも。

ポイント

クラスごとのエピソードは、囲みのラインでタグのようにすると読みやすいです。少し傾けると、ポップな印象に。

○○○組
新聞紙を丸めて牛乳パックに詰めて土台を組み立てた後に、和紙を細かくちぎってはり付け…。大きな「ゾウ」を作りました。「あれ？ でも鼻が短いね？」と担任が伝えると、「鼻は最後につけるの！」という声が。初めての共同製作です。

○○○組
楽しかった「おいも掘り」。「また行きたいね」「じゃあ、畑を作ってみようよ！」「いいね！」の子ども達の声で、巨大なおいも畑作りが始まりました。段ボール箱を切り取って使い、土の中を表現しています。実際に収穫体験をして遊べるしかけも！

○○○組
卒園を前に等身大の自分を描き上げます。大きな紙に寝転び、友達に型をとってもらい、自分で描いていきます。大きくなったことを感じながら、何日も何日もかけて「自分」を仕上げていきます。作品展では 26 人の等身大の子ども達が並ぶことになります。楽しみにしていてください。

○○○組
なぐりがきや丸ばかりの絵ですが、よく見ると少しずつ力強いタッチになってきたことや、丸の中に顔が描かれるようになってきたことなどがわかります。4月の自分の手形、足形製作を見付け、大きさ比べをする子ども達。大きくなったことに気付いたかしら。

**製作
エピソード**

○○○組
絵の具を手のひらにつけて、アルミホイルにぺったん。紙とは違う、ひんやりとした感触を感じながら夢中に…。今度はペットボトルのキャップでぺったん。いろいろな形の物でスタンプを楽しみ、額に飾りました。

○○○組
「どうぶつえん」を表現してみました。「ウサギさん」「クマさん」と言いながら、かわいらしい絵を描いていました。丸に目と口、でも子ども達にとっては、大好きな動物です。ご覧になりましたら、ぜひお子様の思いに共感してください。

P254-02
A4サイズ（内側）

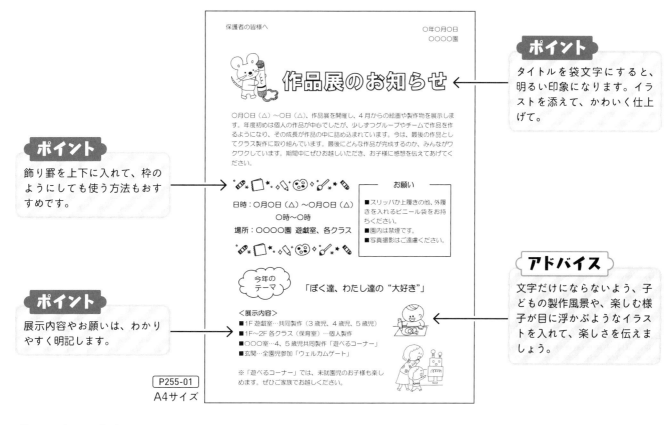

ポイント
タイトルを袋文字にすると、明るい印象になります。イラストを添えて、かわいく仕上げて。

ポイント
飾り罫を上下に入れて、枠のようにしても使う方法もおすすめです。

ポイント
展示内容やお願いは、わかりやすく明記します。

アドバイス
文字だけにならないよう、子どもの製作風景や、楽しむ様子が目に浮かぶようなイラストを入れて、楽しさを伝えましょう。

P255-01
A4サイズ

あいさつ文例

P255-02 **作品展のご案内**
○月○日〜○日、園の遊戯室において、作品展を開催し、4月から取り組んできた絵画や製作物を展示します。年度初めは個人の製作が中心でしたが、少しずつグループやチームで作品を作るようになり、その成長の様子が作品の中に詰め込まれています。今は、一年間のまとめとしてクラス製作に取り組んでいます。どんな作品が完成するのか、みんながワクワクしています。期間中にぜひお越しいただき、お子様に感想を伝えてあげてください。

P255-03 **子ども達の宇宙を楽しみにしてください**
作品展のテーマは「宇宙」。6月のプラネタリウム見学がきっかけとなり、子ども達が宇宙に興味をもち始めたことから、テーマが決まりました。星や空に関する絵を描いたり工作をしたりしてきました。一年間の成長も感じとっていただけると思います。どうぞお楽しみに。

P255-04 **成長を感じる力作ぞろい**
作品展の期間中、乳児クラスの作品を多目的ホールに展示します。なぐりがきや丸ばかりの絵ですが、よく見ると少しずつ力強くなってきたことや丸の中に顔が見られるようになってきたことなどがわかります。4月当時の自分の手形・足形製作を見付け、大きさ比べをする様子も見られます。大きくなったことに気付いたかな？

P255-05   P255-06   P255-07   P255-08

作品展

イラスト

P256-01A P256-01B

P256-02

P256-03

P256-04

P256-05

P256-06

P256-07A P256-07B

P256-08

P256-09

P256-10

P256-11

P256-12

P256-13

P256-14

P256-15

P256-16

P256-17

文例／イラスト

乳児クラスのかわいい動物園
幼児クラスのテーマに合わせて、乳児クラスでも「どうぶつえん」を表現しています。「うさぎさん」「くまさん」と言いながら、かわいらしい絵を描きました。なぐり描きや丸と点だけですが、大好きな動物です。ご覧になりましたら、ぜひ「かわいいうさぎさんね」などと、共感してください。

P257-01

集大成となる卒園製作
5歳児クラスは、卒園を前に等身大の自分を描き上げます。大きな紙に寝転び、友達に型をとってもらい、自分で絵を描いていきます。大きくなったことを感じながら、何日も何日もかけて「自分」を仕上げていきます。作品展では26人の等身大の子ども達が並ぶことになります。楽しみにしていてください。

P257-02

作品展のお知らせ

・日時…〇月〇日（△）
　　〇〇：〇〇〜〇〇：〇〇

・場所…ホール・各保育室・廊下・園庭
＜お願い＞
・スリッパをお持ちください。
・写真撮影は、ご遠慮ください。
・作品を触らないようにご注意ください。

P257-03

P257-04A　P257-04B

P257-05

P257-06　　P257-07　　P257-08　　P257-09　　P257-10

P257-11　　P257-12　　P257-13

257

卒園式

テンプレート（プログラム）

ポイント

お願いごとは、飾り罫を組み合わせると枠のようになり、目立ちます。

ポイント

鳥やリボンなど、卒園児にぴったりなイラストや飾り枠を使って、セレモニーらしさをプラス。

当日のお願い

■スリッパか上履きをお持ちください。
■路上駐車は禁止です。自転車の駐輪は、園庭にお願いします。
■写真撮影やビデオ撮影は、保護者席から座ってお願いします。

○○○○園
○年度　第○回

卒園式の
ご案内

日時：○年○月○日（△）○時～○時
場所：○○○○園 ホール

P258-01
A4サイズ（外側）

アドバイス

園生活の思い出を振り返り、別れを惜しむだけでなく、進学の喜びを伝えるメッセージで、子ども達の旅立ちをお祝いします。

アドバイス

当日の流れがわかる式次第は、簡潔にわかりやすく。大まかなタイムスケジュールを入れても○。

ご卒園
おめでとうございます

○○組のみなさん、ご卒園おめでとうございます。泣いたり笑ったり、けんかをしたり怒ったり…。とても愉快な子ども達でした。喜怒哀楽、感情表現が豊かで、毎日がとても賑やかに過ぎていきました。遊びがすごくじょうずで、楽しいことが大好き。大きな行事に一致団結して取り組む姿は、小さいクラスの子ども達の憧れでした。桜の花が咲くころ、○名の小学一年生が誕生しますね。さあ、輝く未来へはばたきましょう。

○○○○園 園長
○○○○○

式次第

1 卒園児入場
2 開式の言葉
3 卒園証書授与
4 保護者会 会長あいさつ
5 来賓祝電
6 在園児お別れの言葉
7 卒園児お別れの言葉
8 歌
9 閉式の言葉

P258-02
A4サイズ（内側）

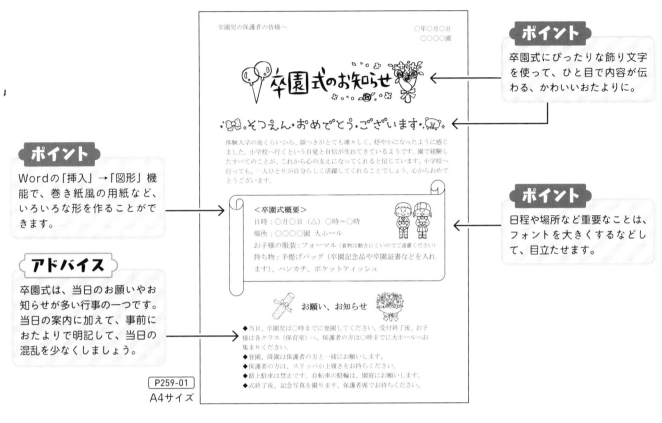

ポイント

卒園式にぴったりな飾り文字を使って、ひと目で内容が伝わる、かわいいおたよりに。

ポイント

Wordの「挿入」→「図形」機能で、巻き紙風の用紙など、いろいろな形を作ることができます。

ポイント

日程や場所など重要なことは、フォントを大きくするなどして、目立たせます。

アドバイス

卒園式は、当日のお願いやお知らせが多い行事の一つです。当日の案内に加えて、事前におたよりで明記して、当日の混乱を少なくしましょう。

P259-01
A4サイズ

あいさつ文例

P259-02 **ご卒園おめでとうございます**

○○組のみなさんは、泣いたり笑ったり、けんかをしたり怒ったり…。とても愉快な子ども達でした。喜怒哀楽、感情表現が豊かで、毎日がとても賑やかに過ぎていきました。遊びがじょうずで、楽しいことが大好き。大きな行事に一致団結して取り組む姿は、下のクラスの子の憧れでした。桜の花が咲くころ、○名の小学一年生が誕生しますね。さあ、輝く未来へはばたきましょう。

P259-03 **卒園児からの引き継ぎ**

昨年の初冬に植えた球根から可愛い花が咲き始め、子ども達の卒園に素敵な色を添えています。卒園する子ども達から在園児へ、園生活での様々なことが引き継がれました。カブトムシのお世話の仕方、ビー玉の使い方、絵本の借り方、人数当番のやり方など。年長としての役割を伝え、引き継ぎを完了すると、いよいよ本当の卒園です。

P259-04 **卒園式のご案内**

暖かい陽気に誘われて、花壇の花が色とりどりに咲き始め、子ども達の卒園をお祝いしています。いよいよ卒園の時期を迎えました。「令和○年度　卒園式」をプログラムのように行います。お忙しい時期とは思いますが、ぜひご出席いただき、晴れの日を祝福していただければと思っています。

P259-05

P259-06

P259-07

P259-08

259

P260-01

P260-02A P260-02B

P260-03

P260-04

P260-05

P260-06

P260-07

P260-08

P260-09

P260-10

P260-11

P260-12

P260-13

P260-14

P260-15

P260-16

* そつえん＊おめでとう＊ございます＊

P260-17

文例／イラスト

園での経験を胸に小学校へ

小学校体験入学の後くらいから、顔つきがとても凛々しく、穏やかになってきました。自覚と自信が付いてきたようです。園で経験したすべてのことが、これから心の支えになってくれることでしょう。心からおめでとうございます。

P261-01

みなさんなら大丈夫！

最近の子ども達の話題の中心は、何といっても小学校のこと。楽しみな中にも、少しの不安や緊張を感じているようです。これまでもたくさんの悩みや困難、不安や緊張を乗り越えてきました。みなさんなら大丈夫、きっと楽しい小学校生活が待っていますよ。

P261-02

ありがとうございました

子ども達の笑顔が大好きでした。悩んだときには、「子ども達のためにどうするのがよいか」を一番に考えてきました。至らない点も多く、ご心配をおかけしたこともありましたが、そのたびごとに支えていただき、保護者の皆様には感謝の気持ちでいっぱいです。ありがとうございました。

P261-03

P261-04

P261-05A　P261-05B

P261-06　　P261-07　　P261-08　　P261-09　　P261-10

P261-11　　P261-12　　P261-13

261

お誕生日会 テンプレート／文例／イラスト

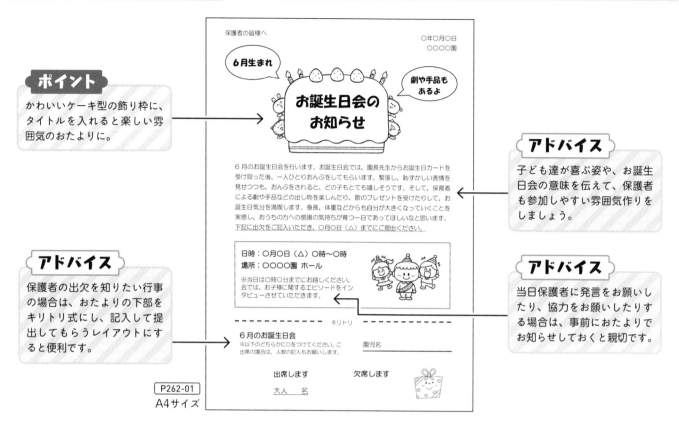

ポイント

かわいいケーキ型の飾り枠に、タイトルを入れると楽しい雰囲気のおたよりに。

アドバイス

保護者の出欠を知りたい行事の場合は、おたよりの下部をキリトリ式にし、記入して提出してもらうレイアウトにすると便利です。

アドバイス

子ども達が喜ぶ姿や、お誕生日会の意味を伝えて、保護者も参加しやすい雰囲気作りをしましょう。

アドバイス

当日保護者に発言をお願いしたり、協力をお願いしたりする場合は、事前におたよりでお知らせしておくと親切です。

保護者の皆様へ　〇年〇月〇日　〇〇〇〇園

6月生まれ

劇や手品もあるよ

お誕生日会のお知らせ

6月のお誕生日会を行います。お誕生日会では、園長先生からお誕生日カードを受け取った後、一人ひとりおんぶをしてもらいます。緊張し、恥ずかしい表情を見せつつも、おんぶをされると、どの子もとても嬉しそうです。そして、保育者による劇や手品などの出し物を楽しんだり、歌のプレゼントを受けたりして、お誕生日気分を満喫します。身長、体重などからも自分が大きくなっていくことを実感し、おうちの方への感謝の気持ちが育つ一日であってほしいなと思います。下記に出欠をご記入いただき、〇月〇日（△）までにご提出ください。

日時：〇月〇日（△）〇時〜〇時
場所：〇〇〇〇園 ホール

※当日は〇時〇分までにお越しください。会では、お子様に関するエピソードをインタビューさせていただきます。

- - - - - - - - - キリトリ - - - - - - - - -

6月のお誕生日会
※以下のどちらかに〇をつけてください。ご出席の場合は、人数の記入もお願いします。

園児名

出席します　　欠席します

大人　　名

P262-01
A4サイズ

あいさつ文例

P262-02　今月お誕生日を迎えるお友達へ

お誕生日会では、園長先生からお誕生日カードを受け取った後、一人ひとりおんぶをしてもらいます。緊張し、恥ずかしい表情を見せつつも、おんぶをされるその顔はとても嬉しそうです。そして、先生方の劇や手品などの出し物を楽しんだり、歌のプレゼントをうけたり、お誕生日気分を満喫します。身長、体重などからも自分が大きくなっていくことを実感し、お父さんお母さんへの感謝の気持ちが育つ一日であってほしいなと思います。

P262-03　〇月〇日のお誕生日会のお知らせ

〇月のお誕生日会をホールで行います。当日は、おうちの方も参加して一緒に楽しんでいただければと思います。〇〇ちゃんの生まれたときのお話をお伺いし、子ども達からの質問にも答えていただく予定です。短い時間ですが、ぜひお楽しみください。

P262-04　毎月のお誕生日会の実施について

お誕生日会では、お誕生月の子ども達が主役になります。ステージの上で司会の先生にインタビューをされて、好きなお友達や好きな遊び、将来の夢などを発表します。マイクを向けられると、ちょっぴり恥ずかしく、でも誇らしい表情を見せます。年に一度主役になれる日を、誰もが楽しみに待っています。

P262-05　　P262-06　　P262-07　　P262-08

イラスト

P263-01A P263-01B

P263-02

P263-03

P263-04

P263-05

P263-06

P263-07

P263-08

P263-09

P263-10

P263-11

P263-12

P263-13

P263-14

P263-15

P263-16

P263-17

263

お誕生日会 文例／イラスト

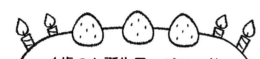

1歳のお誕生日エピソード

先日、1歳のお誕生日を迎えたB君。一升分のもち米でおもちをついて背負ったそうです。「一生食べるのに困らない」などの縁起を担いだものとのこと。おもちを背負って、立てても、立てなくても、転んでもみんなが幸せな気分になれますよね。さて、B君は立てたのかな？

P264-01

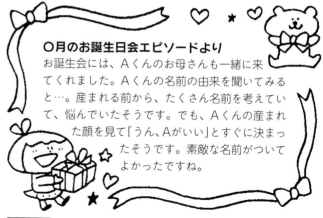

○月のお誕生日会エピソードより

お誕生会には、Aくんのお母さんも一緒に来てくれました。Aくんの名前の由来を聞いてみると…。産まれる前から、たくさん名前を考えていて、悩んでいたそうです。でも、Aくんの産まれた顔を見て「うん、Aがいい」とすぐに決まったそうです。素敵な名前がついてよかったですね。

P264-02

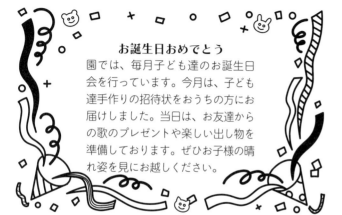

お誕生日おめでとう

園では、毎月子ども達のお誕生日会を行っています。今月は、子ども達手作りの招待状をおうちの方にお届けしました。当日は、お友達からの歌のプレゼントや楽しい出し物を準備しております。ぜひお子様の晴れ姿を見にお越しください。

P264-03

おたんじょうび　おめでとう

P264-04

お誕生日会のお知らせ

P264-05

P264-06

P264-07

P264-08

P264-09

P264-10

P264-11

P264-12

P264-13

イラスト

P265-01A　P265-01B

P265-02A　P265-02B

P265-03A　P265-03B

P265-04A　P265-04B

P265-05

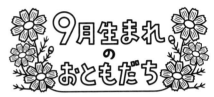

P265-06

P265-07A　P265-07B

P265-08A　P265-08B

P265-09A　P265-09B

P265-10A　P265-10B

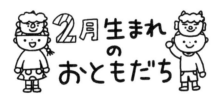

P265-11A　P265-11B

P265-12A　P265-12B

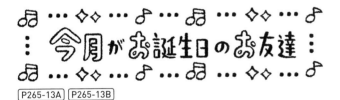
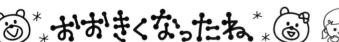

P265-13A　P265-13B

P265-14A　P265-14B

P265-15

P265-16

P265-17A　P265-17B

P265-18

265

遠足・園外保育 テンプレート／文例／イラスト

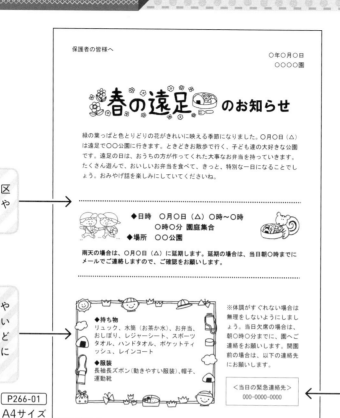

保護者の皆様へ

〇年〇月〇日
〇〇〇〇園

春の遠足 のお知らせ

緑の葉っぱと色とりどりの花がきれいに映える季節になりました。〇月〇日（△）は遠足で〇〇公園に行きます。ときどきお散歩で行く、子ども達の大好きな公園です。遠足の日は、おうちの方が作ってくれた大事なお弁当を持っていきます。たくさん遊んで、おいしいお弁当を食べて、きっと、特別な一日になることでしょう。おみやげ話を楽しみにしていてくださいね。

◆日時　〇月〇日（△）〇時〜〇時
　　　　〇時〇分　園庭集合
◆場所　〇〇公園

雨天の場合は、〇月〇日（△）に延期します。延期の場合は、当日朝〇時までにメールでご連絡しますので、ご確認をお願いします。

◆持ち物
リュック、水筒（お茶か水）、お弁当、おしぼり、レジャーシート、スポーツタオル、ハンドタオル、ポケットティッシュ、レインコート
◆服装
長袖長ズボン（動きやすい服装）、帽子、運動靴

※体調がすぐれない場合は無理をしないようにしましょう。当日欠席の場合は、朝〇時〇分までに、園へご連絡をお願いします。開園前の場合は、以下の連絡先にお願いします。

＜当日の緊急連絡先＞
000-0000-0000

P266-01
A4サイズ

ポイント

項目と項目の間は、罫線で区切るとまとまりが出て、見やすくなります。

アドバイス

遠足はお弁当などの持ち物や服装など、保護者へのお願いが多い行事です。飾り枠などに入れて、目が留まるようにしましょう。

アドバイス

当日の緊急連絡先も、保護者は把握しておきたい情報です。囲みのラインに入れるなどして目立たせます。

あいさつ文例

P266-02 春の遠足のお知らせ

緑の葉っぱと色とりどりの花がきれいに映える季節になりました。〇月〇日は遠足で〇〇公園に行きます。お散歩でもよく行くことがある、子ども達の大好きな公園です。遠足の日は、おうちの方が作ってくれたお弁当を持っていきます。たくさん遊んで、おいしいお弁当を食べて。きっと、特別な一日になることでしょう。お土産話を楽しみにしていてくださいね。

P266-03 準備も楽しい遠足

5月〇日は、待ちに待った遠足です。いつものお散歩からちょっと足をのばして〇〇公園に出かけます。「オタマジャクシがとれるかも」と、いまからワクワクです。オタマジャクシ用の入れ物も作り始めました。「てるてる坊主を作らなきゃ！」と大忙しの子ども達です。遠足や遊びに必要な物を自分で考え、準備する姿を頼もしく見守っています。

P266-04 楽しみな秋の遠足

秋の気配が濃くなり、外で過ごすと気持ちのよい季節になりました。子ども達が楽しみにしている秋の遠足がもうすぐです。ドングリやマツボックリなどを拾ったり探索を楽しんだり、存分に秋の自然を感じてきたいと思います。お土産話を楽しみにしていてください。

P266-05　　　P266-06　　　P266-07　　　P266-08

イラスト

P267-01A　P267-01B

P267-02A　P267-02B

遠足・園外保育　イラスト

P267-03

P267-04

P267-05A　P267-05B

P267-06

P267-07

P267-08

P267-09

P267-10

P267-11

P267-12

P267-13

P267-14

P267-15

P267-16

P267-17

遠足・園外保育 文例／イラスト

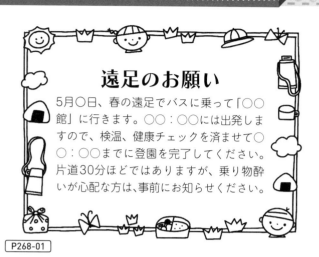

遠足のお願い

5月○日、春の遠足でバスに乗って「○○館」に行きます。○○：○○には出発しますので、検温、健康チェックを済ませて○○：○○までに登園を完了してください。片道30分ほどではありますが、乗り物酔いが心配な方は、事前にお知らせください。

P268-01

かわいい園外保育エピソード

○○公園に着いてから、みんなで遊んでいたところ、急にシートに座り込むHちゃん。鬼ごっこをしていても、かくれんぼをしていても… 何度となく。おなかがすいたのかなと思って声をかけると、お母さんが作ってくれたお弁当が崩れてしまわないように、リュックを守っているとのこと。お弁当を作ってもらったことが本当に嬉しかったのですね。

P268-02

秋の遠足のお知らせ

●日にち：○月○日（△）
●集合：園庭　○時○分集合
●行先：○○公園
※雨天時は、○月○日（△）に延期となります。
●持ち物：リュックサック、お弁当、水筒、ビニールシート、タオル、ハンドタオル、レインコート　※ただし、当日雨の場合でもお弁当、水筒の準備はお願いします。

P268-03

遠足のお知らせ

P268-04A P268-04B

園外保育のお知らせ

P268-05A P268-05B

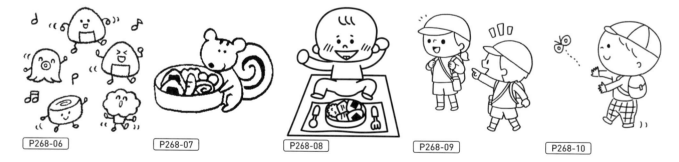

P268-06　　P268-07　　P268-08　　P268-09　　P268-10

P268-11

P268-12

P268-13

ポイント

タイトルをアーチ状にすると、やわらかい印象のおたよりになります。

ポイント

日時や場所は、文字を大きくしたり太字にしたりするなど、目立つようにレイアウトします。

保護者の皆様へ

〇年〇月〇日
〇〇〇〇園

懇談会のお知らせ

新しい保育室で新しい保育者や友達との生活がにぎやかにスタートしました。新年度早々ではありますが、クラス懇談会を行い、新担任から入園、進級後の子ども達の様子や今年度のクラス方針などについて、お伝えしていきます。また、ご家庭でのお子様の姿をお話しいただき、情報交換などをしていただければと思います。ぜひご参加ください。

◆日時
〇〇〇組、〇〇〇組、〇〇〇組…〇月〇日（△）〇時〜〇時
〇〇〇組、〇〇〇組、〇〇〇組…〇月〇日（△）〇時〜〇時
◆場所　〇〇〇〇園　保育室（当日お知らせいたします）。

当日の内容
・担任より園でのお子様の様子について
・クラスの方針などについて
・ご家庭でのお子様の様子について意見交換
・担任、保護者の皆さまと懇談
・栄養士からのお話（アレルギーのことなど）
・給食とおやつの試食

お願い、お知らせ
◆スリッパと、外履きを入れるビニール袋をお持ちください。
◆筆記用具をお持ちください。
◆ご都合がつきにくく、参加ができない方は担任までお知らせください。懇談会の内容は、後日口頭でお伝えします。
◆懇談会後は、お子様と一緒に降園となります。

P269-01
A4サイズ

アドバイス

当日の内容や流れがわかると、保護者は事前に、子どもに関する悩みや相談したいことを整理しておくことができます。

ポイント

保護者へのお願いは、イラストを添えると目に留まりやすく、忘れ物も防げます。

あいさつ文例

P269-02　個人面談のお知らせ

新学期の緊張も和らぎ、新しい環境にも慣れてきたようです。春の個人面談を行いますので、お時間を調整のうえ、ご参加ください。4月以降、興味を向けていることや友達関係、遊びの様子などを具体的にお話しさせていただきます。また、おうちでの様子なども伺いたいと思います。心配なことなどがありましたら、ぜひお聞かせください。

P269-03　クラス懇談会ご参加のお願い

新しい保育室で新しい保育者や友達との生活がにぎやかにスタートしました。新年度早々ではありますが、クラス懇談会を行い、新担任から入園進級後の子ども達の様子や今年一年間のクラス方針などについて、お伝えしていきます。また、ご家庭でのお子様の姿をお話しいただき、情報交換などもできたらと思います。ぜひご参加ください。

P269-04　懇談会での内容について

ここ数日、園では日々の保育の様子やお子様の姿をビデオで撮影しております。お友達と元気いっぱい遊んだり、給食を食べたりする姿を見ながら、子ども達の様子を話し合いましょう。

P269-05　　P269-06　　P269-07　　P269-08

懇談会・個人面談

イラスト

P270-01A　P270-01B

P270-02A　P270-02B

P270-03

P270-04

P270-05

P270-06A　P270-06B

P270-07A　P270-07B

P270-08

P270-09

P270-10

P270-11

P270-12

P270-13

P270-14A　P270-14B

P270-15

P270-16

P270-17

年度始めの個人面談

入園・進級後のお子様の様子をご家庭と共有し、今後の成長につなげていくために、個人面談を行います。お一人20分程度を予定しています。何か、お聞きになりたいことがありましたら、あらかじめまとめておいていただけると助かります。お忙しいこととは思いますが、よろしくお願いします。

P271-01

懇談会のお知らせ

●日時：〇月〇日（△）〇時〜〇時
●場所：〇〇〇〇園　〇〇組保育室
当日の流れ
①担任よりあいさつ　②園の方針などについて
③園での生活について（スライドで）
④保護者の皆様の懇談　⑤今年度の役員決め
終了後にアンケートのご協力をお願いします。

P271-02

懇談会のお知らせ

5月〇日　17：00からクラス懇談会を行います。進級後のクラスの様子や今後のクラス運営について担任からお話しします。また、家庭でのお子様の様子などもお話しいただく予定です。「お子様のよいところ3つ」のエピソードもご準備くださいね。たくさんの方のご参加お待ちしています。

P271-03

懇談会のお知らせ

P271-04A　P271-04B

個人面談のお知らせ

P271-05A　P271-05B

P271-06

P271-07

P271-08

P271-09

P271-10

P271-11

わからないことは何でも聞いてください

P271-12A　P271-12B

おまかせください

P271-13

ポイント

キャッチコピーのように文字を斜めにすると、参加を呼びかける楽しい雰囲気に。

ポイント

目立たせたい場合は、タイトルに飾り文字を使うのがおすすめです。

アドバイス

当日はどんなことをするのか、不安に感じる保護者も。その場合は当日の流れを載せるとスムーズです。

アドバイス

四角やメモ型、丸型など、いろいろな形の囲みのラインを活用すると、情報が整理され、見やすいおたよりになります。

保護者の皆様へ　　　　　　　　　　　　〇年〇月〇日
　　　　　　　　　　　　　　　　　　　〇〇〇〇園

ぜひご参加ください！

保育参観のお知らせ

新しい環境に戸惑いや緊張を感じていた子ども達も、ようやく心からの笑顔が見られるようになりました。安心して遊ぶ姿を見ると、私達も嬉しくなります。〇日の保育参観では、泣いたり笑ったりする子ども達の自然な姿を見ていただけると思います。参観日には、エプロン、三角巾、マスク着用をお願いし、保育者を装っていただきます。お子様に気付かれることなく、普段の園生活の様子をご覧ください。

| 日時 | 〇月〇日（△）〇時～〇時（〇〇〇組、〇〇〇組、〇〇〇組）
〇月〇日（△）〇時～〇時（〇〇〇組、〇〇〇組、〇〇〇組） |

| 場所 | 各クラス（保育室） |

当日の流れ
・登園後、〇〇〇室にてエプロンや三角巾などを着用
・各クラスの活動を見学
・お子様と一緒にゲームや製作に参加
・お子様と一緒に降園

【お知らせとお願い】
●各クラスの活動内容は、当日お知らせします。
●スリッパや筆記用具、外履きを入れるビニール袋をお持ちください。
●園に駐車はできません。駐輪は園庭にお願いします。

P272-01
A4サイズ

あいさつ文例

P272-02 **乳児クラス：保育参観のお知らせ**

新しい環境に戸惑いや緊張を感じていた子ども達も、ようやく心からの笑顔が見られるようになりました。安心して遊ぶ姿を見ると、私達も嬉しくなります。〇日からの保育参観週間では、泣いたり笑ったりする子ども達の自然な姿を見ていただけると思います。参観日には、エプロン・三角巾・マスク着用をお願いし、保育者風に装っていただきます。お子さんに気付かれることなく、普段の園生活の様子をご覧ください。

P272-03 **保育参加お待ちしております**

〇月〇日～〇日は、保育参加週間です。ご都合のよい日にちをお申し出ください。子ども達の活動や遊びに参加していただきますので、動きやすい服装でお越しください。進級後、お子様が何に興味を向けているのか、友達とどのような関わり方をしているのかなど、ぜひご覧いただければと思います。

P272-04 **不参加の場合**

〇月〇日の保育参加は、子どもと一緒に木工をしていただく予定です。ご家族どなたでもご参加になれます。当日参加できない場合は、あらかじめご連絡くださいますようお願いします。

P272-05　　　P272-06　　　P272-07　　　P272-08

文例／イラスト

保育参観・保育参加

文例／イラスト

P273-01A P273-01B

P273-02A P273-02B

P273-03

P273-04

P273-05

P273-06

P273-07

P273-08

P273-09

P273-10

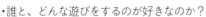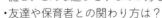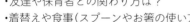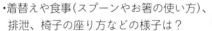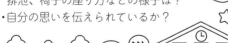

保育参観

参観のポイント
・誰と、どんな遊びをするのが好きなのか？
・友達や保育者との関わり方は？
・着替えや食事（スプーンやお箸の使い方）、排泄、椅子の座り方などの様子は？
・自分の思いを伝えられているか？

P273-11

保育参加での見どころ

今年度も後半に入りました。10月の運動会で、友達と力を合わせることや、あきらめず最後まで頑張ることなど、多くのことを経験したようです。課題や困難を克服していくための力も少しずつ身についてきました。今回の保育参加では、そうした子ども達の成長を感じていただけたら嬉しいです。

P273-12

P273-13

P273-14

よろしくお願いします

P273-15

273

プール開き テンプレート／文例／イラスト

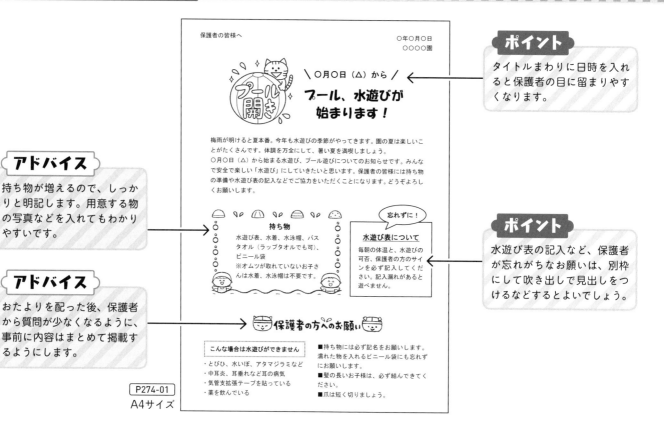

保護者の皆様へ　　　　　　　　　　　　○年○月○日
　　　　　　　　　　　　　　　　　　　○○○○園

\○月○日（△）から/

プール、水遊びが始まります！

梅雨が明けると夏本番。今年も水遊びの季節がやってきます。園の夏は楽しいことがたくさんです。体調を万全にして、暑い夏を満喫しましょう。
○月○日（△）から始まる水遊び、プール遊びについてのお知らせです。みんなで安全で楽しい「水遊び」にしていきたいと思います。保護者の皆様には持ち物の準備や水遊び表の記入などでご協力をいただくことになります。どうぞよろしくお願いします。

持ち物

水遊び表、水着、水泳帽、バスタオル（ラップタオルでも可）、ビニール袋
※オムツが取れていないお子さんは水着、水泳帽は不要です。

忘れずに！

水遊び表について

毎朝の体温と、水遊びの可否、保護者の方のサインを必ず記入してください。記入漏れがあると遊べません。

保護者の方へのお願い

こんな場合は水遊びができません

・とびひ、水いぼ、アタマジラミなど
・中耳炎、耳垂れなど耳の病気
・気管支拡張テープを貼っている
・薬を飲んでいる

■持ち物には必ず記名をお願いします。濡れた物を入れるビニール袋にも忘れずにお願いします。
■髪の長いお子様は、必ず結んできてください。
■爪は短く切りましょう。

P274-01
A4サイズ

ポイント
タイトルまわりに日時を入れると保護者の目に留まりやすくなります。

アドバイス
持ち物が増えるので、しっかりと明記します。用意する物の写真などを入れてもわかりやすいです。

アドバイス
おたよりを配った後、保護者から質問が少なくなるように、事前に内容はまとめて掲載するようにします。

ポイント
水遊び表の記入など、保護者が忘れがちなお願いは、別枠にして吹き出しで見出しをつけるなどするとよいでしょう。

あいさつ文例

P274-02 **水遊び・プール開きのお知らせ**

梅雨が終わると夏本番。今年も水遊びの季節がやってきます。保育園の夏は楽しいことがたくさんです。体調を万全にして、暑い夏を満喫しましょう。○月○日（△）から水遊び・プール遊びが始まります。安全で楽しい「水遊び」にしていきたいと思います。保護者の皆様にはタオルの準備や体調カードの記入などでご協力をいただくことになります。どうぞよろしくお願いします。

P274-03 **プール開きでのお願い**

気温が高い日が多くなってきました。○月○日からプール遊びが始まります。始めのうちは、水中のお宝を探したり、もぐりっこじゃんけんをしたりしながら、水に慣れていければと思っています。長い髪のお子様はおうちでしっかりとまとめてきてください。

P274-04 **プール開き**

○月○日はプール開きです。子ども達はこの日をとても楽しみにしています。安全で楽しく行えるように、お子様の「健康チェック」にご協力ください。体温、起床・就寝時間、排便の有無、皮膚湿疹、朝食の項目にチェックを入れてください。また、忘れ物がないように、お子様と一緒に準備しましょう。初日は、プールでヨーヨーすくいやビー玉取りなど、催し物をする予定です。ご都合のよい保護者の方は見学にいらしてください。

P274-05

P274-06

P274-07

P274-08A P274-08B

文例／イラスト

P275-01A　P275-01B

P275-02A　P275-02B

P275-03

P275-04

P275-05

P275-06

P275-07

P275-08

P275-09

P275-10

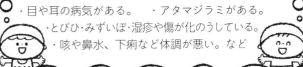

プールカードについて

毎朝の体温、プールへの参加・不参加をご記入ください。
天候に関わらず、毎日記入し登園の際に職員に渡して
ください。プールカードを忘れたり、記入漏れがあった
りした場合はプールに入れませんのでご注意ください。
※こんな症状があるときはプールに入れません。
・目や耳の病気がある。　　・アタマジラミがある。
・とびひ・みずいぼ・湿疹や傷が化のうしている。
・咳や鼻水、下痢など体調が悪い。　など

P275-11

水遊びスタート

気温が高い日は、水遊びをしています。
手足を濡らしたり、ジョーロのシャワー
で水かけをしたりしながら、楽しんで
います。今後は色水遊びや洗濯遊び・
カンテン遊びなど、夏を感じられる遊
びを考えています。

P275-12

保護者の方へのお願い

P275-13

プール開き

P275-14

P275-15

夏祭り

テンプレート／文例／イラスト

ポイント

花火やちょうちんなどのイラストを使って、にぎやかな雰囲気が伝わるお知らせにしましょう。

ポイント

項目と項目の上下に飾り罫を入れると、区切りがはっきりして、読みやすくなります。

アドバイス

行事の手伝いなど、保護者へ協力をお願いしたい場合は、忘れずにお知らせしましょう。

アドバイス

夏祭りに向けての子ども達の製作や、取り組む様子を紹介すると、保護者は当日の楽しむポイントがわかりやすくなります。

保護者の皆様へ

○年○月○日
○○○○園

夏祭りのご案内

梅雨が明け、暑い暑い夏がやってきました。○○○○園恒例、夏祭りのご案内です。今年は、昭和レトロをイメージテーマとしています。いたるところで昔懐かしい雰囲気を感じていただけるのではないでしょうか。お子様と一緒にお楽しみください。暑い一日をより熱く！ 楽しく過ごしましょう！

■日時　○月○日（△）○時～○時
■場所　○○○○園　園庭（雨天の場合はホールで開催）
■内容　模擬店（金魚すくいゲーム、ヨーヨーすくい、輪投げなど）、おみこし、盆踊り、竹太鼓披露（○○○組）など、盛りだくさん！

募集します！

当日、保護者と一緒にゲームやさんやくじやさんなどで、夏祭りを盛り上げていただける保護者の方を募集します。担任までお声がけください。たくさんの方々のお手伝いをお待ちしています。

ココも注目！

夏祭りに欠かせないのがうちわ。クラスごとに、オリジナルのうちわを製作しました。手形をおしたり折り紙をはり付けたりして、夏らしいうちわができました。そして、5歳児クラスでは竹太鼓を披露しようと一生懸命取り組んでいます。夏の暑さに負けないくらい、熱い演奏になりそうです。ご期待ください。

P276-01
A4サイズ

あいさつ文例

P276-02 **夏祭り開催のご案内**

梅雨が明け、暑い夏がやってきました。園恒例の夏祭りを開催します。今年は、「昭和レトロ」をイメージテーマとしています。いたるところで昭和レトロを感じていただけるのではないでしょうか。昔懐かしい雰囲気を、お子様と一緒にお楽しみください。当日、保育者と一緒にゲームやさんやくじやさんなどで、夏祭りを盛り上げていただける方を募集します。たくさんの方のお手伝いをお待ちしております。楽しいお祭りにできればと思っています。

P276-03 **夏祭りのうちわにも注目を！**

夏祭りに欠かせないのがうちわ。クラスごとに、オリジナルのうちわを製作しています。手形を押したり折り紙をはり付けたりして、夏らしいうちわができました。そして、年長組では踊りを披露しようと一生懸命取り組んでいます。ご期待ください。

P276-04 **息を合わせて竹太鼓**

夏祭りの話が出ると、「みんなで竹太鼓やりたい」という声が自然にあがってきました。去年の年長さんの姿を覚えていたようです。誰からともなく新聞棒をバチに見立て、机をたたいて練習も始まりました。「大きな音を出すと、小さい子がうるさいよ」「おうちの人にはないしょだよ」と、連携する姿もバッチリです！

P276-05　　　P276-06　　　P276-07　　　P276-08

文例／イラスト

夏祭り　文例／イラスト

P277-01A　P277-01B

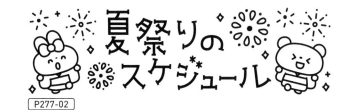

P277-02

P277-03

P277-04

P277-05

P277-06

P277-07

P277-08

P277-09

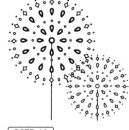

P277-10

夏祭りのお知らせ
○月○日（　）○時から夏祭りを行います。事前にお渡しする「うちわ」と「チケット」を忘れずにお持ちください。帽子や飲み物など暑さ対策をお願いします。※たくさんの人出が予想されます。日傘のご使用はお控えください。年に一度の夏祭りです。みなさんで楽しみましょう。

P277-11

夏祭りの目玉は…！？
今年も夏祭りの季節がやってきました。目玉はなんといっても、クラスごとの「子どもみこし」。子ども達手作りのにぎやかなおみこしをぜひご覧ください。「ワッショイ！」の元気なかけ声を忘れずに。また、保護者の皆様にもご協力いただき、楽しい屋台が並ぶ予定です。子ども達やご家族にとって素敵な夏の思い出になりますように。

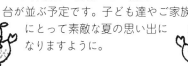

P277-12

P277-13A　P277-13B

P277-14

P277-15

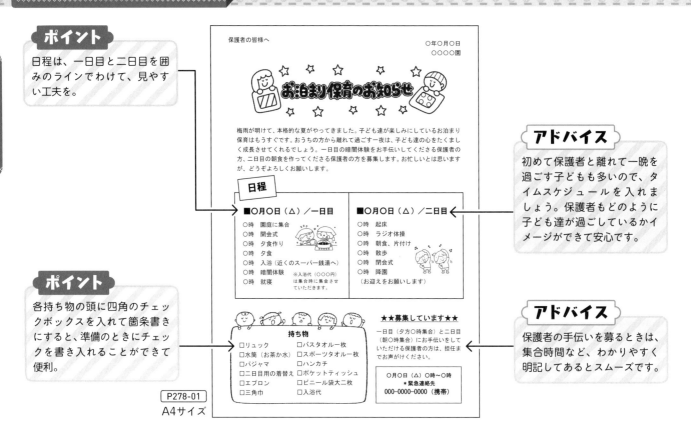

ポイント

日程は、一日目と二日目を囲みのラインでわけて、見やすい工夫を。

ポイント

各持ち物の頭に四角のチェックボックスを入れて箇条書きにすると、準備のときにチェックを書き入れることができて便利。

アドバイス

初めて保護者と離れて一晩を過ごす子どもも多いので、タイムスケジュールを入れましょう。保護者もどのように子ども達が過ごしているかイメージができて安心です。

アドバイス

保護者の手伝いを募るときは、集合時間など、わかりやすく明記してあるとスムーズです。

テンプレート本文（P278-01 A4サイズ）:

保護者の皆様へ　　　　　　○年○月○日　○○○○園

お泊まり保育のお知らせ

梅雨が明けて、本格的な夏がやってきました。子ども達が楽しみにしているお泊まり保育はもうすぐです。おうちの方から離れて過ごす一夜は、子ども達の心をたくましく成長させてくれるでしょう。一日目の暗闇体験をお手伝いしてくださる保護者の方、二日目の朝食を作ってくださる保護者の方を募集します。お忙しいとは思いますが、どうぞよろしくお願いします。

日程

■○月○日（△）／一日目
- ○時　園庭に集合
- ○時　開会式
- ○時　夕食作り
- ○時　夕食
- ○時　入浴（近くのスーパー銭湯へ）
- ○時　暗闇体験
- ○時　就寝
※入浴代（○○○円）は集合時に集金させていただきます。

■○月○日（△）／二日目
- ○時　起床
- ○時　ラジオ体操
- ○時　朝食、片付け
- ○時　散歩
- ○時　閉会式
- ○時　降園
（お迎えをお願いします）

持ち物
- □ リュック
- □ 水筒（お茶か水）
- □ パジャマ
- □ 二日目用の着替え
- □ エプロン
- □ 三角巾
- □ バスタオル一枚
- □ スポーツタオル一枚
- □ ハンカチ
- □ ポケットティッシュ
- □ ビニール袋大二枚
- □ 入浴代

★★募集しています★★

一日目（夕方○時集合）と二日目（朝○時集合）にお手伝いしていただける保護者の方は、担任までお声がけください。

○月○日（△）○時～○時
＊緊急連絡先
000-0000-0000（携帯）

あいさつ文例

P278-02 お泊まり保育のお知らせ

○月○日に、お泊まり保育があります。おうちの方と離れて友達と一緒に夜を過ごす、子ども達にはワクワクドキドキの一日です。健康面でご心配なことがありましたら、事前にご相談ください。過度なご心配はお子様の心も不安にしてしまいます。「楽しんでね」と笑顔で送り出してあげてください。

P278-03 お泊まり会での出来事

夕飯の後、園内探検をしました。グループに分かれて順番に課題に挑戦です。「暗いお部屋の机の上にある巻物をとってくる」「巻物に書かれたカードを見付ける」など。課題に夢中になり、暗闇を忘れてしまうほどでした。ねらいだった「友達と助け合う心」、しっかり見せてくれました。

P278-04 お手伝い募集のお願い

梅雨が明け、本格的な夏がやってきました。楽しみにしているお泊まり保育はもうすぐです。おうちの方から離れて過ごす一夜は、子ども達の心をたくましく成長させてくれるでしょう。当日、お手伝いしてくださる保護者の方を募集します。お忙しいとは思いますが、どうぞよろしくお願いします。

P278-05　P278-06　P278-07　P278-08

お泊まり保育／テンプレート／文例／イラスト

文例／イラスト

P279-01

P279-02

P279-03

P279-04

P279-05

P279-06

P279-07

P279-08

P279-09

P279-10

ワクワクお泊まり保育

年長組が楽しみにしているお泊まり保育。子ども達の会話に耳を澄ますと、「昨日、ママと包丁の練習したの」「絶対おかわりするぞ」と、どうやら夕飯のカレー作りに意欲が高まっている様子です。家族と離れて過ごすことに少し緊張している子もいますが、準備を通して子ども達と一緒に期待を膨らませていきたいと思います。

P279-11

お泊まり保育のご報告

今年のお泊まり保育も無事に終えることができました。子ども達は、布団の上げ下ろしや食事の準備、後片付けなど、普段はおうちの方に手伝ってもらっていることにたくさん挑戦しました。一泊ではありましたが、ぐーんと成長した場面が見られました。ご協力ありがとうございました。

P279-12

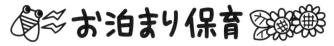

P279-13A　P279-13B

P279-14

P279-15

ポイント
かわいいお店やさんの飾り枠の中に文字を入れて、華やかなタイトルを作りましょう。

ポイント
日時や場所などは文字を大きくしたり、太字にしたりするなどして強調します。

アドバイス
どのようにして出店するお店が決まったのか、子どもの会話、製作のエピソードを紹介すると興味深く、保護者にも喜ばれます。

ポイント
素材提供のお願いは、雲形の図形などを使うと印象的。イラストを添えると、よりわかりやすいでしょう。

保護者の皆様へ

〇年〇月〇日
〇〇〇〇園

お店やさんごっこ
開店します！

〇月〇日（△）、幼児クラスを中心としたお店やさんごっこを行います。クラスごとに子ども達がアイデアを出し合い、どんなお店やさんにしていくか考えました。花やさんにケーキやさん、お弁当やさんにお寿司やさん、ハンバーガーやさんにピザやさんなどが並びます。「小さいお友達、お金がないと買えないね」と、お金とお財布を作ってプレゼントする気配りも見せていました。楽しいお店やさんごっこになりそうです。

日時　〇月〇日（△）〇時〜〇時
場所　〇〇〇〇園 遊戯室

※保護者の方はスリッパか上履きと、外履きを入れるビニール袋をお持ちください。

＜プチバザーも開催＞
先日寄付をお願いした子ども用のTシャツや長袖などを販売します。売り上げは、子ども達の絵本やおもちゃなどの購入にさせていただきます。

＊＊＊製作エピソード＊＊＊

今年のテーマは「いらっしゃい　いらっしゃい、おいしいですよ」。子ども達が考えました。お寿司あり、ドーナツあり、ケーキあり…。「八百屋さんはどうしようかな」と悩んでいたBくんですが、Cちゃんの「わたしキュウリ大好き」の一言で「よし、作ろう！」と張り切り出しました。どんなお店やさんごっこになるでしょう？

まだまだ集めています

卵パック、ヨーグルトの空き容器、牛乳パックを集めています。中を洗って乾かしてから持ちください。ご協力をお願いします。

P280-01
A4サイズ

あいさつ文例

P280-02 **人気のお店やさんは？**
子ども達にどんなお店やさんがいいか聞きました。1位…ケーキやさん、2位…花やさん、3位…アイスやさんでした。「恐竜やさん」「映画やさん」「車やさん」という意見も出ました。子ども達の素敵な意見から、楽しいお店やさんごっこができるといいなと思っています。

P280-03 **お店やさんごっこのご報告**
お店やさんの衣装をまねるのもお店やさんごっこの醍醐味の一つ。三角巾やエプロンで気持ちが一段と盛り上がります。おうちの方と一緒に買い物をしたときの経験も重ね、「いらっしゃいませ」「〇円です」「ちょっと待ってください」と、雰囲気たっぷりに楽しんでいました。

P280-04 **小さな大冒険！**
待ちに待ったお店やさんごっこ。4・5歳児クラスの子ども達が準備したお店やさんに、それぞれ手作りのお財布とお金を持って買い物に行きました。小さな子ども達には、お金を持ってお買い物に行くことが大冒険のように感じられたことでしょう。お兄さんお姉さんに優しくお手伝いしてもらいながら、楽しい一日を過ごしました。

P280-05　　　P280-06　　　P280-07　　　P280-08

文例／イラスト

P281-01A P281-01B

P281-02

P281-03

P281-04

P281-05

P281-06A P281-06B

P281-07

P281-08

P281-09

P281-10

お店やさんごっこ

今年のテーマは「いらっしゃい、おいしいですよ」。子ども達が考えました。お寿司あり、ドーナッツあり。「やおやさんはどうしようかな」と悩んでいたBくん、Cちゃんの「わたしキュウリ大好き」の一言で「よし、作ろう！」と張り切り出しました。どんなお店やさんごっこになるか楽しみです。

P281-11

みんな大好き！　お店やさんごっこ

○月○日、幼児クラスを中心にお店やさんごっこを行います。クラスごとに子ども達がアイデアを出し合い、どんなお店やさんにしていくか考えました。花やさんにケーキ屋さん、ハンバーガーやさんなどが並びます。「お金がないと買えないね」と、お金とお財布も作りました。楽しいお店やさんごっこになりそうです。

P281-12

P281-13

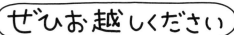

P281-14A P281-14B

P281-15

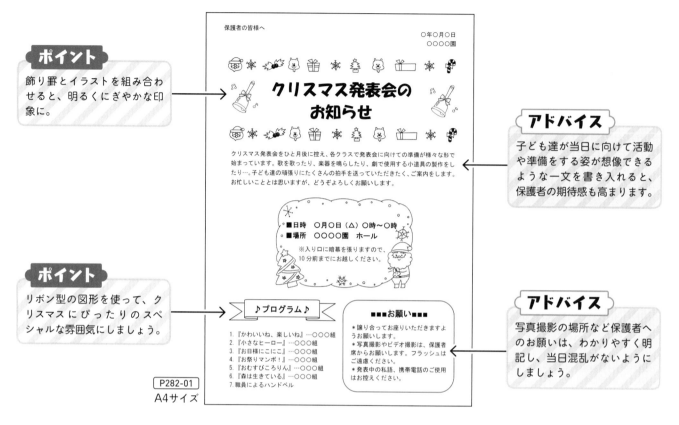

ポイント

飾り罫とイラストを組み合わせると、明るくにぎやかな印象に。

ポイント

リボン型の図形を使って、クリスマスにぴったりのスペシャルな雰囲気にしましょう。

アドバイス

子ども達が当日に向けて活動や準備をする姿が想像できるような一文を書き入れると、保護者の期待感も高まります。

アドバイス

写真撮影の場所など保護者へのお願いは、わかりやすく明記し、当日混乱がないようにしましょう。

保護者の皆様へ　　　　　　　　　　　　　　　○年○月○日
　　　　　　　　　　　　　　　　　　　　　　　○○○○園

クリスマス発表会の
お知らせ

クリスマス発表会をひと月後に控え、各クラスで発表会に向けての準備が様々な形で始まっています。歌を歌ったり、楽器を鳴らしたり、劇で使用する小道具の製作をしたり…。子ども達の頑張りにたくさんの拍手を送っていただきたく、ご案内をします。お忙しいこととは思いますが、どうぞよろしくお願いします。

■日時　○月○日（△）○時～○時
■場所　○○○○園　ホール

※入り口に暗幕を張りますので、10分前までにお越しください。

♪プログラム♪

1.『かわいいね、楽しいね』…○○○組
2.『小さなヒーロー』…○○○組
3.『お日様ににこにこ』…○○○組
4.『お祭りマンボ！』…○○○組
5.『おむすびころりん』…○○○組
6.『森は生きている』…○○○組
7. 職員によるハンドベル

■■■お願い■■■

＊譲り合ってお座りいただきますようお願いします。
＊写真撮影やビデオ撮影は、保護者席からお願いします。フラッシュはご遠慮ください。
＊発表中の私語、携帯電話のご使用はお控えください。

P282-01
A4サイズ

あいさつ文例

P282-02　**クリスマス発表会のご案内**

クリスマス発表会をひと月後に控え、各クラスで発表会に向けての準備が様々な形で始まっています。歌を歌ったり、楽器を鳴らしたり、劇で使用する小道具の製作をしたり…。子ども達の頑張りにたくさんの拍手を送っていただければと思います。お忙しいこととは思いますが、どうぞよろしくお願いします。

P282-03　**クリスマス発表会**

今年のクリスマス発表会は、幼児クラス全員で劇に挑戦します。異年齢での役割分担を意識し、一緒に取り組めるようにしてきました。劇の後は、みんなで合唱です。年長組のお兄さんお姉さんは、楽器演奏も披露してくれます。年齢ごとの成長にもご注目ください。

P282-04　**幸せを運ぶモミの木**

モミの木は常緑樹と言い、葉を落とさないことから、「永遠の命の象徴」とされています。また、小人が住むという逸話もあり、「幸せを運ぶ木」とするところもあるようです。幸せの象徴であるモミの木に、もうすぐ子ども達が手作りのオーナメントを飾ります。楽しみにしていてください。

P282-05　　　　P282-06　　　　P282-07　　　　P282-08

文例／イラスト

P283-01A P283-01B

P283-02

P283-03

P283-04

P283-05

P283-06A P283-06B

P283-07

P283-08

P283-09

P283-10

1歳児クラスのかわいいエピソード

12月○日、クリスマス発表会がありました。動物の衣装を着て、かわいい遊戯がスタート！　そのうち客席にいるお父さん・お母さんを見付けて、さあ大変。カメラに向かってポーズをとったり、最初から最後まで手を振ったり。でもそんな姿も、かわいい1歳児ならではでした。

P283-11

サンタさんはお見通し

サンタさんからのプレゼントとして、みんなが園で遊べるような玩具を持ってきてくれました。遊戯室でお楽しみ会をしている間にこっそりとお部屋に来て、置いていってくれたようです。大きな包みを見た子ども達は、大喜び。「これほしかったんだよねー」と言いながら、友達と遊び始めました。子ども達の気持ちやほしい物はちゃんとわかっているサンタさんでした。

P283-12

P283-13

P283-14

P283-15

文例さくいん

あいさつ文例

4月 新しいお部屋で・・・・・・・・・64
きっと大丈夫・・・・・・・・・64
新学期スタート・・・・・・・・・64
進級おめでとう・・・・・・・・・64
入園おめでとう・・・・・・・・・64
年長として・・・・・・・・・64

5月 生き物達もにぎやかに・・・・・・・・・82
元気に走り回る子ども達・・・・・・・・・82
新緑の季節・・・・・・・・・82
ツバメの巣・・・・・・・・・82
柱のこいのぼり・・・・・・・・・82
母の日・・・・・・・・・82

6月 雨は雨でも怖い物・・・・・・・・・98
お空の見張り番・・・・・・・・・98
カタツムリの観察・・・・・・・・・98
シロツメクサに夢中・・・・・・・・・98
父の日・・・・・・・・・98
梅雨時期の体温調節・・・・・・・・・98

7月 1学期もあとわずか・・・・・・・・・112
大好き水遊び・・・・・・・・・112
七夕の準備・・・・・・・・・112
梅雨明け間近・・・・・・・・・112
風鈴の音色・・・・・・・・・112
話題のアサガオ・・・・・・・・・112

8月 暑い夏をのりきるために・・・・・・・・・126
お盆ならではの過ごし方・・・・・・・・・126
準備体操は念入りに・・・・・・・・・126

旅立ったツバメの巣を見て・・・・・・126
ついに暑さも本番！・・・・・・・・・126
夏休みのお出かけ・・・・・・・・・126

9月 秋の気配・・・・・・・・・140
いろいろな秋を楽しんで・・・・・・・・・140
残暑を乗り切る！・・・・・・・・・140
久しぶりの登園・・・・・・・・・140
フウセンカズラをお楽しみに・・・・・・140
別名ネコジャラシ・・・・・・・・・140

10月 秋も引き続き空模様に注目・・・154
イモ掘り競争?・・・・・・・・・154
親子で読書の秋・・・・・・・・・154
行事で感じる秋の訪れ・・・・・・・・・154
子どもが大好きなひっつき虫・・・154
食欲の秋を満喫！・・・・・・・・・154

11月 秋の終わりをいっぱい味わって・・170
雨上がりの虹・・・・・・・・・170
運動会を終えて・・・・・・・・・170
寒くなったと思ったら・・・・・・・・・170
生活のなかに感じる秋・・・・・・・・・170
冬の足音が聞こえてきました・・・・・170

12月 クリスマスムード満点・・・・・・・・・184
子ども達が成長していく姿・・・・・・184
新年を気持ちよく迎えましょう・・・・184
宝探しならぬ…汚れ探し?・・・・・・184
昔ながらのもちつき・・・・・・・・・184
よいお年を・・・・・・・・・184

1月 子ども達からのごあいさつ・・・・・・200
寒さもいよいよ本番です・・・・・・・・・200
新年度に向けて・・・・・・・・・200
新年のごあいさつ・・・・・・・・・200
年明けから元気な子ども達・・・・・・200
廊下から春の訪れ・・・・・・・・・200

2月 いくつ芽が出た?・・・・・・・・・220
お空にお願いごと・・・・・・・・・214
節分から春が始まります・・・・・・・・・214
小さい春見一付けた！・・・・・・・・・214
春よ、早く…！・・・・・・・・・214
冬から春へ成長を見守って・・・・・・214

冬将軍到来とともに・・・・・・・・・・・214

3月 お部屋の引越しを行います・・・・・・228
卒園児からの引き継ぎ・・・・・・・・・228
年度末に感じる子ども達の成長・・・228
春の草花のようにたくましく・・・・・・228
春を楽しみましょう・・・・・・・・・228
春を運ぶひな祭り・・・・・・・・・228

園行事・年中行事

4月 入園式・・・・・・・・・243/245

5月 愛鳥週間・・・・・・・・・89
遠足・園外保育（春）
・・・・・・・・・90/92/266/268
ゴールデンウイーク・・・・・・73/88
こどもの日・・・・・・・・・89
八十八夜・・・・・・・・・88
母の日・・・・・・・・・89
みどりの日・・・・・・・・・88

6月 夏至・・・・・・・・・105
父の日・・・・・・・・・105
時の記念日・・・・・・・・・104
歯と口の健康週間・・・・・・・・・104
プール・水遊び・・・・・105/274/275

7月 海の日・・・・・・・・・118
七夕・・・・・・114/116/117
夏祭り・・・・・・117/276/277

8月 お泊まり保育・・・・・・131/278/279
お盆・・・・・・・・・133
終戦記念日・・・・・・・・・132

鼻（8月7日）の日・・・・・・・・・・・・132
山の日・・・・・・・・・・・・・・・・131
立秋・・・・・・・・・・・・・・・・・・132
9月 遠足・園外保育（秋）
　　・・・・・・・・・・・・・144/266/268
　　お彼岸・・・・・・・・・・・・・・・146
　　敬老の日・・・・・・・・・・・・・・147
　　交通安全週間・・・・・・・・・・・・146
　　十五夜・お月見会・・・・・・・・・・146
　　秋分の日・・・・・・・・・・・・・・147
　　防災の日・・・・・・・・・・・・・・144
10月 イモ掘り・・・・・・・・・・・・160
　　運動会・・・・・・・・・158/247/249
　　衣替え・・・・・・・・・・・・・・・160
　　スポーツの日・・・・・・・・・・・・158
　　読書週間・・・・・・・・・・・・・・162
　　ハロウィン・・・・・・・・・・・・・163
　　目の愛護デー・・・・・・・・・・・・162
11月 勤労感謝の日・・・・・・・・・・176
　　七五三・・・・・・・・・・・・・・・176
　　生活発表会・発表会・・・・173/174/
　　　　　　　　178/218/251/253
12月 大掃除・・・・・・・・・・・・189
　　大みそか・・・・・・・・・・・・・・191
　　クリスマス・・・・・・・・188/282/283
　　冬至・・・・・・・・・・・・・・・・191
　　師走・・・・・・・・・・・・・・・・191
　　新年・・・・・・・・・・・・・・・・192
　　年賀状・・・・・・・・・・・・・・・192
　　もちつき・・・・・・・・・・・・・・189
1月 作品展・・・・・・・・・・・・・207
2月 うるう年・・・・・・・・・・・・220
　　作品展・・・・・・・・・218/255/257
　　節分・・・・・・・・・・・・・・・・220
　　バレンタイン・・・・・・・・・・・・220
3月 お別れ遠足・お別れ会・・・・・233
　　春分の日・・・・・・・・・・・・・・236
　　卒園式・・・・・・・・・232/259/261
　　春休み・・・・・・・・・・・・・・・236

ひな祭り・・・・・・・・・・・・231/235
定期 園庭開放・・・・・・・・・・・236
　　お誕生日会・・・・・・・・・262/264
　　懇談会・保育参観・保育参加
　　・・・・90/177/269/271/272/273
　　お店やさんごっこ・・・・・・・280/281

保健

4月 朝の健康チェック・・・・・・・・・77
　　園でのけがについて・・・・・・・・・76
　　看護師のご紹介・・・・・・・・・・・77
　　感染症の対応・・・・・・・・・・・・76
　　身体検査のお知らせ・・・・・・・・・76
　　生活リズムを整えて・・・・・・・・・77
　　体調の変化に注意・・・・・・・・・・77
　　ツメを切りましょう・・・・・・・・・76
　㊤ 手洗い・うがいの習慣を・・・・・・・74
　㊤ ポイントは「いつもの状態」・・・・・74
5月 朝のチェックは忘れずに・・・・・・93
　㊤ 厚着にならないように・・・・・・・・92
　㊤ オムツかぶれどうしてる？・・・・・・92
　　着替えは多めに・・・・・・・・・・・93
　　気になることはお知らせください・・・・93
　　予防接種後の過ごし方・・・・・・・・93
6月 汗をこまめにふきましょう・・・・・108
　　外出時には帽子を・・・・・・・・・・108
　　歯科検診・・・・・・・・・・・・・・104
　㊤ 水分補給・・・・・・・・・・・・・107
　　夏を健康で楽しく過ごすために！
　　・・・・・・・・・・・・・・・・・・108
　　歯ブラシについて・・・・・・・・・・104
　㊤ 歯みがきは、いつから？・・・・・・・107
　　虫歯予防デー・・・・・・・・・・・・108
7月 紫外線が強い日は・・・・・・・・122
　　睡眠は大切・・・・・・・・・・・・・122
　　夏バテ＆水分のとり方・・・・・・・・121
　　熱中症とは？・・・・・・・・・・・・122
　㊤ 熱中症に注意・・・・・・・・・・・121

　㊤ 肌を清潔に・・・・・・・・・・・・121
　　虫さされ予防・・・・・・・・・・・・122
8月 三大夏風邪の流行・・・・・・・・136
　㊤ 食中毒警報発令・・・・・・・・・・135
　　ツメを短く切りましょう・・・・・・・136
　　とびひの対処法・・・・・・・・・・・136
　㊤ 水遊びの楽しみ方・・・・・・・・・135
　　寝冷えに注意・・・・・・・・・・・・136
9月 足のサイズを見直して・・・・・・・150
　　急激な気温の差に気を付けて・・・・150
　　9月9日は救急の日・・・・・・・・・150
　㊤ こんなサインが見られたら・・・・・・149
　㊤ 引き続きシャワーは行います
　　・・・・・・・・・・・・・・・・・・149
　　虫刺されはかかないで！・・・・・・・150
10月 意外と手強い「秋バテ」・・・・・・166
　　今こそ身につけたい！薄着の習慣
　　・・・・・・・・・・・・・・・・・・166
　　ガラガラうがいできる？・・・・・・・166
　㊤ 鼻水エチケット・・・・・・・・・・165
　　予防接種のすすめ・・・・・・・・・・166
　㊤ 予防接種の注意点・・・・・・・・・165
11月 厚着になっていませんか・・・・・180
　㊤ 風邪の症状、早めに共有を・・・・・179
　　風邪の流行り始め・・・・・・・・・・180
　　きれいにふけたかな？・・・・・・・・180
　㊤ 早寝早起き元気な体！・・・・・・・179
　　保湿をしっかりと！・・・・・・・・・180
12月 インフルエンザ流行の兆し・・・・・196
　　嘔吐の後処理・・・・・・・・・・・・196
　　嘔吐を伴う風邪について・・・・・・・196
　㊤ ガラガラうがいで風邪予防・・・・・・195
　㊤ 保湿ケア・・・・・・・・・・・・・195
　　幼児クラスはマスク着用にご協力を
　　・・・・・・・・・・・・・・・・・・196
1月 風邪は万病のもと・・・・・・・・210
　　ガラガラうがいに挑戦・・・・・・・・210
　㊤ 子どもの嘔吐・・・・・・・・・・・209
　　早起きから始めよう・・・・・・・・・210

早めの感染症対策を・・・・・・・・・・210
冬こそ水分補給・・・・・・・・・・・・・・・204
(乳) 溶連菌感染症が流行っています
・・・・・・・・・・・・・・・・・・・・・・209

2月 インフルエンザが流行っています
・・・・・・・・・・・・・・・・・・・・・・224
お風呂あがりに爪のお手入れ・・・224
大切なうんちチェック・・・・・・・・・224
(乳) たくさんハイハイを・・・・・・・・・・・223
長引く咳に気を付けて・・・・・・・・224
(乳) 寝かしつけの工夫・・・・・・・・・・・223

3月 子どもの変化に気付いたら・・・・・239
子どもつらい花粉症・・・・・・・・・239
(乳) こんなに大きくなりました・・・・・・238
3月3日は耳の日です・・・・・・・・・235
新年度に向けてサイズの確認を！
・・・・・・・・・・・・・・・・・・・・・・239
体調を崩しやすい時期です・・・・・239
(乳) 登園できない感染症の確認を！
・・・・・・・・・・・・・・・・・・・・・・238

食育

4月 朝ごはんしっかり食べてる?・・・・・・・78
いただきます!・・・・・・・・・・・・・・・79
一生もののマナー・・・・・・・・・・・・79
お弁当スタート・・・・・・・・・・・・・79
給食が始まります・・・・・・・・・・・78
食育の日って?・・・・・・・・・・・・・・78
食事の悩み、ご相談を・・・・・・・・・78
(乳) 食事のマナー・・・・・・・・・・・・・・74
(乳) 離乳食のお願い・・・・・・・・・・・・74
料理で世界旅行・・・・・・・・・・・・・79

5月 (乳) お父さんの「うまい！」・・・・・・・・92
給食の展示をご覧ください・・・・・95
旬の食べ物・・・・・・・・・・・・・・・95
出汁ってすごい！・・・・・・・・・・・95
夏野菜の植え付け・・・・・・・・・・・94

6月 はしへの移行・・・・・・・・・・・・・・・95
お弁当の食中毒予防・・・・・・・・109
かむ練習・・・・・・・・・・・・・・・・・109
サクランボ・・・・・・・・・・・・・・・109
食中毒に注意・・・・・・・・・・・・・109
(乳) 先生の声かけが大好き・・・・・・107
(乳) 大切な手づかみ食べ・・・・・・・107

7月 (乳) 夏野菜の収穫・・・・・・・・・・・・121
夏野菜の収穫・・・・・・・・・・・・・123
積極的にとりたい食べ物・・・・・・123
冷たいアイスに気を付けて・・・・・123
野菜が苦手な子・・・・・・・・・・・・123

8月 お水と一緒にあげるもの・・・・・・137
食事のマナーを見直そう・・・・・・137
(乳) 冷たいおやつ・・・・・・・・・・・・135
トウモロコシの皮むき・・・・・・・137
夏の醍醐味・・・・・・・・・・・・・・137
(乳) 夏野菜・・・・・・・・・・・・・・・・・135

9月 秋の七草・・・・・・・・・・・・・・・・・151
(乳) 秋の味覚・・・・・・・・・・・・・・・・149
稲刈りシーズン・・・・・・・・・・・・151
(乳) 優れた出汁パワー！・・・・・・・149
年長のおだんごやさん・・・・・・・151
防災食備えています・・・・・・・・・151

10月 甘ーいスイートポテト・・・・・・・167
収穫したお米を使って・・・・・・・167
(乳) 手づかみ食べを見守って・・・・・165
(乳) 乳児とお菓子の関係・・・・・・・165
はらぺこ星人、大量発生?・・・・・167
パンプキンカレー！・・・・・・・167

11月 (乳) 遊び食べの原因・・・・・・・・・・179
おやつのとり方・・・・・・・・・・・180
カミカミ、ゴックン・・・・・・・・・・180
スーパーへ見学に・・・・・・・・・180
(乳) 焼きイモ会・・・・・・・・・・・・・179
レッツクッキング！・・・・・・・・180

12月 鏡もちの飾り付け・・・・・・・・・197
(乳) 根菜がおいしい冬におすすめ・・・195
冬至はユズでポッカポカ・・・・・・197

年越しそばの由来・・・・・・・・・・197
みんなで作ったクリスマスメニュー
・・・・・・・・・・・・・・・・・・・・・・197
(乳) 離乳食にも便利なカボチャ・・・・・195

1月 (乳) 鏡開きに興味津々・・・・・・・・・209
鏡開きはどうして行うの?・・・・・・210
緊張？ 園長室での会食・・・・・210
伝えていきたいおせち料理・・・・・210
春の七草・・・・・・・・・・・・・・・210
(乳) 離乳食の進め方・・・・・・・・・209

2月 朝ご飯に温かい汁物をプラス・・・225
栄養たっぷり冬野菜・・・・・・・・・225
(乳) 栄養満点！ 豆のお話・・・・・・・223
鬼除け知ってる?・・・・・・・・・・225
オリジナル恵方巻！・・・・・・・225
(乳) これって好き嫌い?・・・・・・・・・223

3月 赤、黄、緑、バランスよく・・・・・・240
給食室の皆さん、一年間ありがとう
・・・・・・・・・・・・・・・・・・・・・・240
食物アレルギーとは・・・・・・・・・240
(乳) 少食が心配・・・・・・・・・・・・・238
(乳) 食事の時間の過ごし方を第一に
・・・・・・・・・・・・・・・・・・・・・・238
どんなメニューがあがるかな?・・・240
ひな祭りスペシャル給食・・・・・・235

園からのお願い・保護者の方へ

4月 空き箱集めます！・・・・・・・・・・70
一緒に成長を見守りましょう・・・・・71
園長先生のお話聞かせて・・・・・・70
おうちでの様子を教えてください・・・70
靴選びはサイズが大切・・・・・・・73
今後のクラスだより・・・・・・・・・70
こんなクラスにしていきたい・・・・・71
心配ごとはご相談ください・・・・・71
担任紹介・・・・・・・・・・・・・・・71

登園後の流れ……………72
登降園についてのお願い………71
名前の確認を……………72
持ち物に名前を……………72
優しい声かけをお願いします………71
忘れ物ありませんか?……………72

5月 一日保育がスタート……………87
園からのお願い……………87
お悩み:トイレトレーニング………91
お出かけのときの注意点………88
緊急連絡先……………94
孤食について考えましょう………86

6月 雨具のしまい方……………103
衣替え週間……………103
衣替えは様子を見ながら………103

7月 夏の過ごし方……………118
夏休みを楽しむために…………119

8月 お出かけのときには……………132
貸出絵本は特別に2冊!………130
怖～い夏の天気……………133

9月 子どもの主体性……………143
自転車事故の対策……………143

10月 秋ならではの楽しみ……………157
体温調節に長袖を用意!………160

1月 持ち主さんを待ってます………206

2月 自己肯定感を育てましょう………217
ポケットに手を入れると…………218

3月 新年度の準備(進級)について…231
登降園風景……………232

子どもの姿

0歳児……74/91/106/120/134/148/
164/178/193/208/222/237
1歳児……74/91/106/120/134/148/
164/178/193/208/222/237
2歳児……74/91/106/120/134/148/
164/178/193/208/222/237
3歳児……66/84/100/114/128/142/
156/172/186/202/216/230
4歳児……66/84/100/114/128/142/
156/172/186/202/216/230
5歳児……66/84/100/114/128/142/
156/172/186/202/216/230
1年生……………207/230
雨・風……………103/106/222
あやとり……………221
生き物………74/114/118/119/131/
133/134/156/230
異年齢……………128/172/206
色水遊び……………118
インフルエンザ……………216
運動・運動会………147/158/164/172
絵本……86/102/116/120/132/143/
157/162/173/177/187/203/
217/222/231
園足・園外保育……………142/148
園内散歩……………103
お月見……………148
お手伝い……………156
お当番……………84
お泊まり会……………131
折り紙……………130
数や言葉………177/193/202/237
片付け……………186
着替え……………106/207
クリスマス……………187/188/193
けんか……………73/160
交通安全教室……………100/146
ごっこ遊び………91/100/118/174/
177/178/193/230
こま……………204
栽培……………103
散歩……………87/142
じゃんけん……………206
小学校訪問……………207

植物………66/119/131/154/156/
163/164/172/178/206/220
新学期……………142/186/204/208
進級………66/70/73/74/84/237
製作……………86/128/143/157
世代間交流……………189
造形あそび………100/102/114/134/
203/217
外遊び………114/186/202/204/
216/222/237
凧揚げ……………204/208
昼食……………84
読書週間……………164
時計……………87/104
トランプ・カード……………173/221
夏祭り……………117
夏休み……………132
慣らし保育……………66/74/91
初夢……………204
話す・聞く……………128
避難訓練……………148
昼寝……………134
不思議……………218
プール・水遊び……118/120/128/146
豆まき……………216
雪・氷遊び……………206/221

子どもの紹介………86/102/116/120/
130/143/157/173/187/203/
217/231

●監修／文例執筆

太田 富美枝
（おおた ふみえ）

社会福祉法人正愛会　南船橋保育園　園長

福島県生まれ。宮城学院女子短期大学保育科卒業。
鶴ケ谷保育所希望園、宮城学院女子短期大学附属幼稚園、九州女子大学附属自由ケ丘
幼稚園、北九州市若松民生事業協会古前保育所を経て、2012年より現職。

●イラスト（五十音順）

あくざわめぐみ／北村友紀／熊本奈津子／たはらともみ／ちょこまい／
つたざわあやこ／どうまんかずのり／とみたみはる／中小路ムツヨ／
福島 幸／ほりいえみ／みさきゆい／Meriko／YUU

staff

本文デザイン／谷 由紀恵
DTP・CD-ROMデータ作成／有限会社エムアンドケイ
CD-ROM作成／株式会社ライラック
プログラム作成／おおしだいちこ
撮影／林 均
編集協力／株式会社スリーシーズン、齋藤のぞみ、東城恵利子、西川希典
編集担当／遠藤やよい（ナツメ出版企画株式会社）

本書に関するお問い合わせは、書名・発行日・該当ページ
を明記の上、下記のいずれかの方法にてお送りください。
電話でのお問い合わせはお受けしておりません。
・ナツメ社 web サイトの問い合わせフォーム
　https://www.natsume.co.jp/contact
・FAX （03-3291-1305）
・郵送（下記、ナツメ出版企画株式会社宛て）
なお、回答までに日にちをいただく場合があります。
正誤のお問い合わせ以外の書籍内容に関する解説・個別の
相談は行っておりません。
あらかじめご了承ください。

[決定版]CD-ROM付き　かわいい、すぐできる!
（けっていばん）
おたより文例&イラストカット集
（ぶんれい）（しゅう）

2021年3月8日　初版発行
2021年7月1日　第2刷発行

監修者　太田富美枝　　　　　　　　　　　　Ota Fumie,2021
　　　　（おおたふみえ）
発行者　田村正隆

発行所　株式会社ナツメ社
　　　　東京都千代田区神田神保町1-52　ナツメ社ビル1F（〒101-0051）
　　　　電話　03-3291-1257（代表）　FAX　03-3291-5761
　　　　振替　00130-1-58661
制　作　ナツメ出版企画株式会社
　　　　東京都千代田区神田神保町1-52　ナツメ社ビル3F（〒101-0051）
　　　　電話　03-3295-3921（代表）
印刷所　図書印刷株式会社

ISBN978-4-8163-6966-7　　　　　　　　　　Printed in Japan

ナツメ社Webサイト
https://www.natsume.co.jp
書籍の最新情報（正誤情報を含む）は
ナツメ社Webサイトをご覧ください。